中国文化发展战略的时代抉择

EPOCHAL CHOICES OF
CHINESE CULTURAL DEVELOPMENT STRATEGIES

贾磊磊 主编

2016年·北京

图书在版编目(CIP)数据

中国文化发展战略的时代抉择/贾磊磊主编.—北京：商务印书馆，2016
ISBN 978-7-100-12428-7

Ⅰ.①中… Ⅱ.①贾… Ⅲ.①文化发展战略学—中国 Ⅳ.①G12

中国版本图书馆CIP数据核字(2016)第176420号

所有权利保留。
未经许可，不得以任何方式使用。

封面图片：ⓒ视觉中国

中国文化发展战略的时代抉择
贾磊磊　主编

商 务 印 书 馆 出 版
（北京王府井大街36号　邮政编码100710）
商 务 印 书 馆 发 行
北京通州皇家印刷厂印刷
ISBN 978-7-100-12428-7

2016年9月第1版　　　开本787×1092 1/16
2016年9月北京第1次印刷　印张21¼
定价：55.00元

目　录

前　言 ……………………………………………………………（1）

第一编　文化发展战略与国家形象建构

建构传统与当代相互兼容的国家文化形象 …………贾磊磊（5）
国家文化战略、文化产业与国家形象的新世纪构建 …陈林侠（15）
树立迈向世界文化强国的新文化观 ……………………花　建（33）

第二编　文化发展战略的国际视域

从当代欧洲文化建制反观中国文化发展策略 …………汪　瑞（53）
从国际文化发展战略看中国文化安全 …………………于　沛（59）
科技全球化背景下对于文化发展战略的考量 …………肖　庆（65）
全球化背景下国家文化发展战略：重构汉语文教育目标 ………潘　涌（77）
美国汉学的成功之道及其对中国文化发展的启示 ……吴原元（93）

第三编　文化发展战略与文化软实力的传播

"他国化"——建构文化软实力的一种有效方式 ………曹顺庆（113）
消除软实力"软肋"　传播"中国梦"愿景
　　——论国家文化传播力的提升策略 ………………潘　源（125）

主流文化存在的三种样态及我们的战略选择 …………… 江　畅（137）
论文化建设的快与慢、动与静 ……………………………… 田川流（151）
关于"中国文化走出去"战略的几点思考 ………………… 于小植（165）
中国广播影视"走出去"的现状、问题及对策 …………… 朱新梅（171）

第四编　文化发展战略与传统文化

从文化变迁谈传统文化精神的瓦解与重塑 ………………… 刘　举（183）
儒家思想与文化战略关系刍议 ……………………………… 任　慧（197）
宗教学研究助力中国文化战略实施 ………………………… 卓新平（211）
当代语境下民族文化发展性重构研究 ……………………… 喇明英（219）
略述首都文化对国家文化战略的担当 ……………………… 沈望舒（233）
关于西部文化发展观的思考 ………………………………… 肖怀德（243）

第五编　文化发展战略与文化产业

文化产业规划：重建人与社会和自然的精神关系和精神秩序
　………………………………………………………………… 胡惠林（259）
中国文化产业发展战略研究 ………………………………… 范玉刚（273）
我国生产性文化服务业的经济效应与发展思路研究
　……………………………………………………… 杜传忠　王　飞（291）
国家文化战略视野下的中国网络游戏
　………………………………… 孙　伊　王巨川　靳凯元　张敬华（309）
中国美术生态困境与文化发展战略 ………………………… 吴啸雷（327）

后　记 ……………………………………………………………………（333）

前　　言

《中国文化发展战略的时代抉择》是在中国艺术研究院文化发展战略研究中心成立整整十年后的第二部关于文化发展战略研究的专题论文集。它汇聚了近年来国内学术界对文化发展战略研究的一系列重要成果。来自国内重要的研究机构、高等院校的专家学者从各自的研究领域出发，探讨当前国际背景下中国文化发展战略研究的必要性和迫切性，及时把握国内外文化战略研究的学术动向，密切关注我国现实，围绕文化发展战略与国家形象建构、文化发展战略与文化软实力的传播、文化发展战略与传统文化的传承、文化发展战略与文化产业发展等论题展开探讨。这些学术成果，既是对前期我国文化发展战略研究的总结和反思，也是对国家文化发展战略的时代求索，其中的许多观点都是作者潜心研究得出的真知灼见。

文化发展战略研究中心自2005年成立以来，我们就一直在寻找文化战略研究的核心命题。我们需要的是一种寻源问道的求索精神；需要的是一种熔古铸今的时代胸怀。文化发展战略研究的标志性色彩应该是蓝色，因为它是大海、是天空的色彩，也是炽烈的火焰的颜色。我想，我们信奉的学术信念要有大海般的深邃、天空般的辽阔以及烈火般的热情。我们推崇的是冷峻、客观的科学理性、开阔高远的文化胸襟与炽烈热诚的爱国情怀这三种品质的高度融合，它是文化战略研究的精神动力所在。

事实证明，一个得到体制支撑的学术机构，有时能够聚拢一批志同道合的学者，让他们在一个共同的目标下相互切磋、相互促进，进而推动学术研究向着学科化、体系化的方向发展。像英国当年的伯明翰学派，就聚拢了许多著名的文化研究巨匠。他们各自的学术研究不但在中心得到历史性的发展，而且伯明翰学派自身也成为世界文化研究领域的学术里程碑。对此，我们想说的是，对于一种有待开疆拓土的学术领域，组织机构的有力支撑是这项事业能够发展的必要条件。尤其是要完成某个新型学科的建立，要进行某种学术资源的整合，不是靠个人的能力所能够实现的。所以，2005年11月5日成立的中国艺术研究院文化发展战略研究中心，无论对于中国艺术研究院的学术总体构架，还是对于国家文化发展战略研究事业而言，都应当是一个标志性的事件。

    这些年来，我们相继承担了一系列关于文化发展战略的研究课题。其中，包括我本人担任首席专家的国家社科基金重大项目"提高我国文化软实力研究"（批准号为08&ZD056）；国家科技部"提高国家文化软实力的战略与策略"（2009GXS5B075）；国家社会科学基金艺术学决策咨询项目"国家文化安全研究"（立项号为10JG001）和原国家广播电影电视总局部级社科研究项目"中国电影文化价值观的建构"（GD1102）。然而，所有这些研究的主旨其实都是在为中国文化发展战略研究做基础性的学术准备工作。这些课题所研究的问题也都是围绕着文化战略的核心命题而展开的外围层面的命题，或说是关于中国文化发展战略这个一级标题之下的二级标题。

    目前，我们的国家战略是和平发展，我们的军事战略是积极防御，我们的文化战略是什么呢？我们身处文化发展战略研究的中心地带，深知这个核心命题的提出绝不是轻而易举的事。十年求索，才更加清醒地意识到，文化战略研究确实是一个令人皓首穷经的学术高地，越往前走，越有一种高山仰止的感觉。但是，不论自己最终的人生驿站在哪里，我们都会义无反顾地向这个学术的终极境地迈进……

贾磊磊
2016年1月27日
北京香山饭店4202室

第一编　文化发展战略与国家形象建构

建构传统与当代相互兼容的
国家文化形象

贾磊磊

【摘要】 在国家文化形象的建构过程中,传统与当代是两个不可缺失的参照系。我们在此所说的传统是一种在时间维度上延续了过去某种特质的社会存在方式;所说的当代则是一种在时间序列上建立了某种相关性的文化特质。它们之间的相互兼容是由现实与历史的"在场性和一致性"所共同构成的文化特征。为此,对历史传统的继承与对当代精神的弘扬并不是一个单向度的命题,而是一个将历史与现实相互通约、相互整合的复合性命题。

一个国家文化形象的形成,不会像生物那样是一个自然生长的过程,而是一个被创造、被建构、被传播的历史过程。特别是在社会剧烈变化的历史时代,国家的文化形态更会呈现为一种纵横交错、多向重合的复杂特征——正如在巨流奔涌、风云激荡的当代中国,我们的文化在空间维度上汇聚东方与西方的不同特质,在时间维度上整合了古代与现代的诸种元素,在这种多元化的历史语境中,国家形象的建构面临着更加复杂的文化选择。

一

现在，在我们的社会生活中既有中国传统文化的典型标志，也有当代流行文化的众多形式，它们共同构成了当今中国国家文化形象的生成基础。然而，对于正在迈向民族伟大复兴的中国来说，我们对国家形象的文化建构显然面临着多种可能性，这就是说，我们在国家形象的历史建构过程中，面临着不尽相同的文化取向，会出现并非一致的历史路径，特别是在价值取向上，所涉及的问题就更为复杂，也更为深远，其中关于传统性与当代性的问题更是不能不引起我们的特别关注。

我们在此所说的当代性，并不是泛指时间的当下状态，而是指在时间序列上所建立的相关性（correlation）文化特质。就像赫胥黎·瑟玛思所说的，当代性的重要特征是时代的相关性。[①] 可见，当代性不只是一个单向的时间标志，而且是在当下与过去之间所建构的一种内在关联。从更广泛的意义上讲，它是由现实与历史的"在场性和一致性"所共同构成的文化特征。这就是说，我们所建构的传统性与当代性相互兼容的国家形象，将是一种建立在中国历史传统根基之上，融汇了当今时代风貌的总体形象。只是传统文化与当代文化的交汇与融合并不像两江汇流那样一目了然，它时常是以重叠、交错的方式融汇在我们的精神世界中。因此，对于历史传统的继承与对于当代精神的弘扬并不是一个单向命题，而是一个将历史与现实相互通约、相互整合的复合命题。

二

我们在此所说的"传统性"，也并不是一个单向度的面对"过去"的文

---

① 参见 Thomas Henry Huxley, "Geological Contemporaneity and Persistent Types of Life. Lay Sermons", *Addresses and Reviews*, 3-1-2006。

化表述，实际上它是指"文化中那些能使人发现这个民族独特特性的、与其过去血脉相连的方面，涉及民族独特的哲学、宗教、语言、民情风俗、审美惯例和神话等"①。或者说，传统性是一种在时间维度上延续了过去时期某种特质的社会文化形式，比如保留至今的民族传统节庆活动，传统歌舞艺术演出，以及出版的中国古代经典著作。它们的载体虽然并不再是传统的形态，但仍然留存着过去时代特定的传统内容。这些都是我们建构当代国家文化形象不能忽略的重要领域。

对传统的承传不仅是对历史过程的确认，还喻示着对社会未来发展的积极引领。无论是民族发展的历史，还是国家形成的过程，都会有正确与错误之分，错误即是在某一个历史时期内走向发生了偏差，导致了国家的畸形发展，这已是被许多国家证实了的史实。可是，我们不能够因为我们在历史中曾经犯过某种错误，就将传统划分为正确与错误两个不同范畴。好像存在着一个正确传统的同时，还存在着一个错误的传统。这是我们一直以来对传统存在着的一种错误的认知。首先，站在人类历史发展的视域上看，任何一个朝代、一个时期、一个阶段的历史并不能称之为传统，单个时代的历史没有取得命名为传统的资格，至少它不能够替代传统。只有那些代代相继、绵延不绝的历史才称得上是传统。可见，传统是由不同历史时期的相同元素构成的。其次，文化本来就没有是非对错之分，我们不能说西方文化是一种错误的文化，中国文化是一种正确的文化，反之亦然。文化是一个生成、演进、变化的历史过程，它只存在着气质的差异、风貌的变迁、路径的分野，却并不存在是非对错的界碑。建立在这样一种文化差异之上的传统，又怎么能够划分为对与错两种不同的价值体系呢？即使中国古代儒学中存在着这样或那样的负面观点，尽管中国传统文化里包含着这样或那样的过时内容，我们也不能就因此放弃对中国儒学的承传，就

---

① 王一川："传统性与现代性的危机——'寻根文学'中的中国神话形象阐释"，《文学评论》1995年第4期。

否定对中国传统文化精神的坚守。因为传统并不只是一种习俗、一种仪式，它还是一种精神、一种信仰。况且，在这个世界上从来就没有百分之百正确的历史，更没有亘古不变绝对正确的学说。我们之所以不能将文化传统分割为正确与错误两个对立的选项，是由于传统一旦形成就必然是一个不可分割的整体。如果将传统划分为两个不同的价值范畴，无异于肢解了自己的躯体。这种划分最严重的后果是：我们将失去以它对未来进行引导的资格。所以，对传统的认知只有秉承一种整体正确的原则，才能够真正完成对文化传统的正确承传。

随着时代的发展，我们尊老爱幼的表达方式可能与古代有所不同，今天也不会再去遵守"父母在，不远游"的习俗，可是，正是因为传统始终是被建构的，孝敬父母的文化传统，并不会因为这种习俗的改变而改变，只是表达方式更符合现代人的行为习惯。我们在迈向文化强国的历史进程中，其实特别需要将一种能够与当代文化进行对接的传统内容"植入"到当代现实生活、当代文化产品与文化表达方式之中，而不是将传统文化的承传仅仅表现为吟诵古诗、练习书法，甚至是看京剧、放鞭炮。这种缺少当代文化参照的工具性承传，由于没有嵌入到当代文化产业的肌体之中，没有与人们的现实生活发生内在联系，有时反而容易造成对文化传统的疏离。所以，对传统的建构需要将历史之血与现实之脉相互贯通，让两者融为一体，而不是将历史与现实分隔开来，你是你，我是我，两者之间应当形成一种你中有我，我中有你的存在形态。

三

现在之所以强调传统文化与当代文化的相互兼容，是因为我们赖以生存的文化市场，需要那些具有竞争实力的文化产品与其他国家的同类产品抗衡。有些传统文化遗产只能够作为珍品予以收藏，而并不能进入文化流通市场进行推广，而这样的文化产品，无论它过去怎样辉煌，都不能够承担当代中国文化形象建构的时代使命。

事实证明，不论是文化形象的建构还是文化价值的推广，最有效的路径是市场，采用商业的方式来进行。特别是文化价值的传播时常是通过文化产品的贸易、文化活动的交流来实现的。我们不能够指望在市场化的路径之外还有一个更有效、更通畅的建构文化形象、体现文化精神、传播文化价值的渠道。事实证明，单向度的宣传策略不仅难于实现预期的意识形态诉求，也无法承担文化传播的时代使命。所以，我们不能够放弃在文化产业领域里对当代国家文化形象建构的责任，也不能够舍弃在大众流行文化中对文化价值的植入，更不能够忽视对新型媒体巨大传播效应的利用。通过商业化的方式传播我们的文化价值观，并不意味着把所有的文化产品不加区分地推向商业市场，而是应当根据文化产品的不同类型、不同内容，进行不同方式的推广与扶助，使它们能够在市场化的历史境遇中获得合理的生存空间与传播平台。总而言之，市场之手有时是有形的，有时是无形的，但市场毕竟是要靠产品来说话的地方，所以，如何使优秀的艺术作品在激烈的市场竞争中脱颖而出，并且立于不败之地，不仅对于扩大文化产品市场占有率，同时对于传播我们的文化价值观，提升国家文化软实力都具有重要意义。

显然，我们需要的是一系列具有核心竞争力的当代文化产品。这些产品不仅能够满足中国文化市场的消费需求，而且能够逐步适应海外文化市场的商业流通。尽管海外市场的培育与形成并不是一个短时间内能够实现的目标，但中国文化形象的当代性建构必定有赖于海外市场对我们文化产品的认可，我们的电影、电视剧、流行音乐、歌舞演出只有通过商业的方式进入他国的文化市场，中国的国家文化软实力才能够在海外得到有效的提升。文化的力量不是靠自我命名、自我确认来实现的，我们的文化只有得到他者的认同、赢得他者的肯定，才能够兑现我们文化的价值、实现我们的文化影响力。

在文化交流活动中寻找一种能够被他人认知、理解的表达方式，是广泛、有效地传播文化价值观的重要条件。尽管中国传统文化源远流长，博大精深，但我们不能因此就自认为中国的传统文化资源会自然而然地转变为文化软实力，更不能够指望他者会理所当然地接受我们的文化价值观。我们古代的文化资源，如果不经过现代性的转化，不采取国际化的表达方式，它们永远只会是一种传统，而非转化成一种力量。

中国在迈向文化强国的历史进程中，需要将一种符合当代中国发展现实的文化形象"植入"到我们的文化产品与文化表达方式之中。我们不能再以封建社会旧中国的文化遗产、民国时代旧社会的文化符号作为当代国家的文化标志。我们现在需要建构与传播的是能够体现我们这个时代特征的文化形象，而不仅是那些深藏在禁宫里的文物，静卧在博物馆里的古董，沉睡在古籍中的文字。它们能够作为文化遗产得到保护，能够作为文化传统得到承传，但不能够作为这个时代的文化标志获得推广。进而言之，当代中国期望别人认同的并不只是光辉灿烂的传统文化，更重要的还是那些能够体现我们时代特征的、绚丽多姿的当代文化。为此，我们应当按照当代文化的市场需求来配置文化产品的构成元素，根据流行文化的交流方式来搭建文化产业的交易平台，根据当代中国的现实地位来铸造我们的文化形象，根据国家发展的未来需求来传播我们的文化价值观。

在目前这种多样性的文化语境中，特别是面对美国电影的强势进入，我们应当采取的对策不是把美国电影视为洪水猛兽，将它们妖魔化，这种文化立场不仅无助于改变中国电影被美国电影挤压的市场困境，还会将我们的电影置于一种孤立的境地。我们的当务之急是提高中国电影的核心竞争力，通过优质的电影作品增加本土电影的市场占有率，扩大中国电影的文化影响力，使我们的电影观众逐步认识到受商业逻辑支配的好莱坞电影奉行的是"金钱至上"的制片策略、"技术至上"的影像美学和"美国至上"的价值观念。与此同时，我们要有选择地汲取好莱坞电影的叙事策略和商业运作方式，使中国电影摆脱艺术创作理念单一的窠臼，成为一种具有当代性竞争实力的流行文化产品，进入到当代市场竞争的历史进程之中。

四

毫无疑问，中国是一个传统文化资源极为丰富的国家。可是，我们并不是一个文化软实力强国。相对于我们国家的经济实力，我们的文化实力远远没有释放出应有的能量。这就是说，不论就我们的文化资源而言，还是就经济地位而言，文化都没有达到与之相匹配的地位和发挥相匹配的作用。在许多西方国家的历史认知模式中，当代中国处于一种缺失状态。他们只知道古代中国的艺术作品和历史人物，而对于现代特别是当代中国的现实所知甚少。其实，比这些认知的缺失更为严重的是在他们的文化认知模式中还存在许多误解。这些都是需要我们通过长期的文化建构与传播才能够改变的事实。

一个国家的文化力量与其经济力量的增长虽然具有不同的路径与方式，但却有着相同的增长规律。这就是说，如果人们不能改变一个国家的经济增长方式，单靠经济财富的积累，并不能为国家的经济带来持续的增长。兰德斯在他的《国富国穷》里对国家财富增长的观点，不仅破解了一个经济学长久以来的迷思，对于我们理解文化软实力的增长也具有启示意义：他认为，国家的财富并不是国库里的金银财宝，而是国民的生产方式。因为国家财富的增加乃是生产本身的增加，而不单是财富的不断积累。国民所掌握的独特生产方式，才是经济不断增长的实质意义之所在。至于经济增长的来源，经济学家认为：仅资源增加（譬如土地、人口）造成的经济增长是靠不住的，它无法摆脱所谓的"马尔萨斯陷阱"。长期持续的经济增长要靠技术进步，要不断提升生产力。这就是兰德斯及其他西方经济史学家如此看重英国工业革命的根本原因。因为工业革命是西方世界通过技术进步催生经济增长最突出的标志。这种看法在历史上得到了无可辩驳的事实验证。早期从事航海探索的西班牙人、葡萄牙人虽然能从新大陆带回大量的金银，占领了广大殖民地，但是在现代生产技术出现之后，英国率先发起了工业革命，之后很快就超越其他原先较为富有的欧洲国家，包括那些传统的海盗国家而建立了大英帝国的版图。在相同意义上，我们也可以说，文化力量的提升，不在于拥有多少传统的资源，而在于能否对文化进行创造性的开发与能量转化。

现在，只是单方面地提倡"大力弘扬和传播中国优秀传统文化，使中国的优秀传统文化伴随着诗歌、戏剧、曲艺、武术、书籍、书法、绘画、工艺、服饰、礼仪、中医、饮食、民俗文化等的发展而走向世界"。[①]其实并不能够完成文化走向世界的历史使命。所有传统文化的宝贵资源只有和现代的传播媒介相互整合、相互并联，才能够行使其文化意义的承载与传播职能。即传统文化只有在获得了当代的存在方式之后，才能够得到真正的承传与弘扬。虽然我们的传统文化遗产有长城、十三陵、故宫、颐和园，但我们当代文化的典范也有国家大剧院、国家博物馆、国家数字化影视制作基地；我们的传统艺术形式有京剧、昆曲及琵琶、古琴的演奏，我们当代文化形式同样有流行音乐、3D电影、网络游戏。我们的国产影片曾经屡次超过好莱坞进口影片夺取年度单片票房冠军；尽管我们有些品牌性电视节目的创意取自欧美电视市场，但是现在反过来却在节目形态上影响到海外同类电视节目的设计；我们获得诺贝尔文学奖的作家莫言创作出了令世人瞩目的小说，我们的流行音乐组合还登上了欢迎外国政要的晚会；我们的表演艺术团体（残疾人艺术团）曾经作为联合国的和平特使出访世界各国……这些都是能够体现当代中国软实力的文化产品，在某种意义上它们都能够作为当代中国的文化代言人。假如我们总是年复一年地让外国游客登长城、游故宫、看陵墓、听京剧，就不仅会强化他们对一个旧中国的历史记忆，而且还有可能会消解他们对当代中国的现实印象。

---

① 教育部中国特色社会主义理论体系研究中心："我国文化软实力的发展战略"，《光明日报》2009年12月25日。

在我们的文化传播理念中,反复强调的是"中国精神、中国气派、中国风格",这些都是无可非议的国家文化形象的核心内容。但是,我们在这些核心内容后面设置的是"中国表达"——为什么我们不能够对中国精神、中国气派、中国风格采取国际表达的方式与策略呢?至少我们不应当将文化传播方式局限在自己的文化形态内。现在,好莱坞都开始了对中国传统文化资源进行的现代性开采,他们拍了《花木兰》《功夫熊猫》,还要筹拍《宝玉》,而我们难道还要将自己的传统文化资源捆绑在舞台上、禁锢在文字里吗?即便在过去,我们的前辈对传统文化艺术也没有采取单一的中国表达模式。在20世纪20年代,梅兰芳、周信芳、程砚秋等戏剧大师受时代思潮的激荡,积极改革传统戏曲,促进京剧剧目的现代转型。梅兰芳的《嫦娥奔月》《天女散花》《一缕麻》等歌舞戏、时装新戏都是将传统京剧艺术向流行艺术升级换代的创新。尽管在戏曲界对这些翻新也不乏微词,但他们毕竟代表了一个时代中国传统艺术表达方式的历史性(当代性)变革。

当今世界"跨文化接触在不断深化,所以必须把握形成和确立文化认同的新维度和新条件,而历史思考在其中的地位举足轻重。它不仅有利于我们理解异于我们的陌生世界,也有利于解释我们自己的世界,尤其是当我们对既有差异性又有共性的不同文化进行研究时,历史思考能够增进我们的理解"。[1]目前,令人忧虑的是,我们甚至已经习惯于躺在自己丰富的文化遗产上自得其乐了,误以为我们所承传、所理解的文化价值观,就是他人能够接受、乐于认同的,进而误以为丰富的文化资源就是我们强大的文化软实力,而并没有考虑到他者对中国文化究竟是作为一种奇观来欣赏,还是作为一种文化价值来认同。这两者之间其实存在着巨大的差异。具体地讲,我们不要以为他们对中国京剧的喜好就是接受了我们的传统文化理念,也不要以为他们对中国武术的赞许就是认同了我们止戈为武的价值观,

---

[1] 〔德〕约恩·吕森:《历史思考的新途径》,綦甲福、来炯译,上海世纪出版集团2005年版,第1页。

就是理解了我们禅武合一的武学精神；也不要以为他们在电影中越来越多地加入中国文化的元素，就是对中国文化的首肯、对中国文化的敬畏。其实，这种对中国文化因素的"植入"不过是好莱坞力图占据中国电影市场所采取的一种"在地化"策略而已，这是我们在跨文化交流中尤其要注重的问题。

（贾磊磊，中国艺术研究院副院长、研究员）

国家文化战略、文化产业与国家形象的新世纪构建

陈林侠

【摘要】 新世纪国家文化战略明确提出发展社会主义文化和弘扬中华文化为主体,增强国家文化软实力,以实现"中华民族伟大复兴"的远大目标。这一目标的实现必须借助文化产业及其大众文化。在当下语境中,大众文化已突破了原有三元结构的文化概念,成为政治文化、大众文化与精英文化三种强势文化的融合,是最具影响力的主流文化,也理应是塑造国家形象的主要力量。国家、政府对文化产业的高度重视在一系列正式文件中已经充分表现出来了,现在的关键在于用何种政治文化建构国家形象,以及怎样实现政治文化编码。

国家文化战略作为政治对文化的远景规划,不仅大力推动国内文化建设,扩展本国文化的国际影响力,而且用"先行实现"的理想方式形塑新世纪建构的国家形象。国家形象作为国家政治文化符号,凝聚了社会主体文化,以审美想象的方式完成了国家文化建设,并实现了远景目标,成为了指导现实的观念性力量。20世纪90年代以来,文化产业在全球产业升级中的地位大幅提升,符号经济、文化消费成为全球经济发展的再生点。我

国也不例外。在国家政府出台的一系列文件中，文化产业已成为国民经济支柱性产业、战略性产业。它虽是文化资本转变为经济资本的过程，但更关键的是，改变了政治、经济与文化分离的状态，在三者强势话语的转换中生产出一种最具社会影响力的主流文化。文化生产方式、政治内涵、文化意义、消费内容等由此发生了重大变化。在这种背景下，当下国家形象的构建出现了从文化艺术到文化经济、从个体创作到集体行为的重心转换，国家的文化符号、意义编码已经和符号经济及其消费关联在一起。

一、国家文化战略与国家形象的新世纪构建

国家文化战略，是指国家政府根据国内文化发展与国际文化竞争的实际状况及其需要，对本国文化建设进行的远景性、全局性、根本性的规划[①]。它通过社会主流文化的建设，使民族国家在国际竞争中脱颖而出，根本目的在于维护本国的政治制度及其发展，从文化安全的角度进一步保障国家主权。任何一个国家的文化战略均是该国运用政治、经济、文化的力量，统一、规划、建设社会文化的政府行为，集中了国家政治意志，显示出政府组织管理文化生产的行政能力。另一方面，文化战略即是围绕文化竞争展开的自我利益的维护，它的制定离不开民族特有的战略思维及资源背景。我国战略文化有着规定性内容和特殊的思维规律，在传统文化重"仁"贵"和"的影响下，历来具有"不战而屈人之兵"的反战特征，强调内向的防御而不是对外的强势扩张。这深刻影响到我国文化战略，突出文

---

① 关于国家文化战略的定义，表述最全面的应是胡惠林，他从国家文化战略的内容、依据、目的、特点等多方面进行界定，具体可参见"论文化政策的内涵及价值取向"（《上海交通大学学报》1997年第2期）。表述简单的如薛晓源，认为它是国家政府对文化建设发展的远景规划，具体可参见"全球化与文化战略研究"（《马克思主义与现实》2003年第4期）。但不管何种表述，国家文化战略离不开如下方面：（1）国家政府是国家文化战略的主体；（2）国家文化是战略规划的对象；（3）它是一种全局性和稳定性的远景规划。

化交流的平等性、自愿性及其影响的潜移默化，而不是单边扩张。

那么，新世纪国家文化战略是什么呢？国务院与文化部在一系列正式公布的文件中，明确提出发展"社会主义文化"和弘扬"中华文化"为主体，增强国家文化软实力，以实现"中华民族伟大复兴"的远大目标。为此，经济应当尽快实现转型，大力发展文化产业，使之成为国民经济新的增长点，并且提出加快海外中国文化中心建设，提高中华文化的国际传播能力和对国外优秀成果的吸收借鉴能力[1]。国家提出"中华民族伟大复兴"这一战略目标，不仅是国内社会文化建设的现实政治需要，也是积极应对全球多元文化挑战的结果。它用"伟大复兴"的远景目标凝聚社会向心力，增强文化建设的自觉与自信；又以"中华民族"的族群身份而弱化国家性质，降低国际关系与政治中的敏感度；使用"复兴"一词，在国际维度上确立崛起的合理性（本身就是世界强国，现在不过是恢复应有的地位），而在国内维度上则凸显情感特征，包含了过去痛苦的失落、新世纪和平崛起的对比想象，具有较强的激励。这个战略体现了本民族特有的战略思维、历史记忆及情感，有很强的现实依据，并从现实与未来、从国内与国际等多重维度塑造了一个自信自强、蓬勃向上但同时又刚柔兼备、合情合理的国家形象。

关于国家形象概念及其特征，国际关系与政治、传播学等学科的研究已成规模，但是，人文学科的介入使得国家形象研究发生了较大变化，甚至可以说，人文学科视野中的国家形象更符合国家文化战略对民族文化的规划与设想。这一点，曾军说得好："当我们力图分析'国家形象的建构'问题时，其潜在的逻辑是国家形象并非一个本质主义的概念，而是一个具有可塑性的需要建构的领域；它也并非一个历史主义的判断，而是包含着对这一国家未来发展方向的期待或者说理想。"[2] 这表明社会学科与人文学科

---

[1] 具体可参见《国家"十二五"时期文化改革发展规划纲要》《文化部"十二五"时期文化改革发展规划》等相关文件。

[2] 曾军："上海世博的中国元素与中国国家形象的建构"，《学术界》2010年第7期。

的国家形象研究大相径庭。首先，与前者不同的是，人文学科的国家形象并非是一个根据过去经验业已完成（"历史主义"）并难以改变的"本质主义"形象，而是处在一个动态的建构过程中，存在着建构的"可塑性"（国家形象建构的多种可能）及其需要建构的"迫切性"（国家形象建构的政治动机）；其次，人文学科研究的国家形象并不强调对现实状况的客观反映，当然更不是揭露与批判现存的负价值，相反，它充满了应然维度上的政治激情、期待与理想，具有很强的乌托邦色彩，并以此指导、约束具体的政治文化实践，充分表现出文化的观念价值。正因为如此，国家文化战略中"政治推动文化建设"的路径，才可能根据国内外政治的需要适时地"再建构"一种与之相应的国家形象。

我们认为，在本质上，国家文化战略目标与国家形象是同形同构的，两者犹如一纸两面，难分轩轾。首先，国家文化战略根据自身实际及其政治需要，通过甄别国家文化现有类别和积极的远景规划，明确了国家主体文化与性质，以及塑造国家形象是以国家文化战略对本国主体文化遴选为前提；其次，文化战略与国家形象的构建逻辑相同，均是用具体的文化形态表现抽象的政治形象，从文化形象（"量的积累"）到政治形象（"质的飞跃"），最终完成国家政治的阐释与维护；再次，文化战略的国内/国际两种面向对应构成国家形象的两个维度，正是国内文化建设与国际竞争的不同战略规划产生了具有一定落差的国内形象与国际形象。反过来，作为国家文化战略的符号化再现，国家形象无疑凝聚了本民族文化的优质内容。更重要的是，在全球文化传播及其竞争中，国家形象成为考量国际舆论关注度、确立民族国家的国际地位、衡量国家文化战略是否实现的重要标准。

如上所说，国家文化战略体现出国家政治意志与行政能力，以缺席而在场的方式发挥重要功能。大众文化中的国家形象及其符号呈现，的确只是文化意义上的话语实践、表意活动，但是政治作为潜在力量，正是通过文化意义、叙事话语、符号编码的选择以及具体话语实践等显示出来。国家文化战略既是政治"文化化"的过程，也是文化"政治化"的过程，在具体可感的表征中产生说服力的意识形态，完成文化实践的政治功能；反过来，当政治以缺席而在场的方式影响文化时，后者也发生了变化，出现内容、立场、态度及效果等诸多限定。在余英时看来，政治与文化发展互动产生了政治文化①。它虽来源于历史传统、民族性格、记忆经验、社会价值等，但在人们的日常生活中表现为一套特定的"价值取向"。当一种政治文化得到社会的广泛认同，这种政治制度、体制也就拥有了自身的主流地位。可见，政治介入文化和文化参与政治具有同等重要的意义。文化参与政治虽然存在着多种路径，但必须保持自身的独立性。"现代文化的相对独立性，一是指文化具有超越政见分歧和利益冲突的普遍性，二是指文化具有超越物质实践和功利计较之上的观念性。在现代文化发展中，恰恰是这两个特征成为文化参与政治的基本方式。"②很明确，文化以"超越政见分歧"的普遍性实现其政治功能，是因为自身的独立性。政治的缺席给文化提供了特殊的政治力量。如1980年代中国电影进入世界影坛正是依靠文化的政治功能，它在一系列具有独立性的审美实践中，勾勒出民族国家的政治风景。最典型的莫过于1988年前后两部获得国际重要电影节大奖的电影：张艺谋执导的以民俗、抗日等事件张扬民族热力的《红高粱》，获得国际柏林电影节"金熊奖"；侯孝贤则凭借表现了"二二八"事件及其政治"恐怖"的台湾社会的《悲情城市》，获得威尼斯国际电影节"金狮奖"，二者均是以文化政治的方式进入了世界影坛的视野。这可谓第三世界国家文化生产的普遍现象，被詹姆逊归纳为"国族寓言"。国家对文化的战略规划与构想，就是运用超越阶层及社会身份体现共同的政治愿望与追求，进而形成民族国家的凝聚力，以超越形下物质的抽象观念阐释社会现实，促成政治认同、重构政治心理。

从这个角度说，当下大众文化的中国形象在国际范围内的模糊，反映

---

① 参见丁为祥"余英时'政治文化'的特色及其形成——再读《朱熹的历史世界》"，《哲学分析》2012年第3期。

② 单世联："文化、政治与文化政治"，《天津社会科学》2006年第3期。

了大众文化未能实现文化参与政治的战略要求。如具有一定国际影响力的中国电影,在新世纪放弃了原有的政治"文化化"的思路,失去了文化政治的功能,从2000年到2006年虽形成古装大片新潮,但此后国际影响力锐减[①]。从构成内容看,它张扬欲望满足的享乐主义;从价值取向看,缺乏必要的民族特性;从参与路径看,中国电影回避文化对政治的参与,所谓的"普遍人性"仅仅是表现虚浮的人性欲望,而与文化所要求的超越具体政见分歧的"普遍性"没有任何关联。在文化的观念性方面,更存在着不容忽视的缺陷,不过是西方文化的翻版,难以提出从自身生存环境中衍生出的观念性价值。文化没有观念性价值,无异于空中楼阁,就从根本上抽离了文化政治的力量。新世纪以来的中国电影缺乏文化的"普遍性"与"观念性",实际上失去了文化参与政治的功能,非但不能建构起一个体现正价值的国家形象,反而表现出典型的"政治淡漠"的文化症候。

二、文化产业、战略产业与国家形象的新世纪构建

当下大众文化无限靠近经济,表现了对政治淡漠的倾向。但吊诡的是,新世纪以来,文化产业在国民经济中越来越重要的地位,正是政治所赋予的。在政府及其相关部门不断出台的系列文件中,如《关于振兴文化产业规划》《关于促进电影产业繁荣发展的指导性意见》等,表现出国家政府部门对文化经济属性的认识逐渐深入。我们认为,在从政治到经济的改企转制中,文化产业作为附加值高的创意经济,在众多产业中具有较大的经济增值空间,成为国民经济中重要的支柱产业之一;随后,战略性产业的定

---

① 2006年是中国电影古装大片的分水岭。这一年张艺谋的《满城尽带黄金甲》仍在北美外语片票房榜上挤入百名,但之后,中国电影再也未能进入前四百名;而且从国际电影节获奖的情况看,很少获得A级国际电影节的重要奖项。

位,更把它提高到前所未有的地位,其政治功能得到极大的强调。"文化产业的市场准入与反准入成为国际文化竞争和国际文化战略较量的重要领域而占据了新的外交空间。文化产业正是在这个过程中凸显了它在整个国家生活中的重要性和价值,从而使之具有战略性。"[①] 可以说,文化产业的政治学意义于此一览无余:政治竞争表现为文化竞争;文化竞争则落实到文化产业的竞争。出于这种认识,国家政府积极推动中国文化产业的组建整合,这成为新世纪文化战略重要的内容。薛晓源认为,文化战略存在隐形与显形两种方式,"隐形方式"表现为文化政策和意识形态;"显形方式"就是文化产业[②]。之所以说它是"显形方式",不外是指作为经济发展的实体,文化产业能够充分实现国家文化政策和意识形态导向,完成国家文化战略的远景构想;它不仅是国家文化战略能否实现的重要载体,也是构建国家形象及其国际传播力的关键路径。

就此而言,我国的文化产业因经济而"政治淡漠"的现象存在着较大缺陷。叶舒宪提出,文化产业首先面对的是理解文化;其次才是文化的资本化、产业化[③]。目前我国文化产业的文化观仍然停留在 20 世纪 90 年代。众所周知,20 世纪 90 年代当国家提出建立社会主义市场经济后,政治、经济与文化在获得主体性后发生分域,而文化又分为政治文化、大众文化与精英文化。这种"三元结构"的格局形成了不同文化类型的区隔与对峙。从理想角度说,三种文化力量均衡,大众文化在释放文化的经济力量方面或许具有一定的价值。但是,这种观念严重限制了大众文化的生产、发展及其功能。它无须顾及注重文化品格的精英文化,更要剔除那些严肃的政治文化,只是一种纯粹的娱乐消费活动,不应该也没有必要承担任何责任。于是,"无理想价值""惟爱情主义""消费至上"等就获得某种合理性。

---

① 胡惠林:"当前中国文化战略发展的几个问题",《艺术百家》2011 年第 6 期。
② 参见薛晓源"全球化与文化战略研究",《马克思主义与现实》2003 年第 4 期。
③ 参见叶舒宪"中国文化产业学科面临的问题",叶舒宪主编:《文化与符号经济》,广东人民出版社 2012 年版,第 251 页。

当文化产业上升为国家支柱性产业、战略性产业，这种"一家独大"的地位彻底打破了"三元结构"的文化格局，它所生产出来的大众文化具有很大影响力，在客观上已经成为了主流文化。再依照这种观念生产大众文化，显然不够准确。作为国家支柱性、战略性产业，文化产业生产出的大众文化远不是实现经济效益那么简单。它不仅改变了经济生产的方式、内容、形态，而且，其源源不断的内容生产与意义消费，具有物质经济、实体经济所没有的建构精神的力量①。因此，文化产业并不是要阉割文化的多种功能，取消文化的审美价值与意识形态作用；大众文化也不是以矮化、俗化自我来取悦大众。相反，在国家政策的支持下，它作为社会影响最大的主流文化，应当借助发达的媒介力量、产业力量以及渗透力极强的消费力量，兼顾政治文化与精英文化。首先，从艺术的角度说，大众文化在影视技术、数字新媒体等现代科技的支持下，表现力量获得空前释放，其审美功能得到充分展示，如影视艺术（如在视觉上取得突破性进展的《阿凡达》）、舞台艺术（"春晚"以及各种大型综艺晚会的数字化舞台）、会展艺术（张艺谋执导的奥运会开幕式）等，给人们带来极佳的视听享受，艺术表现力获得长足发展。其次，从观念的角度说，大众文化占据主流地位，不仅能够整合多种优势资源，吸收多种异域文化，而且因为拥有多渠道、多层次、多面向的传播路径与方法，能够彻底突破过去受限于接受的惯例，进而增加自身的精神含量、价值及难度，在观念创新上具有众多可能。成功的大众文化都应有程度不一的创新。如李安的《卧虎藏龙》《断背山》等一系列优秀电影在传统与现代文化之间实现了有效对话；韩国影视剧（如《我的野蛮女友》《大长今》《蓝色生死恋》等）因突出温婉靓丽的形象而大获成功；如周杰伦、方文山等创作的风靡一时的流行歌曲，是基于显见的文化个性；等等。再次，从效果的角度说，借助无孔不入的大众传媒，大众文化对人们的日常生活有着极强的渗透力，在传播知识、政治文化等方

---

① 参见胡惠林"当前中国文化战略发展的几个问题"。

面有着得天独厚的条件,更能潜移默化地影响人们的生活态度、政治立场及其价值取向。近年来,纪录片频道、国家地理频道、教育频道等各种突出社会功能的专业频道、付费频道迅速发展,并未遇到我们所想象的排斥。简单地说,新世纪文化产业中的大众文化,作为一种整合多种优质资源的主流文化,完全不同于20世纪90年代"三元结构"中仅仅重视经济增值的"大众文化",后者从本质上说是消费文化。

目前大众文化亟待与消费文化区分开来,这是因为我们常常将两者等同。无须赘言,中国经历三十年改革开放的经济积累,尤其是自20世纪90年代确立起社会主义市场经济体制以来,消费作为一个普遍的社会现象,在市场力量的推动下深刻地渗透到社会、政治、经济乃至人们的思维方式中。在鲍德里亚、詹姆逊等的消费理论研究中,他们由于身处跨国资本高度发达的西方背景,对消费文化非常悲观,认为消费逻辑已经构成了社会意识形态的霸权,必然与国家政治文化、精英文化及其人类本真性存在发生冲突。这影响到许多国内学者。如雷启立认为:"以现代民族国家观念召唤、凝聚起来的民族-国家形象,在现代性展开过程中由后现代的消费主义加以颠覆和解构,转化为时尚元素以召唤市场和资本所需要的消费欲望。这或者正是民族国家在现代性转型期的历史宿命。"[①] 在这个表述中,消费主义成为宰执当代中国社会的文化逻辑,现代国家观念及其形象不仅被颠覆和解构,而且变成了用于消费的"时尚元素"。这的确洞察了甚嚣尘上的消费主义。但是,与西方资本主义国家不同,中国始终是社会主义国家,市场经济、文化产业、大众文化及其消费主义无论如何发达,都处在国家政治所允许的范围。海外华人学者王瑾认为:"后社会主义国家不仅没有淡出舞台,而且通过市场重新恢复了活力,从而影响大众文化的议程,这尤其表现在它成功的话语制造的

[①] 雷启立:"粗话裤子上的政治:国际广告资本与当代中国消费意识形态的建构",《华东师范大学学报》2004年第6期。

层面上。国家重新把文化作为可以实施新的统治技术和能同时转换成经济资本的场所，这构成了自中华人民共和国成立以来最具创新性的治国策略。"[1] 他认为国家政治文化与大众文化非但没有矛盾，相反，国家政治借助了跨国资本、文化产业、休闲产业等经济力量，通过大众文化的议程设置、话语制造，获得了创新性再生。这是考量不同现象所致。前者关注政治意识在消费主义中消失甚或"被扭曲"消费的现象，即政治文化在消费文化中具体的话语实践；后者则将消费文化和大众文化剥离开来，发现即便在生活语境中，依然存在着政治文化影响大众文化的隐形机制。我们认为，大众文化之所以成为"大众"文化，并不是由经济资本／消费主义所独自决定的，而是因为政治资本、文化资本与经济资本三者融合，形成了相互转化与融合的强势话语。在文化产业生产的大众文化中，国家政治文化并没有失去力量，而是影响大众文化的机制发生了改变。如在国家庆典仪式的背景下，政治文化借助多种路径进入大众文化的意义生产。《建国大业》《建党伟业》等献礼大片叙述的仍然是凸显国家正价值的历史观、政治观，而《风声》《潜伏》《听风者》等大量虚构的谍战片／剧，虽然遵循的是商业资本的增值逻辑，存在诸多不足，但国家政治文化并未与消费文化产生本质冲突。

事实上，即便在消费主义发达的西方资本主义国家，也并没有出现如鲍德里亚等所论断的"拟像对现实"的复仇，国家政治文化及其形象在大众文化中不仅没有遭到颠覆性消费，相反，后者恰恰形成了一整套维护国家形象的策略。这在美国表现得最典型。好莱坞电影无论具有怎样的娱乐性与消费性，都实践着或显或隐的政治功能，以各种方式传播"虽缺席但在场"的美国政治文化，塑造一个富有魅力的美国形象。陶东风指出，美国政府所提倡的文化，构成了大众文化的主要内容，在政治经济与文化资

---

[1] 王瑾："休闲文化与文化资本"，宋耕编著：《全球化与"中国性"》，香港大学出版社 2006 年版，第 175 页。

本的结合中，成为社会的主流文化①。从这个角度讲，美国的大众文化真正实现了政治资本、文化资本与经济资本等三种话语融合转换的强势力量，因而在全球范围内拥有强大的吸引力。

文化产业生产的大众文化并非是单纯依据商业资本增值逻辑的消费主义，它非但不与国家政治观念及其形象必然矛盾，相反，大大促进了国家政治文化的发展、传播与接受。显然，文化产业的意识形态功能，并不是美国等西方资本主义国家所专有。在当下经济全球化、媒介全球化的强大冲击下，政治、经济与文化融合互动的速度、力度得到了强化，文化产业中的资本构成、生产空间等呈现出前所未有的开放性。从这个角度看，我国文化战略之所以把文化产业提升到支柱产业、战略产业的高度，就是政治力量及其话语与经济资本、文化资本当下转换的体现。

三、文化编码、符号消费与国家形象的新世纪构建

无须赘言，消费文化在跨国资本的推动下成为全球化表征，生产社会已步入消费社会。"在消费社会，任何物体想要成为消费物，就必须使自己成为符号。"②在生产过剩的当下，除了使用价值和交换价值，符号价值作为一种社会身份的表征，被更多地凸显出来。在叶舒宪看来，"符号"的本质在于自身之外的隐喻或象征意义，它被用来产生一个相互关联且自然有序的意义系统③。从这个角度说，国家文化战略就是站在国

---

① 陶东风的观点具有代表性，具体可参见"核心价值体系与大众文化的有机融合"，《文艺研究》2012年第4期。
② 张筱薏、李勤："消费 消费文化 消费主义——从使用价值消费到符号消费的演变逻辑"，《学术论坛》2006年第9期。
③ 参见叶舒宪"文化符号如何产出经济"，叶舒宪主编：《文化与符号经济》。

家、时代的高度，运用市场力量，对民族文化的接续、生产与维护；建构国家形象就是拥有三种强势话语的文化产业对国家政治文化的符号化，因其编码对象是特殊的政治文化而具有政治功能，因其编码过程遵循商业的增值逻辑而具有经济功能，因其编码目的凸显意义价值而具有文化功能。

国家形象不仅是符号的生产，也是符号的消费。与其他符号一样，它既需要种种差异性的故事，又需要这些故事背后的隐喻意义。只有当文化产业生产出的故事提供了国家政治文化的特殊意义，才使得国家形象拥有抽象的符号价值。"文化产业所开发的'以知识、信息、符号'为载体的产品是非常冒险的，它需要一种来自于对自身、预感或想象信仰的承诺。"[1]反过来，如果没有这种意义价值、信仰价值的"承诺"，文化产业的大众文化难以获得成功。这是形塑国家形象的关键。

我们不妨以美国为例。杰弗里·亚历山大认为，美国政治文化存在公民共和主义、洛克式自由主义、新教基督信仰等多种部分，这些观念和价值相互冲突，但存在着语义学上的"可通约性"。表面的矛盾其实是文化系统内部的"再解释"，表现为一种互补而非"替换"关系[2]。共和主义的集体性、自由主义的个体性及其宗教信仰的超越性，提供了叙事所需的文化资源，有效满足了个体所面对的不同的生活语境与多种深层的心理需求。好莱坞电影根据表现的重心，通过不同的人物角色来体现差异性取向，因此，以上三种政治文化既能分别在不同的故事里出现，也可重叠在同一个故事中。如《阿凡达》《泰坦尼克号》《2012》《盗梦空间》《国家公敌》等众多具有全球影响力的好莱坞大片，大多站在自由主义立场上提倡个人主义、多元主义及个人权利，也融合了另一种历史悠久的政治文化传统——共和主义以及近来兴起的社群主义，透露出对共同体、平等性、责任感以及特

---

[1] 薛晓源："全球化与文化战略研究"。
[2] 参见〔美〕杰弗里·亚历山大《社会生活的意义：一种文化社会学的视角》，周怡等译，北京大学出版社2011年版，第122—123页。

殊性的尊重。如《阿凡达》《国家公敌》等从尊重个人权利的角度批判专制极权;《2012》《盗梦空间》虽然不乏个人权利与自由的影像表达,但更强调人类共同体、家庭共同体。毋庸说《哈利·波特》《阿凡达》等表现类似原始宗教("自然""大母神""树神"崇拜)的超越价值,就是从普通平民的职业操守也能看出西方所笃信的新教信仰,如《泰坦尼克号》《2012》等在灾难来临时坚守岗位的细节,等等。更重要的是,好莱坞电影所生产的国家形象,虽植根于深厚的西欧文化,但也突出美国独有的精神气质。我们说,从古代、中世纪到近现代,欧洲文化传统丰富而复杂,但美国显然更强调从近代启蒙主义衍生出的世俗精神,几乎贯彻到所有的好莱坞电影。如《泰坦尼克号》集中体现杰克所代表的充满世俗活力的生命状态,张扬冲破一切阻碍的"爱情神话",洋溢着理想与乐观的气质;《2012》用美国总统在大灾来临时选择拒绝登船、与民众同赴死难的方式表现美国注重的平民主义;《阿凡达》《星球大战》《黑客帝国》等虽然就其内容而言表达了对工具理性的强烈质疑,但是,大量制作科幻片这一现象恰恰表现了美国对科技理性的崇拜,实用主义由此浮出水面。概括地说,好莱坞所塑造的美国形象建立在"可通约性"文化/社会共识性文化的基础之上。虽以欧洲文化为背景,但同时找到了自身的文化个性;不仅欧美文化被整合起来,美国大众文化、政治文化与精英文化也是三者合一。它通过个体、家庭、社会、政府以及国家等不同层面的关系,深入人们的日常生活,成为数量占优、影响最大的主流文化。

不仅如此,好莱坞电影对这种表现国家政治理想及其形象的"可通约性"文化进行特殊的编码,形成了一套"分离"与"结合"的编码机制。所谓"分离",指国家与政党分开(站在抽象的国家立场批判特殊的政党)、文化与政治分开(站在超越的文化立场批判狭隘的国家政治立场)、平民与政客分开(站在数量最大化的平民立场批判少数的政客);所谓"结合",指个体与集体的结合(把个人主义和集体主义、国家主义结合起来,国家政治不仅是一个集体目标,更是个人的理想追求)、人性与政治的结合(用合乎人性的方式表现国家的政治理想)、感性与理性的结合(理性的政治理想与观念即是个人欲望、情感的投射对象)。在大量的假定性叙事中,借助虚构的故事情境,美国政治文化已经演变为人性价值的话语实践,其人文化程度较高,形塑了一个合乎人性价值的国家形象。另一方面,好莱坞电影始终立足于本国实情,根据国家政治的需要,适时生产振奋民心的国家形象。它所塑造的国家形象,与电影产业乃至整个国家的真实状况分不开。英国学者普特南指出:"如果说附属于好莱坞的价值体系在全球取得了显著效果的话,部分原因在于美国电影常常是有意为多元文化的观众量体裁衣的。"[1]好莱坞电影从多族裔的现实出发,突出全球性经验与形象,往往根据自身的政治需要,设置全球性议程,赋予了美国形象特殊的意义,在世界范围内赢得消费优势。可以说,美国大众文化塑造国家形象之所以如此成功,一方面受益于本国政治文化的成熟,另一方面也是和这种突出共同性、差异性与现实性的编码方式分不开的。

美国大众文化的这种情况对我们具有很大启示。在国家文化战略的规划组织中,文化产业对中国形象的意义编码首先需要一个特殊的符号能指,包括叙事内容、对象及策略。但是,目前中国形象的能指特殊性不够明显。就内容而言,我国文化产业建构国家形象的故事往往突出抽象的国家意志、政治人物与政治文化,恰恰不是叙事所需的特殊形态;就策略而言,沿用二元对立的叙事结构,难以摆脱经典好莱坞叙事模式。这和我国电影未能充分发挥假定性叙事有相当关系。如《建国大业》《建党伟业》以及《周恩来》《瞿秋白》等大量献礼片、传记片,都只是叙述一个或集体或个人的历史故事,突出历史知识的影像化。我们认为,叙事艺术之所以是文化产业的主要内容,成为娱乐消费的重要对象,就在于故事的假定性。它通过角色替换、情感替换等深层次地满足了人们的娱乐心理,以叙述语境的虚

---

[1]〔英〕D.普特南:"美欧电影分歧的焦点——文化属性和商业属性间的冲突",《世界电影》2000年第4期。

构性确保了符号形象的特殊性,以创作个性确保了故事的多样性。概言之,文化产业建构国家形象,离不开假定性叙事。它是经济增值的前提,也是政治"文化化"的基础。这方面的匮乏,严重影响了政治文化与国家形象的人文化程度,《建国大业》等政治献礼片在海外传播受到限制,与此有密切关系。

其次,这种意义编码还需要特殊的符号所指。中国形象的特殊所指,就是中国政治文化的意义价值。作为叙事基点,它通过一个逻辑严密的叙事过程获得自我确证,并在文化消费中获得经济的增值。社会主义决定了当下中国的国家性质、体制及其政治文化,但毋庸讳言,这种政治文化的符号编码仅停留在政治层面,人文化程度远远不够,加之国际政治的敏感,这种国家形象很容易产生国内外的隔膜。目前,强调民族身份的"中华文化"成为中国形象的主要内容,大量古装影视剧的海外传播就是一个明显表征。令人遗憾的是,在众多古装影视剧中,中华文化的意义编码同样停留在能指层面(以建筑、家居、服饰等表象符号构成古代的生活环境),所遵循的意义价值也大多参照西方政治文化。不仅如此,在人文化的假定性叙事中,由于缺乏可通约性文化,中华文化、政治文化及人性话语形成了冲突。如典型的例子是美国影片《勇闯夺命岛》与中国大片《集结号》,虽然故事相似,都是为死去的战士争取应有的名誉与利益,但是,由于政治文化的编码方式不同,所塑造的国家形象存在明显差异。前者通过虚构的故事语境、人物角色差异化,以激烈的二元冲突释放批判国家政治的负面情绪,用人性价值的修辞维护正价值的美国形象。后者对国家政治文化的编码缺乏适当的角色分工,难以排解人性价值与政治文化的矛盾,指涉民族身份与文化个性的中华文化很难进入人们的日常生活,在"可通约性"文化未能实现的情况下,国家形象异化成压抑人性的负价值。

再次,文化产业是关于符号的系统生产,国家形象及其意义编码在连续的符号生产中得到整固,它要求一种相似而不雷同的符号序列。只有当"既熟悉又陌生"的国家形象在社会文化活动中大量出现时,其基本面貌才得以构型。拓展开来,生产既"熟悉"又"陌生"的符号形象,是文化产业的基本规律。它并不要求开天辟地式的原创性,相反,总是呈现出"旧瓶装新酒"或是"旧酒装新瓶"的形态[①]。正是在陌生/新、熟悉/旧等充满张力的状态中,在两种不同元素的组合与调控中,产生出富有创意的符号形象。成功打造文化符号是后工业经济发展的重要维度和关键所在。而我国大众文化的中国形象重复既定的历史经验,过于强调社会主义政治文化的合法性,未能提供必要的新信息,产生审美的陌生感,这种新旧信息的调整失当,导致所生产的国家形象缺乏必要的差异性,显得过于雷同。另一方面,文化产业的国家形象属于一种流水线般的系列生产,要求大量占领消费市场的符号形象,在目前的符号生产中也未得到充分满足。从这个角度说,我国建构国家形象并没有遵循文化产业的符号生产规律。

如上所述,与物质形态的产业相比,文化产业对整个社会具有更直接的影响力,人们更为关注符号的非物质形态,这是重建有序的价值体系、重构国家形象的前提。文化产业生产的大众文化,在当下语境中已突破了原有的文化概念,成为政治文化、大众文化与精英文化三种强势文化的融合,是最具影响力的主流文化,也理应是塑造国家形象的主要力量。目前,在构建国家形象、实现国家文化战略上,文化产业成为了最重要的路径。国家、政府对文化产业的高度重视已经在一系列正式文件中充分表现出来,现在的关键在于用何种政治文化建构国家形象,以及怎样实现政治文化编码。正如利奇所说,人类虽然在改变、分割外部世界的能力有限,但是对头脑中外部符号的编码却是无限自由的[②]。这意味着一个社会的"可通约"

[①] 在已有的大众文化观念中,文化产业往往"旧酒装新瓶",即是突出新形式、表现旧内容,看似新颖,实则陈旧。这种看法其实无视于大众文化的创新性。所谓"新酒装旧瓶"则表现出大众文化的某种创意,但往往用一种缺乏审美难度的艺术形式展示出来。但不管怎样,文化产业所生产的大众文化均存在着新旧信息的分配与组合。

[②] 参见〔英〕爱德蒙·利奇《文化与交流》,郭凡等译,上海人民出版社2000年版,第36页。

文化虽然有限,人们却能够由此生发出无限可能的国家形象。这对于我国文化产业来说,显然是任重而道远。

(陈林侠,中山大学中文系教授)

树立迈向世界文化强国的新文化观

花 建

【摘要】 我们要从政治、经济、社会、文化、生态五位一体的发展战略全局出发，总结中国改革开放三十多年来丰富的实践成果和各国的有益经验，形成迈向文化强国的新文化观，提出富有操作性的对策：具有自觉的文化体系设计能力，树立社会共同体的核心价值观念，形成创造文化魅力的巨大活力，发挥创新驱动的强大能量，壮大推动文化交流和国际文化贸易的实力。

党的十八大提出了建设社会主义文化强国的伟大目标，提出要增强我国整体文化实力和竞争力。这既是一个重大的理论命题，又是一个亟待拓展的实践领域。需要从政治、经济、社会、文化、生态五位一体、和谐发展的战略全局把握这一重大任务，提出富有针对性和操作性的对策，需要我们根据中国特色社会主义道路、理论体系和制度三位一体的要求，提炼中国改革开放三十多年来丰富的实践成果和各国的有益经验，形成社会主义文化强国的新文化观。

一、文化强国具有自觉的文化体系设计能力

从国家综合竞争力的角度看，文化软实力是一种通过影响获得广泛认

同的软性力量。它是一种基于核心价值观念并且通过文化创造、文化生产、文化贸易、文化交流、文化服务而实现的感召力、吸引力、影响力体系。它既源于广大国民的巨大创造力,又依赖于先进的国家治理体系。

大量事实说明,一个大国所拥有的经济资源、人力资源和文化资源是不能自然而然地转化为国家实力的,历史传承的物质财富和文化遗产也不可能长久造福子孙,它必须通过富有远见的国家战略、先进的体制政策和强有力的治理能力,才能把这些资源凝聚成为包括文化软实力在内的国家综合实力。

诺贝尔奖获得者西蒙(Herbert Simon)在谈到"人造科学"时说:1. 社会系统是设计出来的,而非自然命定的;2. 设计过程比结果更重要,因为我们可以在过程中不断改变将要实现的目标;3. 良好的设计往往鼓励看问题的新鲜角度,追求更加有价值的理想和更加睿智的路径[1]。这也就是说:一个大国国力系统的设计者和建设者所拥有的远见卓识和胆略睿智,能够使其以历史的前瞻性视野,主动设计和实施超越前人的模型图和路线图,从而推动国家克服各种不利因素成为世界强国。这为我们分析大国崛起的战略和路径提供了富有启发的视角。

许多有识之士指出,世界性大国的竞争,归根结底就是发展模式的竞争:"在整个人类历史上,大国会在保障自身安全与利益的基础上积极扩大其对整个世界的影响。国家间在各方面展开竞争,失败者要被迫接受胜利者带来成功的模式。"[2]在人类历史上多次出现过跨洲和全球性的霸权国家,包括古罗马帝国、13—17世纪的大蒙古帝国、19世纪的大英帝国、20世纪中叶的苏联,它们拥有广阔的国土和殖民地,掌握了当时主要的资源和商品市场,拥有全球最大规模的武装力量[3]。但是历史的经验已经证明:庞大的帝国仅仅依

---

[1] 参见〔美〕赫伯特·西蒙《人工科学》,武夷山译,商务印书馆1987年版。

[2]〔美〕尼古拉·兹洛宾:"世界寻求有吸引力的新模式",《参考消息》2011年7月25日。

[3] 蒙古帝国鼎盛时期的最大疆域面积达3300万平方公里,东到太平洋,北抵北冰洋,西达黑海沿岸(鼎盛时远达匈牙利地区),南至南海,占世界陆地总面积的22%。

靠对跨洲资源的巨大掠夺和消费，而缺乏核心的价值观念和长远的文化自觉，再加上滥用庞大帝国的开支，必然会使帝国的制度日趋僵化，国力严重消耗亏空，从而最终被历史的浪潮冲刷而去。一个缺乏优良的制度设计、人文精神和文化活力的国家，无论如何庞大，都将被内部的腐败和外部的挑战所压垮。面对着21世纪经济全球化、政治多极化、科技创新引领产业转型、全球秩序不断重组的大趋势，许多有识之士提出了"大国之问"：那就是"当时建立起的经济和社会体系以及国家精英所具有的相应政治特质越来越明显地阻碍国家在当代世界赢得主导地位。当前所面临的重要问题是：什么可以让大国在当代世界保证发展和具有竞争力"[1]。

大国兴衰的实践证明：唯有一个大国自身保持不断创新的活力，才能培育强大的经济和军事实力，强有力地捍卫自己的国家利益，在世界范围内显示自己的影响，率先提出和实践全球性的议题，而所有这些需要的是一个富有创造性和远见卓识的大战略。这一个大战略并非一脉相承的陈旧套路，而是体现国家使命和人类福祉、历史规定性和主动创造性相统一的愿景、制度、路径和步骤的总和，是历史视野、科学头脑、实践理性、操作智慧的高度统一，也就是文化软实力的精髓。国家之间的文化软实力之争，从动力的意义上来说，就是国家之间的文化创新制度设计和文化创新能力的竞争。

中国政府庄严地向全球宣布：中国迈向世界强国之路，是一条和平发展的道路。这与历史上出现过的罗马帝国、大英帝国、蒙古帝国等强国，以工业、科技和军事的优势建立跨区域乃至全球霸权，获得超级资源和财富的道路都不相同，也与源于基督教、希腊—罗马文明的西方国家的文化主流理念不同。中国的和平发展道路既有"中国特色"，又有"世界意义"，既突出了自主的改革与创新，又强调了各国的和平发展与合作共赢，既传

---

[1]〔美〕尼古拉·兹洛宾："世界寻求有吸引力的新模式"。

承了五千年中华文明所积淀的深刻智慧,又吸取了近代以来大国兴衰的历史教训。它的伟大战略意义在于中国及其他非西方大国的整体和平崛起,可以不同于传统西方大国的和平崛起模式,而超越传统的不同社会制度和价值观的差异。因此,中国的大国崛起之路,就需要有更坚定的文化自觉性、制度设计的引领性、引人入胜的感染力,才能在全球范围内获得更广泛的认同,而为全人类带来更大的发展机遇。党的十八届三中全会要求完善文化管理体制、建立健全现代文化市场体系、构建现代公共文化服务体系。近年来,中央政府、有关部委和地方政府先后颁布了全国第一部《文化产业振兴规划》和《关于金融支持文化产业振兴和发展繁荣的指导意见》等一系列政策,逐步建立了国家文化软实力的体系框架,党的十八届三中全会提出要"鼓励金融资本、社会资本、文化资源相结合"的要求,和完善文化管理体制、建立健全现代文化市场体系、构建现代公共文化服务体系的重点任务,有效地释放出制度创新之"红利"。实践证明:中国崛起,决胜于文化自觉;强国之路,决定于文化实力!

二、文化强国要树立社会共同体的核心价值观

　　文化强国的软实力,体现在强大的思想力量和价值观念,这样才能把亿万国民凝聚成为一个坚强的社会共同体。它的核心价值观念,是指引国民沿着"什么是有价值的"和"怎样实现这种价值"的道路,去追求理想的目标,也是凝聚民心、民智和民力、引领国家强盛的核心要素。这种强大的思想力量之产生,不但要依赖国家的战略、制度和动员,而且将经历一个国家层面和非政府层面、企业、组织、社会团体及个人,贡献多种资源、共同创造、友好互动和分享的过程;文化建设在本质上是以人为本、以人文内涵为核心的,是全体企业、机构和人民共同创造的结果。离开了广大国民普遍认同的软实力,必将是外强中干而充满危机的。

　　在历史上后起大国追赶先发达国家的竞争中,文化软实力是不可替代的

内在加速器。1888年恩格斯第一次访问美国后感慨地写道:"美国是一个新世界,新不仅是就发现它的时间而言,而且是就它的一切制度而言;这个新世界由于藐视一切继承的和传统的东西而远远超过了我们这些旧式的、沉睡的欧洲人。"[①]新生的美国在短短一百多年间迅速超过老牌欧洲强国的关键之一就是以追求自由和繁荣、平等和竞争为核心的"美国梦",而且这种美国价值观深刻地渗透到美国的制度设计、金融体系、经济结构、移民政策、大众文化等各个方面。以自由、民主、公民权利、三权分立、政教分离、以私有财产不可侵犯为基础的市场经济、宪法至上等,成为美国社会成员普遍接受的文化观念。就连遇害身亡的美国民权运动领袖马丁·路德·金的著名演讲《我有一个梦想》,结尾就是:"上帝的所有儿女,黑人和白人,犹太教徒和非犹太教徒,耶稣教徒和天主教徒,都将手携手,合唱一首古老的黑人灵歌:'终于自由啦!终于自由啦!感谢全能天父,我们终于自由啦!'"它表明:美国人对世界事务的认知在共同利益和共同价值观的基础上趋于一致。这使得美国领导集团和精英可以通过国内民主运作使国家的"软实力"实现最大化,并且在全球范围争取自己的盟友,从而比那些仅仅以经济利益组合在一起的地区同盟更为强势,这是值得我们认真研究和借鉴的经验之一。

中国古人云:"与其临渊羡鱼,不如退而结网。"当中华民族走向伟大复兴之际,中国新一代领导人提出"中国梦",明确社会主义的核心价值体系,正是要激发全体中华儿女仰望星空,创建理想目标和精神家园的巨大热情和智慧。习近平主席在十二届全国人大一次会议上说:"实现中国梦必须弘扬中国精神。这就是以爱国主义为核心的民族精神,以改革创新为核心的时代精神。这种精神是凝心聚力的兴国之魂、强国之魂。爱国主义始终是把中华民族坚强团结在一起的精神力量。"这种价值观念的形成,不仅仅需要决策管理者和知识精英的设计,更需要千百万国民的共同探索和多

[①]〔德〕恩格斯:"美国旅行印象",中央编译局译,《马克思恩格斯全集》第21卷,人民出版社2003年版,第541页。

样化实践，正如党的十八届三中全会通过的《中共中央关于全面深化改革若干重大问题的决定》中强调的"加强顶层设计和摸着石头过河相结合"，唯有这样，才能树立起对中国现代化的理想动力，对中国转型发展的智慧推动，对亿万国民的精神引领。

这样一个伟大的历史任务，目前还远远没有完成。当2010年的中国以5.879万亿元的GDP成为全球第二大经济体时（根据日本内阁发布的2010年全年经济数据），中国还难以创造出为各国人士向往的理想家园、崇拜偶像、人文梦想，还没有塑造出为全世界所尊重、所向往的优秀国民、理想社会和世界强国之形象。当全人类面对着一系列政治、经济、生态、环境方面的巨大挑战时，中国所创造的文化内容还无法在科技创新、信息化社会、战争与和平、全球治理、金融危机、宗教冲突、生态平衡等全球性主题上，给国民和各国以强大的引领性，为人类特别是青年一代提供走向未来的思想制高点和理想之光。龙永图先生曾经引用澳大利亚报纸对中国未来提出的三个疑问：1.什么时候才能使全球大多数国家的精英都愿意把自己的孩子送到中国来留学？ 2.什么时候才能使全球大多数人特别是年轻人更多地看中国电影，听中国的音乐，阅读中国的书籍？ 3.什么时候全球的消费者选购产品时，更多选择中国的品牌？[①] 这可以说是一个涉及中国文化贡献力的"世界之问"。

要回答这样的"世界之问"，需要中国人焕发出强大的思想创造力量，需要在文化领域共同参与、多样包容、广泛创造、社会共享、平等竞争，让各级政府、各阶层人士、企业、社会团队，勇于探索无知的领域，敢于面对现实的挑战，善于提出创新的理念和路径，让各种文化创造的主体充分贡献，让一切文化财富充分涌流；因为文化的核心是对人的人文理想、智慧和创造力的集中表达，是彼此间心灵的对话与感动。文化的活力正从这种官民一体、多元参与、应对挑战的格局中澎湃而出。

---

① 参见何瑞涓"龙永图：15年后世界会发现中国是受人尊重的国家"，《中国艺术报》2011年12月19日。

三、文化强国要形成创造文化魅力的巨大活力

文化强国所具有的文化软实力包含了核心价值观念和意识形态，但是又超越了政治、伦理和意识形态，在更高的意义上创造了美。它不仅仅表达了一种对真理、伦理和科学的追求，也包含了对美的想象力和表达力，它不但要建设核心意识形态，而且要创造丰富多彩的文化内容和艺术形式。文化生产所贡献的核心内容，与意识形态的政治价值、商品生产的实用价值等有相融的部分，更有与之不同的特殊价值。中国学者向勇指出文化的魅力集中体现在三大价值：膜拜价值、梦幻价值、体验价值。膜拜价值是经由文化产品的原真性、在地性和距离性所带来的"光韵体验"；展示价值是经由文化产品的复制性、在场性和介入性带来的"震撼体验"；体验价值是经由文化产品的娱乐性、互动性和时尚性带来的"交感体验"。[1]这是对人类生命活力的巨大激发和身心感官的全面激活，也是人类生活中具有很高价值的丰富体验。

美国学者约瑟夫·奈强调："软实力说到底，就是一种叙事的能力。在当今的世界局势下，我们更多考虑的不是谁的军队捷报频传，而是谁讲的故事引人入胜。而中国政府现在显然在努力成为讲故事的高手。北京奥运会、上海世博会，都是非常精彩的好故事。"[2]英语中的"故事(Story)"不是"事实(Fact)"，所谓的"讲故事"指在认识事实的基础上进行精神创造的能力，它具有创意、想象、充满情感和亲和力的特色，具有"随风潜入夜，润物细无声"的感染力。一个国家的核心意识形态未必让各国民众都广泛

---

[1] 参见向勇"超越硬创新：从软创新到巧创新"，北京大学文化产业研究院官方网站：http://www.icipku.org/academic/view/2012/12/19/2013.html。

[2] 〔美〕约瑟夫·奈："金融危机后的中美实力——约瑟夫·奈在复旦大学社会科学高等研究院的讲演"，《文汇报》2010年12月25日。

认同，但是灿烂的文化艺术精品会成为全人类共享的财富，也就是这个国家向全人类提供优良文化财富和公共文化产品的能力很强。所以，一个国家善于"讲故事"的核心是提炼广泛认同的文化价值观和文化艺术魅力的能力，成为文化凝聚力之核心所在。

文化强国的软实力，体现在拥有强大的文化产业，能够提供大量的文化产品和文化服务，对全球文化生产的产业链、文化研发的价值链、文化资源的供应链、文化服务的品牌链起到重要的引领作用。目前在中国文化整体实力中，较为薄弱的恰恰是文化内容和精品的创造能力。改革开放三十年来，中国文化产品的物质形态有了巨大的增长。从大量统计数据看，中国文化产业的产品短缺时代已经结束，缺少的是体现全民族的共同理想和人文追求，提炼中国和人类丰富的遗产，展示"中国梦"的魅力，产生广泛影响的文化精品力作。中国文化产业经历了十多年的产能扩张，正在逐步进入一个重要的拐点，那就是逐步告别生产粗放型、资源消耗型的发展模式，转型进入一个追求科技和创新推动、注重内容质量、追求综合效益的发展阶段。

中国急需的不是扩大文化货品的产能，而是提炼和创造文化内容的精华。中国作为人类四大文明古国中唯一没有中断其文明的国家，拥有五千年的悠久文化传统和丰富资源，从春秋战国时代的孔子、庄子、墨子、老子等诸子百家开始，直到秦皇汉武、魏晋风骨、唐宋文采、康乾盛世。所以英国学者马丁·雅克断言："在成为民族国家之前，中国首先是一个文明实体。"[1] "中国人之所以与众不同，有强烈的自豪感，其根源并不在于近代中国作为一个民族国家的经历，而在于中国作为一个文明古国所拥有的悠久历史。"[2] 但是这些巨大的资源还没有在当代中国人的提炼下转化成大量的文化精品和文化新品。比如：中国缺少以10种以上语言在全球发

---

[1]〔英〕马丁·雅克：《当中国统治世界——中国的崛起和西方世界的衰落》，张莉、刘曲译，中信出版社2010年版，第165页。

[2] 同上书，第208—209页。

行1亿册以上的单部文学作品，缺少在全球票房超过3亿美元的电影和动画电影，缺少连续演出超过10年的优秀演出剧目，缺少在全球具有偶像意义的音乐、电影和演艺明星。在全球具有标志性的20多个文化奖项和文化评选，如诺贝尔奖、普利策奖、艾美奖、奥斯卡奖、金球奖、普利兹克建筑奖等方面，中国所占的比重与经济大国的地位不相符，有许多空白。罗兰贝格管理咨询公司在2012年末发布的《全球文化产业50大企业评选》中，美国沃尔特·迪士尼以年营业收入380亿美元（2011年）名列第一，新闻集团以及时代华纳分列第二和第三位，日、法、德、英等国知名企业皆有上榜。中国入选的两家企业为万达（第37名）、腾讯（第46名）。

中国初步形成了文化生产体系，但是该体系中缺乏科技含量高、创意含量高、商业模式新颖的核心技术、核心产品、核心品牌，也缺乏具有自主知识产权的大量核心内容。而这恰恰是阐发"中国梦"的文化内涵，表达具有凝聚力和吸引力的核心价值观，形成全民族的文化共同体，吸引和团结国际盟友的核心文化力量。有鉴于此，中国迈向文化强国之路的重点之一，就是突出文化内容的创造，加强文化精品的生产，提升文化生产的品位，以质量取胜，以品位占优，以拥有自主知识产权的核心技术和自主品牌为骨干，实现从"文化产能大国"向"文化创造强国"的转变，只有这样，中国才是一个完整意义上、在全球产生巨大影响力的先进国家。近年来，中国各地的文化企业正在采取多种措施，包括加大原创内容和品牌开发，在不断变化的技术与商业格局中寻觅新的机会，启动相应的项目并重新配置资源，壮大企业的总体创新能力。2013年末《光明日报》评选的第五届中国文化企业30强、总的主营收入首次超过2000亿元大关，达到2047亿元，涌现出万达、腾讯、华强、盛大、宋城等一批拥有强大科技研发能力和自主品牌的优秀文化企业和集团，显示了中国文化生产力主体迅速壮大的良好势头。

四、文化强国要发挥创新驱动的强大能量

迈向文化强国的软实力建设要顺应中国建设创新型国家的战略,顺应全球范围内产业转型的深刻变化,发挥创新驱动的强大能量。自从工业革命以来,人类创造的物质财富比之前数千年创造的财富总和还要多,而进入数字化、网络化、信息化时代以来,人类创造和分享财富的能力又是工业化时代难以比拟的。一个更加富于活力的全球创新环境正在形成,创新已经成为经济社会发展的主要驱动力,也成为文化强国巨大能量的主要来源。

文化成果的根本价值就在于创新,是突破前人的水平而贡献新理念、内容、产品、形式的能力。国家文化整体实力中的创新力,包含了创意、创新、创造。在全球化、信息化时代,各个国家和城市都被深浅不一地连接到了一个巨大的网络中。只有文化创新力,才是全球公认和喜爱的文化硬通货。所有具有全球权威的影视、音乐、动漫、新闻、游戏、视觉艺术、工业、时尚、建筑和包装设计等奖项,都是以创新作为首要标准的。诚如英国学者查尔斯·兰德利所说:"在崭新的城市构架下,创意是主要的通货之一。"他用一个五重奏公式来评价创新文化作为世界硬通货的特点:"好奇心(curiosity)、想象力(imagination)、创意(creativity)、创新(innovation)与发明(invention)这五个关键词,构成了无懈可击的五重奏。"[①]

在文化软实力视野中的创新,首先是文化创造与科技进步的有效融合。在人类历史上,每一次科技进步带来的成果,从电气、电影到无线电技术,都深刻地改变了人类文化生产要素的组合方式。今天,城市文化的潮流又一次沐浴在科技太阳升起的灿烂霞光中,哪一座城市能够及时抓住文化科技融合创新的机遇,她就有可能在全球舞台上扮演一个引领潮流的明星城市角色。

---

① 〔英〕查尔斯·兰德利:《创意城市》,杨幼兰译,清华大学出版社2009年版,第5页。

2012年2月，美国物理学家马克·P.米尔斯（Mark P. Mills）、工程与应用专家朱勒·M.奥迪诺（Julio M. Ottino）在《华尔街日报》发表名为"科技变革将引领新的经济繁荣"的文章，指出1912年前后出现的新技术——电气化、电话、汽车、不锈钢和无线电深刻地改变了人类与自然界的关系，而在一百年后的2012年，三场伟大技术变革即大数据、智能制造、移动网络革命与六大技术即信息和通信技术、计算机技术、仿真技术、视听技术、新材料技术、节能环保技术，将会给人类社会带来更加深刻的变革，给文化领域的感知方式、创造方式、传输方式、消费方式带来前所未有的广阔空间，涌现出3D电影、电脑仿真、数字游戏、人机互动、网络音乐、数字出版等一系列新型文化艺术生产方式和表现样式，也促成文化产业链、文化资源供应链和文化服务品牌链的重组。

比如，从1980年世界上第一部绘图电脑在美国诞生，3D数字技术就给电影产业带来了翻天覆地的变化。"科技启发艺术，艺术引领科技"，这是一个你拉动我，我启迪你的互动型马拉松比赛。1986年三位想把艺术和科技结合的"造梦人"——企业家史蒂夫·乔布斯、艺术天才约翰·拉赛特、科学家爱德·卡特穆尔合作，成立了历史上第一家3D动画公司——皮克斯动画工作室。他们创造出传统电影难以企及的震撼性视听效果，成为全球电影特效的新标准配置，并且以电脑动画软件技术团队的身份首次获得2000年奥斯卡大奖。他们出品的世界第一部电脑动画长片《玩具总动员》在全球票房超过3.5亿美元，使得全球电影界同行相信：电脑动画与合成技术将是未来电影技术的颠覆性洪流。基于电脑特技的3D动画电影以一种全新的创作能力和审美形态从传统的2D电影中崛起，成为了风靡全世界的强大艺术潮流。

"栽下梧桐树，引得凤凰来。"从当年皮克斯的建立，到今天3D动画电影在全球的汹涌澎湃，人们更加关注到这些创新型企业的建立之地：美国西海岸的硅谷—旧金山湾区，这里毗邻斯坦福大学，面对着广阔的太平洋，各路人才荟萃，生态环境优良，高度重视知识产权保护，汇聚了一大批科研机构、金融机构和研发基地,成为英特尔、甲骨文、Facebook、苹果、皮克斯等一系列科技型领军企业的发祥之地。硅谷面积为4700平方公里,人口300万,2013年贡献的GDP高达2580亿美元。硅谷前10名的公司,个个富可敌国。这里的孵化奇迹,给中国城市的文化建设者提出了意味深长的思考题:中国能否再现硅谷的传奇?

面对这一个"硅谷之问",答案就是:一座城市要推动文化和科技的融合创新,不但需要敏锐把握市场的机遇和先行先试的勇气,而且需要建设者和管理者具有高度文化自觉,推动创意、技术和资金的深度交融,形成有利于创新型企业成长的优良制度和环境,此外还有一个更深刻的要求,就是把科学精神与人文精神、科技研发与艺术创意、现代企业运营更深入地融合在一起。中国古人云:"何意百炼钢,化为绕指柔。"技术、艺术和管理的深刻差异,必须在这座城市中奇迹般地融为一体。科学技术追求的是客观真理,管理追求的是质量、成本管控和产出效益,而文化创意追求的是多元创造的活力;科学技术强调建立在事实基础上的严格证伪和逐步积累,现代企业管理强调在信息化和全球化基础上的互联互通,以迎接实践和市场的严酷竞争,而文化创意强调自由想象和灵光一闪;推崇天马行空,甚至带有波希米亚人式的非主流文化倾向,创造出让人耳目一新的文化新品。它们仿佛是火焰与海水、黄金与翠玉,在性质和个性上是天壤之别,但是一旦融合在一起,就如同"金镶玉"般成为价值连城的珍品。

目前,中国还少有像硅谷这样的科技、金融和创意有效结合、高度密集的创新基地。它们应该是在鼓励创新、鼓励社会资源投入、保护知识产权等方面的领先城市。大量实践证明,中国城市要在全球范围内吸引最富于创造活力的文化创造主体,必须在鼓励原创内容和保护知识产权等核心利益方面做出更大努力;要进一步推动文化与科技的融合,必须有强大的制度保障和执行能力,把科学精神、技术理性、人文理想、创意活力、文化多元等,更好地包容在一起。文化强国的创新活力,必须在一个宽松自由、和谐开放、鼓励创新、宽容失败的制度下才能实现,必须在包容多元文化，鼓励和而不同的环境中才能实现，必须在科学精神和人文素养、基础设施和充沛投入的交融汇流中才能形成。作为一个后来居上的世界性大国，中国必须不断进行文化体制改革，发扬学术民主和艺术民主，才能释放全民族的文化创造之活力。

五、文化强国要壮大推动文化交流和国际文化贸易的实力

中国所要建设的文化强国，不仅体现在传承民族遗产，凝聚文化认同，激励无数中华儿女创造活力的"中国梦"，而且与包容多样文化，建设和谐世界的"世界潮"相通，能够承担起建立全球文化贸易新格局的重大责任。

一个世界文化强国，必然是一个全球文化贸易大国，更要首先建立起自己对于世界的伟大想象力。自古以来，人类生而具有想象力，而世界性的想象力，却是在进入工业革命之后才逐步萌生的一种改造世界的巨大力量。一个缺乏自信、萎缩胆怯、闭关锁国、与邻为敌的国家，难以想象人类可以共享一个多元共存、环球通融、和谐相处的世界。而倡导多元文化，理解各国人民的多样文化理想和发展模式，正是一个世界大国构建多种利益共同体，推动全球秩序向平等、和谐、共享方向发展的必要前提。正如2001年联合国教科文组织大会《世界文化多样性宣言》所指出的，文化多样性是人类共同遗产和智慧密码："正如生物多样性对自然界来说是必需的一样，文化的多样性对人类也是必需的。"[1] 中国是全球文化多样性的支持者和推动者，中华民族对自身和世界的理解力和想象力，正在经历着有史以来最伟大的跨越，最简要地说，就是从"文明古国"走向"同一世界"，从"东亚之光"走向"蓝色星球"，从"东方明珠"走向"世界中国"！党的

---

[1] 参见联合国教科文组织《世界文化多样性宣言》：http://www.mzb.com.cn/html/report/28807-1.htm。

十八大报告指出："尊重世界文明多样性、发展道路多样性，尊重和维护各国人民自主选择社会制度和发展道路的权利。"中国倡导的文化多样性，正符合了全人类的共同理想和世界性的潮流。中国文化本身是多元文化的综合体，又在积极推动世界文化的多样化发展。

文化强国推动全球文化交流的能力，不仅仅在于满足一国的国民之需，更体现在设计和维护全球文化贸易规则，向全球提供大量文化贸易产品和公共文化服务产品方面。文化货品/服务贸易是采用商业形态的文化传播，公共文化产品是采用非营利模式的文化服务，两者是相辅相成的两个层面，寻求文化软实力并且发挥其在国际竞争中的作用，不但要依赖国家和国际组织的战略规划和组织能力，更需要顺应全球化和多样化的世界潮流，让更多的社会组织和社会成员共享这种权力的建立和应用。这恰恰是文化发展更为深刻的意义，也是它更加符合人文精神的表现。

自 2008 年全球金融危机以来，虽然世界贸易市场遭受猛烈冲击，但是全球文化贸易的规模仍然不断扩大，特别是国际文化服务贸易的增长幅度明显超过国际文化产品贸易，成为全球经济增长的一个重要领域。NCTAD 数据库的资料显示，2002—2010 年，国际文化商品贸易出口总额从 1982.4 亿美元增长到 3832.1 亿美元，年均增速为 8.6%；国际文化服务出口总额从 495.9 亿美元增长到 1450.3 亿美元，年均增速为 14.4%，在全球贸易各门类的增长中表现突出。

目前，在全球文化贸易市场的格局中，传统西方大国仍然占有较大的份额，然而增长最快的是中国、印度、巴西、俄罗斯、印度尼西亚等一批新兴大国和区域大国。它们的对外文化贸易受到本国发展战略、经济增长、人口和资源、市场扩大，以及地缘条件的影响，正在推动着全球文化贸易的增长从长期以来的西方大国为主，向西方国家和新兴大国多极推动的局面发展。2011 年，日本官方和民间代表联合提出一份重要提议案《酷日本官民有识之士会议提议案》，指出在全球有 19 个文化产业增长最快，占有份额最大的国家和地区，其规模总量年均复合增长率将达到 7%，其中增长最快的中国、印度、巴西、印尼、沙特阿拉伯、泰国文化产业规模年均复合增长率分别达到11%、11%、10%、10%、8%、8%，预计2020年世界文化产业的市场规模将达到900兆日元以上[①]。按照日本朝野共同关注的"酷日本战略"，日本2009年主要文化产业规模为2.3兆日元，而在2020年将努力达到8—11兆日元，而日本对策的重中之重是"把内需产业的文化产业转换为外需产业"，把重点从开发国内文化消费市场转移到国外文化消费市场。

这样一个稳步增长、潜力巨大，能够对各国产生政治、经济、文化多重效应的全球文化贸易市场，必然是全球大国竞相争夺的广阔"蓝海"市场，也必然是中国发挥文化软实力，把国内文化产业的规模转化成对外文化贸易的优势，显示"中国梦"与"世界潮"相通，体现中国特色现代化理论、制度、道路之影响力的重要领域。有鉴于此，有英国学者敏锐地提出：中国是近年来对外文化贸易发展增长最快的国家之一，成为全球文化贸易大国指日可待。那么，中国在推动文化贸易方面如何建立文化贸易利益相关者的理想互动团队，包括中国客户、英国代理和目标消费者，从而形成共享利益链呢？[②] 这是又一个针对中国的"文化贸易之问"。

根据党的十八大关于建设文化强国的部署，我国建设对外文化贸易强国应该形成如下战略目标：分两个阶段稳步推进，到建党100周年基本建成体现对外文化贸易强国的框架，到中华人民共和国成立100周年全面形

[①] 数据来源：A.T.科尔尼咨询公司分析，引自《酷日本官民有识之士会议提议案》（2011年5月12日），这是由日本政府经济产业省大臣海江田万里、大臣政务官田坞要、内阁府政务官阿久津幸彦、文部科学省（文化厅）大臣政务官林久美子、日本贸易促进机构（JETRO）副理事长中官道隆等9位高级官员，和资生堂株式会社名誉理事长福原义春、编集工学研究所所长松冈正刚、作家秋元康等20位企业界、金融界、文化界著名人士联合提出的一份重要提案。该提议案所称的文化产业，指媒体与内容产品、时尚、观光旅游、食品、制造业与地区特色产品等五大门类。这与联合国教科文组织文化统计框架、英国创意产业统计指标等内容相通，但是不完全吻合。

[②] 参见 Pat Wood "The Impact of International Cultural Trade of China on London Consumers and Return on Investment"，叶朗主编：《北大文化产业评论》2012年上卷，北京联合出版社2012年版。

成对外文化贸易强国的实力,使得中国文化贸易进出口总额位居世界前三强,保持并且不断提高中国对外文化贸易的总体顺差。要实现上述的战略目标,必然要推进中国对外文化贸易的体系建设:

鲜明地提出建设互惠开放型文化贸易体系的"中国主张",推动其成为广泛的"世界共识":强调文化贸易是全球开放型贸易体系的组成部分和人民共享的福祉,各国要在文化贸易的竞争中合作,在互惠中共赢,在追求本国文化贸易时兼顾别国利益,在寻求自身文化发展时惠及别国发展,建立发展创新、互惠联动、开放共享的国际文化贸易新格局。

壮大中国对外文化贸易的市场主体,是在全球文化贸易的主要领域,如数字内容、电影音像、创意设计、新媒体、音乐视听、艺术品等,拥有200家以上的跨国公司和骨干企业,在世界500强中的文化企业中,在全球最大的20家视听企业等方面,在全球依托数字科技所快速发展的新媒体、文化新业态、新兴产业中拥有一大批外向型的龙头企业和产业集群。

形成中国对外文化贸易的空间布局,结合对内和对外两个大局,依托中国国土辽阔、人口众多、文化多样的国情,依托京津唐、长三角、珠三角三大城市群和全国10个大城市圈,建立东中西部各有侧重、沿海与内陆相互呼应、城市与乡镇各有优势的中国对外文化贸易功能区和产业集群。

确立中国对外文化贸易的目标市场,2012年中国与美、日、德、中国香港和英国等五大贸易伙伴的文化进出口额之和占中国核心文化产品进出口总额的53.5%,这反映出中国对金砖国家和发展中国家等文化贸易市场开发不够[1]。要结合中国的国际战略,形成面向亚太和欧洲地区,面向亚太、欧洲、东北亚、东南亚、南亚、中亚、西亚等主要战略方向的目标市场国家和地区,建立辐射周边和全球主要国家的对外文化贸易辐射圈,在与中国战略利益攸关的地区形成中国对外文化贸易的优势。

优化对外文化贸易的空间布局,在三大城市群和10大城市圈,建立50

---

[1] 参见中华人民共和国商务部《中国文化贸易统计2012》,中国商务出版社2012年版。

个以上推动对外文化贸易的产业服务平台,建立一批国家级和省市级的对外文化贸易基地、产业园区和文化艺术保税仓库,并且与国家的对外自由贸易园区、保税区、出口加工基地、对外贸易基地等相互呼应,形成一个专业提供文化贸易的法律、外贸、财税、投融资、专业鉴定等方面的服务机构体系。

创新对外文化贸易的制度和机制,通过渐进改革和探索创新的方式,逐步在鼓励出口、通关便利、财税扶持、保税租赁、出口退税、人员进出、外汇结算、建立海外基地等方面形成有效的制度和机制,释放改革创新带来的中国对外文化贸易的"制度红利",鼓励更多的社会资源投入到中国对外文化贸易领域,使得中国成为全球范围内鼓励对外文化贸易最为有效、最为便利的国家之一。

提高文化双向开放的质量和水平。把对内和对外两个大局结合起来,在逐步放宽对外资进入国内文化产业领域限制的同时,鼓励中国的外向型文化企业,充分利用国际文化资源,创新文化外贸产品和服务,既善于推动"中国内容,世界表达",又善于体现"世界潮流,中国表达",提高中国文化产品在国际上的亲和力和传播力,让中国文化软实力的增长惠及各国人民。

(花　建,上海社会科学院文学研究所
文化产业研究中心主任、研究员)

第二编　文化发展战略的国际视域

从当代欧洲文化建制反观中国文化发展策略

汪 瑞

【摘要】 本文通过国际视角反观中国文化发展策略,从国外的文化政策、艺术基金会、实体文化平台等方面,对英、法、意等国的官方和民间组织的文化举措进行个案分析,探讨当代国际文化发展的方向与趋势。并进一步指出,及时调整自身的文化战略,逐步有针对性地塑造新的文化形象是文化发展大势所趋。而归根结底,中国文化系统的良性发展,需要的是完善的文化机制和合理的生态循环,以及自身文化内核的塑造。

在国际交流日益增强的背景中,中国美术也加快了对外传播的步伐。当今的中国美术的确正在走出国门,走向世界。但另一方面,走出去,并不等于走进去。表面上与国外热热闹闹地频繁互动,并不能说明我们的艺术已然进入世界艺术板块当中。本人在近几年间,利用国外学习和参与国家美术"海外研修项目"的机会,对欧洲一些国家的文化政策、展览机制及基金会制度等情况进行了考察,亲睹了中国美术近些年来走出去的努力和成果,也从另一个视角体验了国外的文化模式。在传统与现代之间,在不断发展的时代步履与经济普遍不景气的背景下,不同国家给出的是不尽相同的答案。下文试图通过对一些欧洲国家文化建制特点的简略分析，及一些数据、条文的对比，给予中国美术某些启示。

一、建立和完善相应的文化政策

随着全球化趋势加强，尤其是进入 21 世纪以来，各大洲、各地区之间文化联系的日趋紧密，在多元文化格局中寻求更多交流空间，并重塑自己在国际文化格局中的角色定位，对每个国家来说都是重要的策略性举措。建立有针对性的文化政策是每个重视文化发展的国家都正在做的。在欧盟关于文化政策的相关文件中，我们可以清晰地看到欧洲国家提出的对外文化策略。在"国际文化合作"一项中，各个国家都对未来几十年的工作方向做出了指导性的政策规定。比如在比利时，一个多年拨款的文化扶持体系正在建立。针对近年来的文化动向，政府制定出了新的策略：加强该国对弗兰德文化特色的塑造，同时按照国内法语区和德语区的文化不同，策略性地在法语区加强与巴黎、日内瓦和首都布鲁塞尔之间的外交联系，而在德语区则加强与周边地区的文化互动。与欧盟的精神保持一致，法国提出"在倡导文化多元主义和多样性方面的先锋作用"，通过法国最有代表性的文化产业，即电影、音乐和文化遗产等所扮演的重要角色，在全球大力推广法国语言和文化。在经济形势相对紧张的东欧，比如希腊，则针对自身情况重新调整定位，逐步将文化组织机构的政府职能剥离，组成新的更加灵活的文化机制，寻求多样的资金来源和合作机会，并集中财力"专注于文化遗产"。英国则提出加强该国非政府类文化组织的角色，以及更积极地参与国际网络。根据欧盟的倡议，"加强收藏品的流动"，在欧洲和世界范围内组织文化管理培训，进行"发展中的文化"项目，始终强调"文化产业的最大作用"。

通过欧洲一些具有代表性的国家文化政策，我们能够一目了然地看到不同国家有着不同的应对文化发展的策略。在像希腊、意大利这样文化根底深厚但经济状况欠佳的国家，集中于历史文化遗产的推广并与旅游结合无疑是一种策略性的应对措施。而以曾经的文化中心自居的法国，则努力塑造自身文化先锋的标志性形象，力图通过文化艺术对欧盟和世界产生更多的影响。相对于这些欧陆国家，英国则更加强调文化产业的发展，这与英国近些年的经济形势相对较好有关。此外，英国特殊的地理位置也促使其努力向欧洲大陆进行文化推广，因此它提出了藏品加快流动的策略性举措。

文化互动固然重要，但修缮其身才是根本。除了突出自身文化指导特色的对外文化策略之外，绝大部分欧洲国家都细化了对艺术家、艺术团体和艺术创作的相关政策条款，用以扶持和鼓励艺术家的创作，甚至连艺术家个人收入所得税也有着明文规定。根据2011年的一份政策法律数据调查，法国规定免收艺术家从事创造性艺术活动三年的所得收入的所得税，英国则是两年（但规定免税年的获益额必须小于其他年度所得收入的75%）。在希腊，该项政策只是针对"视觉艺术家"提供一至三年的免税。

除了税收的优惠，大部分欧洲国家还提出了对自由艺术家的扶持政策。在传统艺术强国当中，法国的扶持力度一向都是很大的，法国自1951年起即建立了一个所谓的"为艺术的1%"机制，这是为视觉艺术家创立的一项特别法令。法律明文规定："所有用于各种公共建筑的建设、修缮或者是扩建，都必须从其总资金中拿出1%来支持当代艺术。"这项法令，经修改后在各大区和国家政府施行，从1951年至2011年这60年间，至少已经资助了12300件当代艺术品的创作。除了国家层面的文化支持（包括国家图书馆、国家视觉艺术中心和国家专业网络的免费推广宣传等）之外，法国国家视觉艺术中心（Centre national des arts plastiques）还有140条专为艺术家服务的资助政策，以及196套提供给艺术家、策展人、艺术批评家、理论家和艺术史学者居住的住宅。可以说，艺术家生活在今天的法国，是一件非常幸福的事。

近二十年来，随着欧盟力量不断加强，整个欧洲的文化特色日益凸显，既提出欧洲文化的传统来源，又在整个大洲的发展框架之下突出本国文化特色。近年来频繁以"地中海""欧洲传统"等为主题的艺术展览充分证明了这一点。因此，文化政策的制定，不仅要顾及整个文化潮流，也要加强地域联系，同中求异，在文化大格局下凸显本国文化地位的重要性。它们也无一例外地大力扶持艺术家的创作活动，尤其鼓励年轻艺术家的创作，几乎每个国家都有为年轻艺术家专设的奖励机制。

二、成立艺术基金会

欧洲的基金会制度由来已久，许多基金会已成为政府之外最重要的扶持艺术事业的机构。在欧洲，相当一部分的艺术活动资金支持来自于基金会，而不是政府。整合社会资金，集中精力致力于艺术收藏、传播与交流，是各大艺术基金会的基本任务。由于机制的不断完善，欧洲很多国家以基金会介入艺术的方式日趋成熟。如法国较大的基金会"大区当代艺术基金会"（FRAC），1982年由法国文化部和大区议会联合倡议得到创立，其目的非常明确，就是"支持创作、推广文化和提高公众认识"。该基金会对法国各大区之间藏品的展览、流动以及整个法国文化的传播都起到了至关重要的作用。而这样一个基金会的建立，有利于加强国家内部各个地区之间的联系，缩小经济差异带来的文化发展失衡，提高了法国当代艺术的整体水准。这样的大型基金会非常有助于提升地区艺术的知名度，并更容易得到国际的认可。再如意大利，有一个与意大利文化遗产部合作的专门针对视觉艺术家的特殊基金会GAI，它以年度形式鼓励和支持意大利艺术家的国际交流。这个始于1999年的基金会奖金至今已经资助了463项艺术活动和九百多位艺术家。此外，基金会还支持艺术家在柏林、巴黎、纽约和伊斯坦布尔的住宿。而在笔者学习生活过的希腊，由希腊船王奥纳西斯创立的奥纳西斯基金会已成为可与政府拨款比肩的希腊最大的艺术资助体。该基金会支持和赞助与希腊文化相关的各个机构，在这一框架之内，基金会直接参与了许多与希腊文明相关的博物馆修缮、图书馆兴建、考古发掘和各种文化研究,因此奥纳西斯基金会也成为了不仅赞助艺术家和艺术活动,更致力于希腊文化长效发展的研究型赞助团体。

随着世界文化多元互动趋势的加强,基金会逐渐凸显出其在专业领域研究、扶持和组织各种活动中的统领位置,常常扮演协调斡旋的角色,有些基金会的影响甚至已超越政府成为了代表本国文化形象的重要组织。基金会的建立和完善,不仅应当成为艺术事业资金来源的合理补充,更应是一种有效推进艺术的各个层面走向多维发展的助力。从某种程度上来说,基金会制度运行得是否规范和有效,是一个国家艺术生态是否成熟的标志之一。

三、建立实体文化平台

在相对成熟的博物馆、国家美术馆机制之外,欧洲许多国家成立了非官方的艺术中心和文化空间,形成了传统文化平台之外的另一种有益补充。这种形式更多见于大型基金会旗下,它们隶属于基金会,集收藏、展示、交流、资助艺术家活动和艺术研究于一体,充分展示出有别于传统博物馆、美术馆的新型艺术中心模式。上文提到的法国大区当代艺术基金会和希腊奥纳西斯基金会都在近些年建立了自己的大型艺术中心,并都以前瞻性的文化姿态和研究型的发展模式努力塑造具有代表性的文化形象。这类既具有非政府类艺术中心灵活的管理机制、又有着强大资金后盾的艺术平台,成为国家官方艺术展览机构之外的另一种展示自身文化姿态的新型模式。

综上所述,欧洲许多国家都顺应时代形势,及时调整了自身的文化战略,逐步而有针对性地塑造新的文化形象。比如在意大利的文化政策中,并没有太多优于其他国家的资金投入和给予艺术家个人的资助政策,但却通过重点支持威尼斯双年展、米兰三年展和罗马四年展这三个重量级的美术展览成功打造出了突出的文化形象。反思中国的美术现状,想让自己的艺术"走出去",不是个别大师、个别大型展览所能做到的,它需要的是整体形象，需要的是完善的文化机制和合理的生态循环。归根结底，艺术的走出去，需要的还是自身文化内核的塑造。推动当代艺术发展的不仅仅是艺术家和艺术活动，更是某种可持续发展的长效机制。不论是策略性文化政策的制定，艺术基金会的有益补充，还是美术场馆的兴建，都离不开艺术家和艺术群体形象的提升。着眼于未来，植根于现在，这是我们远观他国文化建制所能得到的最大启示。教育、扶持以及多种形式的推广，仅仅依靠政府一己之力是难以完成的。但是至少，对文化政策的逐步规范和细化，将有助于一个良性艺术空间的发展。

（汪　瑞，中国艺术研究院文化发展战略研究中心副研究员）

从国际文化发展战略看中国文化安全

于 沛

【摘要】 文化发展是社会发展的重要组成部分,是国家战略全局的重要组成部分。20世纪以来,世界各国对自身的文化发展给予高度重视,纷纷提出符合世情和自己国情的文化发展战略。对我国而言,要树立文化发展战略是国家发展战略的意识,在经济全球化背景下,维护中国的文化主权,建立国家文化安全预警系统,维护国家的文化安全。

第二次世界大战后,特别是冷战后,文化的功能急剧膨胀,世界各国对自身的文化发展给予高度重视,从世情和自己的国情出发,提出自己的文化发展战略。对其加以研究,有助于我们自身的文化建设,推动我国社会主义文化的繁荣和发展。

一、多国文化战略纵览

(一)美国的文化发展战略。早在第二次世界大战期间,美国就已开始研究文化发展战略问题,这一研究是和美国考虑如何构建战后世界政治、经济秩序联系在一起的。

二战结束后,美国将文化发展摆在和政治、经济发展同等重要的位置,和美国的强权政治、霸权主义联系在一起。冷战期间，文化则成为美国对社会主义国家实行"遏制政策"和"和平演变"的重要工具。美国不仅有资本输出、贸易输出、技术输出，而且还有文化理念和生活方式的输出，文化是实现美国国家利益的特殊武器。

（二）**欧盟的文化发展战略**。1949年欧洲委员会成立后不久，14个成员国在1954年签署了《欧洲文化协议》。该协议的宗旨是强调"欧洲文化认同"，捍卫共同的文化遗产。到2008年初，已经有49个欧洲国家——几乎是欧洲的全部——都签署了该协议，强调欧盟不仅是政治经济联盟，还首先是文化联盟。

（三）**俄罗斯的文化发展战略**。1999年12月30日，时任俄罗斯总统的普京发表《千年之交的俄罗斯》，集中阐述了以"俄罗斯思想"为核心的强国梦想。"俄罗斯思想"是俄罗斯有史以来的全部思想和文化的总和，涵盖了影响到俄罗斯人思维方式的哲学、宗教、文明起源、文化习俗的各个方面，以及社会政治、经济制度以及由此形成的世界观、价值观和意识形态。这些思想在今天依然十分明确，即爱国主义、强国意识、国家观念和社会团结。

（四）**日本的文化发展战略**。一个多世纪以来，日本的国家发展战略先后经过了"军事立国""经济立国""文化立国"阶段。在20世纪末，日本正式提出"文化立国"的发展战略。日本的"文化立国"战略的基本政策是：建设大型的国家文化基地，增强日本文化的对外传播；实施与"文化立国政策"相协调的环境政策、旅游政策和产业政策；适应时代变化，积极发展新兴的文化产业；适应知识经济时代的要求，进一步完善著作权制度；加强日语的国际地位，以适应全球化的趋势；建立多元化的文化事业的支持体系；扩大保护文化遗产对象，设立世界文化遗产保护与修复机构；发展日语教育的国际网络等。

（五）**韩国的文化发展战略**。1990年，韩国政府颁布了《文化发展十年规划》，指出"文化要面向全体国民"；1998年正式提出"文化立国"的战略,有力地推进了韩国文化产业的发展。这首先表现在政府对文化事业、文化产业的投资急剧增长上。文化产业预算由1998年的168亿韩元增加到2003年的1878亿韩元,占文化事业总预算的比例由3.5%增长到约17.9%。

战后,法国、加拿大的文化保护政策,在国际上的影响日益广泛。法国是最早提出"文化例外"主张的国家,认为文化产品有特殊性,不能与其他商品一样流通。在2001年,希拉克针对"文化全球化",提出文化多样性的观点。强调这种多样性能够使每个民族都确信自己在世界上有独特的声音,并能够以它自身的美好充实人类的财富。20世纪50年代,美国和英国等西方大国的文化产品,共同占据着加拿大的文化市场;70年代末、80年代初,则变成了美国一家独霸。为此,加拿大政府先后成立了一些机构,加强民族文化的发展,如"多元文化咨询委员会"(1973年)、"文化常务委员会"(1985年)、"多元文化和公民身份部"(1991年)等。

二、文化发展战略是国家发展战略

上述基本事实给我们以深刻的启迪,首先,文化发展战略是国家发展战略。

文化在国际关系中的作用,及其产生深刻影响的能力,已是不争的事实。但是,文化的这种"作用"或"影响"并不是盲目实现的,而是与维护国家和民族的基本利益协调统一;至于究竟产生了什么样的"作用"或"影响",则取决于国家的整体发展战略,即与国家政治建设、经济建设、社会建设并重的文化建设的内容。文化发展战略是人们在对以往文化发展进行反思的基础上,对文化发展的重大问题做出长远的、稳定的、全局性的谋划和设计。文化发展是社会发展的重要组成部分,是国家战略全局的重要组成部分。它不仅基于对历史的总结,对现实的思考,更是对未来的前瞻和追求。文化发展战略属于"大战略"范畴,即属于可以运用各种类型的国家资源,以求与国家基本政策协调一致的战略。

其次，中国文化安全，首先是在经济全球化背景下，维护中国的文化主权。

主权是国家固有的权力，即一个国家所拥有的独立自主地处理其内外事务的最高权力。文化主权是以文化为主体的权力，是随着国家主权所产生的权利，是国家主权的重要组成部分。世界上任何一个国家文化主权的缺失，都将导致民族文化的衰落与民族精神的丧失，甚至直接关乎国家的兴衰存亡。一个国家和民族的独立，不仅包括政治的独立和主权的完整，同时也包括文化的独立与文化主权的完整。国家文化主权的具体内容是：保障国家居主流地位的文化形态在国家文化活动中的主导地位；保持本民族历史及其传统文化的继承与发展；保护国家文化遗产的安全；保证国家文化产品在国际产品市场中应有的地位等等。由于与文化主权相关的问题常常被经济、政治等问题所遮隐，因而时常为人们所忽略。在经济全球化的新的历史条件下，特别是面对着以美国为代表的西方大国极力鼓吹"文化全球化"、使广大发展中国家的文化安全受到威胁的情况下，采取切实行动，旗帜鲜明地捍卫国家文化主权，具有重要的现实意义。

再次，建立国家文化安全预警系统。为了国家的安全，一些领域和部门都建立了自身的"安全预警系统"，文化也不例外。鉴于冷战后以美国为代表的西方大国集团对发展中国家的文化侵蚀和扩张愈演愈烈，为了防范西方文化的入侵，建立国家文化预警系统，从某种意义上说似乎更为迫切。

我国的"国家文化预警系统"，顾名思义，是指根据国家整体利益的需要，对当代中国文化发展状况进行系统调研，对可能威胁到国家发展的安全态势进行监测，在掌握全局、深入分析的基础上，建立起全球化背景下中国文化发展的安全屏障；对可能对我国文化发展构成挑战和威胁、甚至直接引发严重后果的现实问题或趋势进行分析，并及时作出警示性反应。与此同时，要启动相应的国家机制，运用法律、行政、经济及其他必要的手段进行鉴别，提出具体、准确的报告。

任何一种影响到国家文化安全的因素、现象或问题的出现，都有一个过程。从孕育、形成、发展到扩大,每个阶段都有这样或那样的征兆及表现,有时这些是公开显现出来的,有些则相反,以隐蔽的形式存在。文化安全预警系统的任务和内容之一,就是要把这一切纳入日常文化监管之中,即无论是公开的还是隐蔽的,都在"预警"的视线之内。及时、准确地了解事情的来龙去脉及发展演变,防患于未然,把对国家文化安全的关注,通过完整的国家文化安全体制表现出来。

(于 沛,中国社会科学院世界历史研究所原所长、研究员)

科技全球化背景下对于文化发展战略的考量

肖 庆

【摘要】 文章分析了全球化背景下的科技发展特征,指出高新技术正在通过改变人们的生活方式,影响文化价值观的演进。面对新科技发展所带来的价值与理性的二元矛盾,中国文化的发展应当担负起既能批判性地提出问题,又能建设性地解决问题的历史使命,在推进理性与价值、科学与人文融合统一的进程中,形成人与自然之间真正和谐的发展空间。

随着科学技术日新月异的发展,其社会作用也越来越突出,科技文化已经成为当代最重要的文化现象之一。一方面,一定社会的科学技术成果会在一定程度上影响和改造该社会的文化现象;另一方面,文化又会反作用于该社会的科学技术发展,同时影响着社会的经济和政治。随着这种科技与文化一体化时代的到来,科学技术不仅为文化发展提供了创新的基础和手段,也正在通过改变人们的生活方式,影响文化价值观的演进,科技与文化将在更高层次和更广阔的领域里进一步整合,形成新的文化形态。联合国教科文组织曾在《世界文化与发展委员会报告》中指出:"任何针对发展的政策,都不可避免地深深植根于文化之中,并且受文化因素的驱动。"① 文化问题已经深深地嵌入到发展观之中,在科技全球化这一世界性的发展主旋律下,文化政策应当担负起既能批判性地提出问题,又能建设性地解决问题的历史使命。

一、把握全球化背景下的科技发展特征

在当今全球化的背景下,任何一个民族的文化都离不开世界文化的总潮流,只有面向世界去思考未来的发展方向,才能求得自身的发展与繁荣。在对于人类未来发展的种种预测中,科技全球化无疑已成为不可逆转的趋势,指示着人类社会的未来前景。2001年和2006年,美国兰德公司分别发表了《全球技术革命:2015年生物/纳米/材料技术发展趋势及其与信息技术的融合》(简称《GTR2015》)和《2020年全球技术革命》(简称《GTR2020》)的技术预测报告。《GTR2015》的主要结论是:世界正在经历一场全球性的技术革命,这场革命正在加速生物科技、纳米科技、材料科技与信息科技的融合。《GTR2020》在《GTR2015》的基础上进行了深度分析,从应用角度提出了到2020年可能形成技术系统和产品的56项技术,并对排在前16位的技术进行了评估。这些技术将对全球科技、经济和社会发展产生重大影响。

表1 对《GTR2020》中重要技术的评价[②]

项目名称	对我国的重要性	对我国的重要性排序	我国的技术水平	对我国产业的作用	社会效益
转基因农作物	86.9	1	62.1	80.5	79.4
无处不在的无线射频识别标签	86.5	2	56.8	73.8	60.4
量子计算机	85.5	3	55.3	67.8	55.2
机器人科学家	83.7	4	53.2	68.4	60.6
迅速生物测定	82.3	5	54.1	69.5	67.1

---

① 张玉国:《文化多样性与人类全面发展》,广东人民出版社2006年版,第154页。
② 程家瑜:"《2020年全球技术革命》与我国技术预测结果的对比分析",王元主编:《中国科技政策与发展研究:2008年调研报告》,科学技术文献出版社2009年版,第149页。

续表

项目名称	对我国的重要性	对我国的重要性排序	我国的技术水平	对我国产业的作用	社会效益
乡村地区的无线通信	81.7	6	62.0	75.3	60.6
安全数据传送	80.6	7	56.8	70.3	54.0
无处不在的信息访问	80.4	8	58.3	74.4	61.7
后代的基因选择	77.8	9	45.5	60.1	60.8
大脑中植入芯片	77.6	10	54.2	60.0	67.2
用于研发的转基因动物	77.5	11	50.7	78.9	71.5
植入芯片实现人体跟踪与身份识别	77.0	12	55.0	66.9	57.0
鉴定唯一身份的生物测定学	77.0	13	55.0	66.9	57.0
转基因昆虫	76.1	14	51.8	75.2	78.9
用于水净化的过滤器和催化剂	75.6	15	40.1	58.9	78.1
量子密码术	75.5	16	55.5	62.3	47.8
电子交易	75.4	17	58.2	71.1	61.9
军事机器人技术	75.3	18	34.8	74.5	53.9
代理机器人	75.3	19	34.8	74.5	53.9
绿色制造业	75.3	20	37.9	69.4	68.1
利用计算机模拟和仿真替代实验室研究和临床试验进行药物研发	75.1	21	50.4	71.0	63.5
混合动力汽车	74.9	22	41.9	71.3	77.3
可穿戴计算机	74.8	23	53.1	67.6	63.4
自动化计算机界面	74.5	24	55.4	69.3	60.3
基因筛选	74.5	25	47.4	60.6	56.5
疾病管理监控与控制	74.5	26	48.3	60.3	57.5
无处不在的传感器	74.1	27	46.4	69.8	58.7
靶向给药	74.1	28	41.6	65.4	69.1
加强记忆力的药物	73.9	29	48.8	56.3	60.5
城市中的核生化辐射传感器网络	73.6	30	50.9	63.2	63.2

注：对我国的重要性（100-非常重要、75-重要、50-中、25-不太重要、0-不重要）；

我国的技术水平（100-好、75-较好、50-中、25-较差、0-差）；

对我国产业的作用、社会效益（100-大、75-较大、50-中、25-较小、0-小）。

我国著名哲学家梁漱溟对于文化的定义是"人类生活的样法"。著名的美国文化人类学家 V. 巴尔诺也有类似的定义:"一种文化,是一群人共有的生活方式(a way of life)。"① 在科技文明席卷全球的背景之下,文化创新的理论建构应当密切关注人类生活方式的演进,并以之作为决策的实践依据。《GTR2020》报告中所列举的任何一项技术都将为人类生活方式带来巨大变革。例如,在我国重要技术排序前 10 位的无线射频技术、无线通信、数据传输技术以及无处不在的信息访问技术的发展,将创造一个能够随时随地以任何装置透过无线网络与他人沟通,随处可进行各式各样的资料获取和处理的全新形态的社会。人际关系也开始出现经由各种资讯方式而建立的"虚拟"关系。虽然人们早已开始运用信息与通信技术,但是当信息通信科技与生物科技、材料科技等高新技术体系产生融合与互动后,将彻底地改变人类的行为模式,并通过科技发展的全球化力量影响社会的运作模式,这一巨大变化正在发展之中。

在文化领域,这种新科技的发展趋势,透过多元化的产业应用,必将影响各国文化政策的总体取向,并在文化艺术的表现内容、传播形式及价值观念等多方面产生深远的影响。例如,在第三代移动通信系统(3G)、微波存取全球互通技术(WIMAX)以及无线射频技术(RFID)等高科技相互融合的基础之上,欧盟正在全方位推动"无间隙网络社会"(Ubiquitous Society)。"Ubiquitous"是从拉丁文演化成的英文单词,有"everywhere, anywhere"的意思,在早期欧美所代表的是一种"神无所不在"的宗教观。而如今所指的"Ubiquitous"指的是一种服务、网络无所不在、可随时取得的概念。在欧盟"i2010 计划"(i2010-A European Information Society for growth and employment)中,欧盟执行委员会将提供"全面性、高品质的公共服务与生活"作为未来发展的重要目标之一,致力于通过高科技的普

---

① 〔美〕V. 巴尔诺:《人格:文化的积淀》,周晓虹等译,辽宁人民出版社 1989 年版,第 6 页。

及化，考量新时代的文化发展需要，提供立足点平等与创造发展能力的机会，最终提升人民的生活品质。①美国更是将高科技发展的主旋律贯穿在文化内容中，以两部在2010年受到全球瞩目的电影《阿凡达》和《盗梦空间》为例，《阿凡达》集中呈现了当今世界顶尖技术研发的未来前景，"可穿戴计算机""军事机器人技术""大脑中植入芯片""无所不在的传感器""智能系统""迅速生物测定技术"等高新技术在影片中都得到了集中展示。这部建立在世界先进影像制作技术基础上的电影在一定程度上也是一部绝佳的公众科学素养教材，提高了人们对这些将要投入社会应用的高新科技的认知度。同时，影片也以面向人类发展未来的态度，在剧情中融入了对科技与人文之间矛盾的思考。如果说《阿凡达》所展示的科技类型是人类向外拓展自然空间所依托的技术系统，那么另一部影片《盗梦空间》则展示了当今科技前沿领域对于人类内在空间的探索，表中所列举的"靶向给药""加强记忆力的药物"等生物、医疗技术是支持影片情节成立的依据，影片结尾将这种对于人类心理空间探索的思考留给了观众，引发人们对于科技是否能够改变人类意识的无限遐想。在美国，杰出的作家、导演以及其他文化艺术领域的精英会被诸如美国宇航局这样纯粹的科技部门请去当科学传播顾问，依靠艺术家的创作可以帮助公众理解科学家在推动技术发展方面所做的努力。文化艺术界与科技领域的紧密联系与合作在一定程度上促成了美国居全球第一的公众科学素养达标率②，也使得美国的文化艺术创作呈现出越来越明显的高科技趋势，对于科技发展前景与人类未来命运的思考亦成为文化艺术创作的重要主题。

---

① 参见欧盟 Information Society 网站：http://europa.eu.int/information_society/activities/egovernment_research/index_en.htm。

② 一个国家的公众科学素养达标率是衡量综合国力的一项重要的指标，也是一个国家人才状况的一项指标。中国第八次公民科学素养调查显示，到2010年，全国公民具备基本科学素养的比例为3.27%，与美国、日本等相比，仍然十分落后。在2000年，美国公众科学素养水平为17%，而日本公众的科学素养水平在1991年就达到了3%。我国亟须提高全民族的科学文化素质，实现劳动力优势向人力资源优势转化。

二、理解转型中的国家创新体系

在新科技革命对现代社会的变革中,科学的知识体系已成为对人类社会的生产和生活影响最为突出的意识形式,与之相伴而来的各种风险和道德问题也比以往任何时候都更加尖锐和突出。正如风险社会理论的创始人贝克所说:"新的科技知识有可能一夜之间就使正常的社会状态转变成充满巨大风险和灾难的危难状态。"[1] 早在法国大革命以前,科技发展是否败坏了道德,就已成为当时知识分子关心的问题。对法国资产阶级革命产生过积极影响的卢梭认为,历史上一切卑劣行为的根源都在于科学与技术的发展。控制论之父、美国科学家维纳在论述由新技术发展所实现的新工业革命时就提出警告:"新工业革命是一把双刃剑,仅当人类生存的时间足够长时,我们才有可能进入为人类造福的时期。新工业革命可以毁灭人类,如果我们不去理智地利用它,它就有可能很快发展到这一地步。"[2] 一项新技术的应用会产生什么样的负面结果,它的潜在危险是什么,事前人们可能并不知道,或者认识不足。农药DDT是在使用了二三十年后,人们才知道它会在生物体内残留聚集,最终危及生命,并对环境造成极大的污染和破坏,才停止使用。如果一项高科技的应用,要等到它的负效应完全显露出来之后,人们才去制止它,人类所要付出的代价将是巨大的。

目前,西方国家的政策界已经开始为扭转科技与人类社会之间的失衡而努力。美国在2000年的《科学与工程指标》中提供了一个新的"转型期美国科学政策"的框架。这一报告强调科学为社会服务的主要功能,并强调要达成促进科学与社会其他部分相互协调发展的目标。科技为社会服务

---

[1] 〔德〕乌尔里希·贝克:"从工业社会到风险社会(上篇)——关于人类生存、社会结构与生态启蒙等问题的思考",王武龙编译,《马克思主义与现实》2003年第3期。
[2] 〔美〕N.维纳:《人有人的用处》,陈步译,商务印书馆1978年版,第132页。

的政策转向，意味着科技发展的方向开始转向重视"以人为目标"的技术开发和应用。这一新时期的科学政策，不仅标志着美国今后的科技发展导向，同时也为世界其他各国的科技政策发展开辟了一个新的视域和途径。

面对资源枯竭、环境污染、生态破坏等全球性问题，我国也开始了对社会发展模式的重新定位：2005年10月召开的中共十六届五中全会明确提出"建设资源节约型、环境友好型社会"（简称"两型社会"），并首次把建设资源节约型和环境友好型社会确定为国民经济与社会发展中长期规划的一项战略任务。与此同时，《第十一个五年规划的建议》中，也将"建设资源节约型、环境友好型社会"提到了前所未有的高度，成为了基本国策。2006年，国家发布面向2020年的中长期科技发展规划，明确提出了"自主创新、重点跨越、支撑发展、引领未来"的新时期科技工作方针。党的十七大报告提出"建设生态文明，基本形成节约能源资源和保护生态环境的产业结构、增长方式、消费模式"，使"生态文明观念在全社会牢固树立"。

这一系列政策的出台，标志着我国国家创新体系正面临一系列转型：由传统工业化向新型工业化的转型，生态文明理念逐渐在全社会的确立。这一转型是在反思传统的社会发展价值观所带来的人类生存和发展困境基础上提出的社会发展新范式，体现了人类文明形态和文明发展理念、道路和模式的进步。科技发展所带来的负效应已经证实：没有人与自然的和谐，就没有社会的可持续性，也就没有人的自由全面发展。

三、应对新技术变革的文化政策取向

在科技发展的双刃剑面前，文化发展面临着既要依靠科技力量发展壮大实力，又要用自身具有超越性的人文精神约束绝对理性发展这一双重悖论。彼得·科斯洛夫斯基曾说："文化是这样一种去蔽的方式，它不只是为了我们的目的而安排对象，即自然和社会，也促进对象本性的发展；与技术的去蔽相反，文化的去蔽要将其副作用一并考虑进去。"[①] 面对新科技发展所带来的价值与理性的二元矛盾，结合我国将要面对的生态文明转型，文化政策的制定应当通过扬弃西方现代工业文明文化模式及中国传统文化模式的利弊，在推进理性与价值、科学与人文融合统一的进程中，形成人与自然之间真正和谐的文化发展空间。这就要求从以下几个方面对文化政策进行考量：

其一，应当建立有利于创新的文化生态系统。文化对国家创新体系的影响是直接而明显的。弗里曼认为："对工业革命最有影响的是科学文化的兴起。英国对待牛顿的态度与意大利对待伽利略的态度最清楚地说明了这一点。培根早在17世纪初就提出实施一种科学、探险、发明与技术的综合性政策。在英国，科学、文化和技术有一种非同寻常的契合，这使得它能够大规模地将科学，包括牛顿式机械学，应用于各种新工具、机器、运河、桥梁等的发明与设计中。"在他看来，科学、技术、文化和企业家这四个亚系统之间积极的相互作用构成了英国国家创新体系的特点，"这四个社会亚系统的契合也扩大到政治亚系统之中，而它又促进了这一切"。"中华帝国就是因为没有在这些亚系统之间保持契合才导致了中国在维持其世界技术领先地位方面的失败。""由于在心灵深处觉得企业命运与自己不直接相关，于是缺乏创新的动力，缺乏提高技术水平的热望，诸如在经营管理上的不负责任、对资源和能源的浪费、违背技术规律的决策等弊端，其深层原因往往由此而来。"[②] 虽然，人们接受新观念需要经历一个漫长的过程，但一旦树立了创新的意识，这些新观念就会对创新者产生激励作用，鼓励创新者以一种执着的精神和奋发进取的品质最终实现创新。文化的创新、演化与变革，是借助一个有生命力的构架模式来取代传统构架模式的过程。从这

[①]〔德〕彼得·科斯洛夫斯基：《后现代文化》，毛怡红译，中央编译出版社1999年版，第6页。

[②] 上引见王前、陈昌曙"我国技术发展中的文化观念冲突"，《自然辩证法通讯》2001年第23期。

个意义上看,在科技创新成为当今社会发展主要动力的时代背景下,文化发展应当在实践中不断进行自我调解和修正,才能更好地维持和促进创新实践的发展,并最终体现出较传统文化模式更为明显的进化。这是文化发展的前提,也是文化创新的存在基础。

其二,重视先进的科技文化模式的引领作用。德国人类学家兰德曼曾说:"文化是人类的'第二天性'。"[①] 文化模式对于人类而言,是一个给定的"第二自然"和外在于个体的文化软环境。一定社会的进步与否在一定程度上也受制于各民族自身对于文化模式的建构。当今世界,以信息技术、生物技术和纳米技术为核心的现代科学技术通过对自然进行改造,创造人工自然,必然在一定程度上改变人与自然的关系以及社会生活中人与人的关系。人的观念是对物质生产方式和精神生产方式的反映,随着新技术的不断发展,一个建立在科技基础上的文化世界被逐步建构,人们的自然观、认识论、方法论及其价值观也会随之更新。从这一意义上说,科技文化不仅成为各种不同类型、模式的文化互动的基础,也是推动诸多民族传统文化推陈出新,走向现代化的出发点和依托。

其三,传承中国传统文化智慧,促进人、社会、自然之间的融合统一。近代中国在走向工业化的过程中,受到了农业文明时代的文化与制度的阻碍,由此使工业化进程成为了一个对传统文化解构和批判的过程;而在建构生态文明的进程中,中国传统智慧中追求"天人合一"、注重精神内修、追求大同世界的共生文化理念则与生态文明的理念有着相当的契合性,不论是老子的"顺天说"、荀子的"制天说",还是孔子的"调谐说"都体现了中国传统文化在人与自然关系问题上的整体观理念,即认为人是自然的一部分,与天地自然同为一个有机整体,并可通过发挥主观能动性建构性地适应自然环境(即《中庸》所云"参赞天地之化育")。从这个角度说,生态文明正是基于中国传统文化的土壤而探寻出来的一条新的文明发展之

[①]〔德〕M. 兰德曼:《哲学人类学》,彭富春译,工人出版社1988年版,第210页。

路。这使我们有可能率先超越长久以来主导人类历史的农业文明和工业文明，成为未来全球生态文明的践行者。在第一届诺贝尔奖获得者国际大会的新闻发布会上，瑞典物理学家汉内斯·阿尔文博士曾提出："人类要生存下去，就必须回到25个世纪前，去汲取孔子的智慧。"[1] 著名历史学家汤因比博士在《人类与大地母亲》一书中，针对中国的历史和现实写下了这样一段话："如果中国人真正从中国的历史错误中吸取教训，如果他们成功地从这种错误的循环中解脱出来，那他们就完成了一项伟业，这不仅对于他们自己的国家，而且对于深浅莫测的人类历史长河关键阶段的全人类来说，都是一项伟业。"[2] 西方科学家和人文学者对中国传统文化寄予的厚望，在很大程度上源于对中国文化中"重道轻器"传统精神的认识和推崇。这一传统在科技全球化的今天，有助于矫正技术与文化之间的失衡，因而具有弥足珍贵的价值。通过中西文明的交融互补，实现"道"与"器"之间在更高水平上的重新平衡，也正是文化创新在面对历史发展机遇时需要解决的关键问题。

著名国学大师钱穆先生认为中国文化是具有活泼的生命力的，但是这种生命力，必须等到国运昌盛的时候才能够为人们普遍认同。我国作为一个处于高速发展和社会转型过程中的大国，文化发展所面临的机遇和挑战是与国家整体政治、经济、科技的发展趋势同步的。2008年国际金融危机后，世界范围内正酝酿着新一轮以科技为先导的产业升级[3]。这对中国来说，是一次难得的发展机遇，也促使我们加速了科技创新与进步的步伐。在这一历史进程中，文化创新同样"不能再与科技革命失之交臂"[4]，通过保持技

---

[1]《诺贝尔奖获得者说要汲取孔子智慧》，《堪培拉时报》1988年1月24日，转引自《国际先驱导报》2003年1月17日。

[2]〔英〕汤因比：《人类与大地母亲》，徐波、马小军译，上海译文出版社1992年版，第734页。

[3] 参见张先恩《科技创新与强国之路》，化学工业出版社2010年版，第27页。

[4] 路甬祥："中国不能再与科技革命失之交臂"，《人民日报》2009年9月8日。

术理性和人文精神之间的张力，我们应当培养一种能够吸纳多元文化要素的新文化精神；在实践中，修复科技对社会、环境及人的副作用；并通过发挥文化制度创新、文化科技创新、文化产业创新等创新要素的整合功能，开拓出文化发展的崭新空间。

（肖　庆，中国艺术研究院文化发展战略研究中心副研究员）

全球化背景下国家文化发展战略：
重构汉语文教育目标

潘 涌

【摘要】 反思汉语存在的文化生态危机，从全球化时代国家文化战略出发谋划汉语未来的发展，深度培育汉语的表达活力，由活力汉语来承载未来中国的文化创造力，为了实现上述理想，就需要创造性地重构汉语文教育的真正目标：从消极语用的"接受本位"转换到积极语用的"表达本位"乃至"表现本位"；着力突破"适应论"教育理论和"以本为本"的狭隘课程形态，深远培育学习者的"汉语童子功"，即以"思"为中枢，以"听、读、视"为基础和条件，以"说、写、评"为目标的七字能力体系。由此而开辟"文化强国"的中国道路，主动应对全球化时代多元文化的博弈。

鉴于"GDP至上主义"的长期负面影响，近年来国家文化建设的重要性与软性功能开始得到空前的重视。中共十七大已经审时度势地提出了与经济建设、政治建设、社会建设并举的文化建设，十八大报告又以"美丽中国"为口号增加了生态建设的内容，并将以上五大方面共同组成国家全面发展的战略愿景。放眼世界，伴随着全球化进程向历史纵深的日益推进，人类地理版图的立体化将史无前例地催生世界文化版图的快速重构。以信息高速公路为载体、以人的思想现代化为核心的全球化进程，正引发各国政治、文化和教育联动互补的综合效应和整合趋势。由于文化主要的符号载体和深刻象征是本国母语[1]，中国文化发展的持续走强无不取决于对汉语活力的精心培育。因此，批判性反思汉语文教育的根本弊端并富有前瞻性和创造性地重构其理想的价值目标，通过练就未来公民的"汉语童子功"而长久孕育汉语可持续走强的后劲和活力，使之与国家文化创造的战略愿景和谐同步——这已经成为教育界不容回避的一项历史使命。

一、反思与前瞻：汉语的生存危机和创造期待

作为中华民族大家庭所共享的通用语和占全国总人口百分之九十以上汉民族的母语，汉语承载着中国博大精深的文化传统和源远流长的文明脉络，荟萃着中华民族深厚的智慧和丰富的创造力。当然，这只是象征着历史深处的中国文化的灿烂昨天而已，只是构成了今日中国新文化创生可以有所依托的一种精神资源而已。近代以来，劣质生态环境中的汉语命运与中华民族的精神遭际一样百般坎坷和曲折。正如忧思意识浓重的文化人所深切感叹的那样："拯救汉语，刻不容缓。"[2] 一方面，在"疯狂英语"等外来强势文化载体的不断裹挟下，走弱的汉语陷入了一种令人窒息、狭仄尴尬的困境：席卷校园的风暴式英语学习变相剥夺了莘莘学子习用汉语的大量生命成本——心力和时间，这在一定程度上也就是剥夺了中华民族以全球化视野创新母语文化的宝贵历史契机；就中外文化交流而言，由于当代汉语创生活力的匮乏，中国已不平等地沦为文化

---

[1] 母语有多种英译：first language; a source language; mother tongue; native language 等。世界各国关于母语的定义复杂多样，本文暂不讨论多民族的统一国语与少数民族本族母语不一致的情况。本文的母语是指人生无处不在、无时不用的中华民族共同语，即《中华人民共和国宪法》(1982年12月)明确赋予法律地位、全国通用的"普通话"，学界亦称之为现代标准"汉语"。

[2] 朱竞："拯救世界上最美的语言"，朱竞主编：《汉语的危机》，文化艺术出版社2005年版，第2页。

入超国，即使以孔子学院为载体的对外汉语教学在世界各国广泛推行，也并不能从根本趋势上改变这种因当代中国精品极度稀缺而导致的文化贸易之明显失衡。另一方面，长期以来汉语生存的内部文化土壤严重受损，历次政治运动所遗留下来的"口号话语"与网络即时生成、斑驳陆离的"泡沫话语"以其特有的庸俗和粗鄙折损了汉语高贵、典雅和精致的语用品质，严重地侵蚀了汉语语用和谐自然的文化生态。如此被腐蚀的文化生态自然难于培育具有国际竞争力和感召力的当代汉语精品，难于迅速形成为世界所公认、特色显著的标志着新世纪东方文化高峰的"中国概念""中国判断"和"中国思维"——即使个别作家获得国际文学大奖也并不能扭转当代汉语文化陷入低谷的窘境。

20世纪以降，人类语用问题开始上升至哲学本体论高度，世界哲学史上先后出现的"语言学转向"乃至"语用学转向"即是明证。语言尤其语用已经以存在本身而获得了本体论意义。海德格尔曾说："语言是存在的家园。"[1] 人首先正是通过母语而逐渐进入社会、拥有世界并最后实现一己价值的。纵观世界文明的演进，一个国家或民族的文化发达与其母语语用活力的增生具有高度的正向关联；质言之，以"表达"乃至"表现"为本位的母语创造力就是该国文化创造力的一种深刻象征。正如下述这个语言学上的著名论断所揭示的那样："民族的语言即民族的精神，民族的精神即民族的语言。"[2] 民族或国家澎湃的创造精神必然显现在其母语的表达力和表现力上；而洋溢着表达力和表现力的强势母语，亦同样会激发民族创造精神的持续增生和喷发。当然，这里的民族语言不仅仅是指其静态、平面、抽象和共时的社会公用符号系统，更是指其基于个人主体心灵的动态、立体、具体和历时的语言运用，即智慧生命在特定语境中就特定话题和具体对象而展开的言语表达乃至言语表现——这才是语用的重心，也是最后汇

---

[1]〔德〕海德格尔："关于人道主义的信"，孙周兴译，《海德格尔选集》（上册），生活·读书·新知三联书店1995年版，第363页。

[2]〔德〕威廉·冯·洪堡特：《论人类语言结构的差异及其对人类精神发展的影响》，姚小平译，商务印书馆1997年版，第50页。

合成民族或国家母语文化创造的澎湃洪流,并终将经过时间的过滤而沉淀为一笔代表民族或国家的厚重的文化遗产。再也没有一种东西能比母语更完整和更深入地表现特定国家或民族的精神状态和创造活力了。如果透过苍茫如云烟的时间、从历史的高度来俯瞰人类语用生活,那么便可以发现母语语用的结晶必然是一个国家或民族已有精神及其物质文化发展史的缩微(文字记载的各种史册或口头传说)。同理,没有汉语的活力,就没有中华民族或中国文化的创造活力,而所谓汉语的活力则首先体现在未来公民们个体语用的表达力尤其是表现力、体现在其语用生活中普遍的输出活力上——正是这种输出型语用的表达力和超越性表现力,最终形成并汇合成民族或国家母语语用的创造力。正因如是,国内已有学者基于"适应时代、社会发展对人的语文能力的要求"之远景,明确断言:"为了言语生命自我实现的、表现本位的'发展创造'型新范式的建构,已是势所必然。"[1]

基于上述对汉语生态及其语用现状的痛切反思,同时基于对母语在国家未来文化建设中的突出职能和重要使命的创造期待(因为唯有语言可以"转译"任何科学门类中的数字、公式、图符和任何文艺样式中的线条、色彩、音符等,而反之则未必成立),我们应当从全球化背景下多元文化博弈的高度出发而来达成下述"国家共识":"文化强国"的核心就是汉语强国,不但要强化经过历史过滤的汉语经典在全球的传播力和影响力,更应提升未来汉语精品持久的生产力和创造力。没有汉语文化本体的创生,何来文化"产业"和所谓的"走出去"?而且对传统国学遗产的继承也将狭隘地异化为对这些遗产的"陈列""展览"甚至是变相"盗卖"!即使是融入当代全球化语境而弘扬其中的精华部分,这也并非是当代中国"文化创新"的核心要义所在。这里,汉语文化产品同样亟待着由"中国制造"向"中国创造"的华丽升级。为此,要以母语教育的本位立场来培养公民(尤其是未来公民)建立在汉语鉴赏力基础上的规范表达力和卓越表现力,铸炼成中华民族富有东方审美精

---

[1] 潘新和:《表现与存在》上卷,福建人民出版社2004年版,第56页。

神和创生特色的活力汉语,最终将这种汉语的活力深度转化为未来国家文化创造的巨大活力。活力汉语,即是文化中国的耀眼名片!

在此时代背景下,我们亟需批判性反思汉语文教育的不愈痼疾及其遗传至今的流弊,深度转换大陆母语课程与教学的实践范式,即自觉达成从"被思考""被体验"和"被表达"的消极语用到基于心灵、主动表达和精彩表现的积极语用之范式转型,实质性重构汉语文教育的真正目标:从单向接受到规范表达、从规范表达到个性表现、从个性表现到审美创造;从而以这种空前创新的课程与教学范式来积极热情地回应锻造活力汉语的时代呼唤,坚实地奠定国家未来文化建设与创造工程的重要基础。

二、重构汉语文教育目标:培养表达力

古代汉语文教育(即蒙学教育)虽然客观上对中华文化源流发挥了传承作用,但究其根本不过是历经数千年"接受本位"教育的一个典型样本,其教学之痼疾在于将学习者铸造为输入型语用的庞大容器。"五四"时期的郑振铎先生抚今追昔,饱含历史沧桑地揭橥了这种本质:以诵读为形式的"接受本位"的封建专制主义教育,实在是以驯化"顺民或忠臣孝子"为其基本目的,即"以严格的文字和音韵技术上的修养来消磨'天下豪杰'的不羁雄心和反抗的意思,以莫测高深的道学家的哲学观和人生观来统辖茫无所知的儿童",因而,正是这种深层次的目标观决定了蒙学教育必须以苦口呆读、死记硬背的"注入式"为主要的教学方法[①]。这种根深蒂固的痼弊,在现代语文教育史上依然没有得到根本性的纠正。

中华人民共和国成立后,缺乏独立自足理论体系的教育,深受苏联伊·阿·凯洛夫教育思想的负面影响,形成了以全预制、全封闭和全垄断为基本特征的指令性课程与教学范式[②]。陷入其中的汉语文教育,与中国传统蒙

---

① 参见郑振铎"中国儿童读物的分析",《文学》1936 年第 7 卷第 1 号。
② 参见潘涌"论新中国成立以来的语文课程改革",《南京社会科学》2009 年第 12 期。

学教育中的"注入式"本能地合而为一,即片面地强调学习者"接受本位"的输入型语用功能,以致走入重语言接受、轻视言语表达、偏废言语表现的教学歧途。就汉语文教育的实然形态而言,本应由阅读、写作和口语交际三模块构成、相辅相成的理想教学体系(见图1),被人为地窄化为以阅读为本体、为目的的极其狭隘的教学格局:写作教学附庸化,既无自身独立的课程与教材,又不能针对学生语用习得规律而形成相应的教学序列,只是附着在阅读课文之后沦为一种因袭模仿的复制性练习;口语交际教学在相当长的历史时期内处在一种真空状态,至今依然作为一种没有实际内容和能力阶梯的教学点缀而存在,或者常常被异化为先有预设和机械背诵的"口语教学",以致母语在特定语境中的动态"交际"功能被从语文教学的应然框架中肢解出去而久患"半身不遂"的偏瘫症(吕叔湘语)。而且,所谓的阅读教学又只是单一地拘囿于统编统用的"公共读本",致使学习者输入的语词量偏少、语词组合的向度过于同质化,因此缺失"我思"的"公共表达"反而成为一种流行甚广、积习已久的语用常态(实为语用"变态")。久之,只剩下"阅读本位"的封闭课程与教学形态,教学双方均将基于阅读而又超越于阅读之上的对母语表达力和表现力的培养遗忘到"爪哇岛"去了。

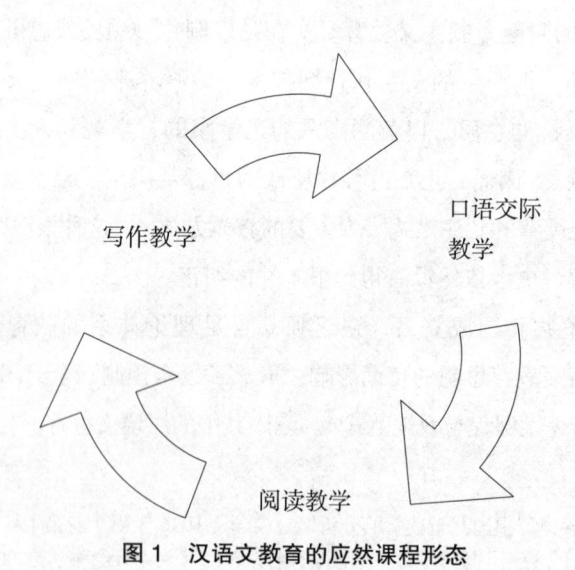

写作教学　　　　口语交际教学

阅读教学

图 1　汉语文教育的应然课程形态

就汉语文教育的目标而言，中国理论界和教育界一贯奉行的是沿袭"适应说"的传统目标观。从20世纪50年代初开始逐渐泛滥的"思政中心论"，到60年代的"语文工具说"和历史新时期的"知识中心论"，再到20世纪末一度渐成影响的"语感中心论"，这些在中国母语教育研究和学校教学中曾产生较大影响的主流观念，自觉或不自觉地陷入了偏颇的教育目标之中：母语学习就是通过对"公共读本"的记诵而使学生"接受"某些预设或既定的东西——或者是某种政治观念，或者是"字词句篇语修逻文"的知识体系（声称语文教学的"八字宪法"），或者是一种可供役使、外在于人的物化工具及其使用技能，或者是一种直感文本语义、理解和接受其中思想情愫的语感能力，如此等等，皆不出"接受本位"的格式化套路也。时至今日，还有论者仍然误将只是基础地位的阅读教学上升至母语教育的"核心地位"，误将只是三分天下之一的阅读教学夸大为整个语文教育的一统天下（即全部所在），甚至高调疾呼"丰富而广泛的阅读是母语学习的核心环节"，要求整个母语教育亟须强化以阅读为"核心环节"的特殊地位[1]。如此吁求，表面上是为了突破拘囿于"公共读本"的狭隘的阅读藩篱，但本质上依然没有跳脱"接受本位"的思维窠臼。

至于正在实施的新《语文课程标准》（包括2011年出版、经过修订的全日制义务教育和普通高中新课标），虽然确认"语文是最重要的交际工具"，但是将输入型语用的"听读"与输出型语用的"说写"简单并置，并未对"语文素养"这个目标性概念的核心（即输出性语用中的表达力和表现力）做出鲜明、精准的界定而只是流于宽泛的解说，特别是对诵读篇目、阅读量等均有细化的刚性要求而唯对言语表达和表现只有模糊的软性要求，两者存在显著落差，隐含的就是对语用活动中"表达意识"和"表现意识"的完全不自觉，对输出型语用在人的"语文素养"中关键地位和目的指向的完全不醒悟。同时，高等学校的母语教育亦类似于基础教育。历史新时

---

[1] 参见郜云雁"语文教育期待阅读的回归"，《中国教育报》2010年11月18日。

期才开设的"大学语文",因为本身缺乏具有内在体系、逻辑序列的独立教材而被深度边缘化(成为古今中外文学史的一种"杂烩"),更因为始终陷于单向度、输入型的狭隘课程形态而被异化为单一文学作品的"阅读课"(成为文学史上诸多作家作品的简单"集合")。"大学语文"本身并不包含输出型的"写作"内容模块,该课程之外又较少独立开设真正定位在培育书面表达力的名实相称的"写作"课程(即使开设了"写作"课程,内容褊狭、无不排斥习用思辨缜密的评论和审美感动的诗歌,而这两种体裁最能表现智慧生命的思想力和语言创造力),当然亦完全缺失目标明确、指向表达的深度教学。高师院校的"口语艺术课"则更被偏废和冷落,往往浅化为静态的语言知识和语用技能之系统讲授课,遗忘了如何在特定语境中围绕具体话题砥砺并提升学生即兴生成、品质卓越的口头表达力。总之,高等院校的"写作课"和"口语艺术课"或处境尴尬或目标异化。

　　各级学校教育之所以不约而同产生上述的"接受性"教学思维,缘于隐藏在其后的一种更为深广的政治化思维背景:学校要培养"适应"既定社会伦理与文化规范的"接班人"这种"教育目的"。其深蕴的价值取向就是面向已成既定的"过去",隐含着一个未加充分论证也不可能充分论证的先验假设——社会既有的文明形态(包括语用范式)和文化体系已经完美无缺,当代教育的使命就是指导新人们如何"维持"而不是如何"刷新"这种既有的社会文明形态和文化体系。显然,如此不证自明的假设完全经不起推敲,更不可能构成"适应论"的逻辑起点。而上述传统语文教育目标观其实是"适应论"的派生物:无论接受的是思想观念、语文知识、语用工具或者语感能力,均是假设语文教育的价值取向要面对已有和既成的社会制度规范、要"适应"昨天的语用规则和文明范式。由此进一步助长了"以本为本"的语文"接受性学习"的偏颇倾向,最后固化为自我封闭和极其狭隘的课程形态(见图2)。在这种极其狭隘的课程形态中,学生的内语用——思想力、外语用——表达力和表现力自然日趋贫弱。难怪大陆语文教育界竟然曝出如此不可思议的反常现象：接受语文教育的程度与活用母语的能力这两者间形成明显的反比，即接受语文课的时间愈久和浸染愈深，其语用活力（尤其是表达力）愈是丧失多矣，终致如天籁一般的童心童语几乎集体沦陷，更何谈洋溢生命活力的"汉语童子功"[①]！

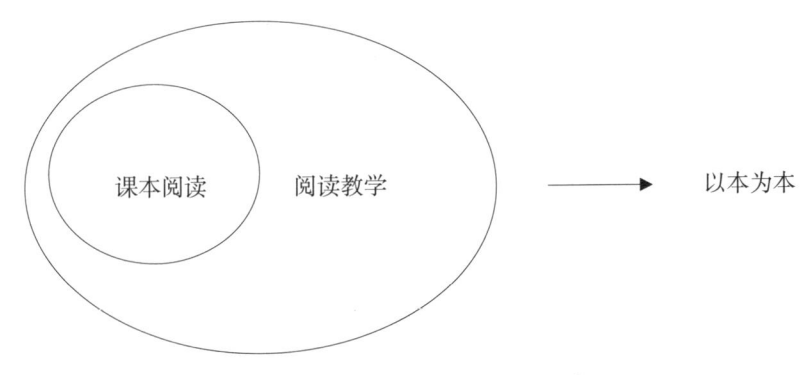

图 2　汉语文教育的实然课程形态

虽然，中华人民共和国成立后的主流语文教育也强调培养学生在认知和理解基础上"运用"祖国语言文字的能力，但实际上这种模糊的"运用说"后面隐含着明确的教育指向。20世纪60年代，语言学界一位赫赫有名的前辈的观点就颇值得琢磨："语文教育"就是要养成学生"掌握语文这个工具"，要把"训练学生运用字、词、句、篇、章的能力"与"训练学生理解语文所表达的思想的能力"相结合[②]。这种观点与"五四"时期胡适先生在《中学国文的教授》所提出的"自由表达说"形成了一种取向有异的明显对比："人人能用国语（白话）自由发表思想。"[③] 显然，与后者基于生命本位的"自由表达说"（"五四"时期的叶圣陶也持此说）相比，前者留有

[①] 潘涌在"美国高考作文 Essay 的文体特征、命题指向及其启示"（《课程教材教法》2012年第12期）"'后命题时代'：自由思维的回归与隐性制约"（《全球教育展望》2012年第8期）中均有分析。

[②] 张志公："说工具"，《光明日报》1963年10月10日。

[③] 胡适："中学国文的教授"，《胡适文存》卷一，上海书店出版社1989年版，第303页。

明显的"被理解"和"被运用"的痕迹。这种表面上涵盖了言语输入和言语输出两大功能的所谓"运用",其实模糊了源于心灵"自由表达"的鲜明个性特征,模糊了母语教育的终极指向即以"自由表达"为内核的言语表达力和表现力;而且,在当时大陆的教育语境中,"训练说"隐含着学生是"被操控的学习工具"这种"过度教育"乃至"反教育"的负面倾向,并直接导致"被思考""被体验""被表达"。由此可见,1949年以后语文教育信奉的是一种偏颇的目标观。

虽然我们需要学生对既定"公共文本"加以认知、理解、鉴赏乃至适度的背诵和默写(前提是这些被选择的文本已被时间证明为"文质彬彬"的汉语精品),但是这些接受性的言语实践活动理应无一例外地指向其输出性的言语表达力,唯有后者才是汉语文教育的真正目标所在——使每一个鲜活的生命个体充分学会表达自己,并通过这种规范得体、明晰晓畅的表达来实现与外部世界的价值联系、达成一己的生命意义。最重要的是,生命本位的言语表达必然是富有个性和审美品格的,其言语内容和言语形式是以表现性语用为基本价值取向的,故"言语表达"的终极指向是"言语表现"——以"汉语"为应然课程名称的中国人的母语教育,旨在培养的无疑当是基于接受的言语表达力、基于规范表达而超越其上的言语表现力。至于"熟读唐诗三百首,不会作诗也会吟"的千年古训,不过是蒙学教育中一种典型的"混沌"学习法罢了。自古以来,哪有一位诗人不是在深切的体验与潜心的思索中完成语言精品的?灵感闪现的"急就章"也当是基于长期累积的"前思考"和"前表达"。未曾开智启慧的所谓"熟读"甚至背诵,虽然也可以丰富学习者的语用"内存",但只有通过基于理解和鉴赏的输出型语用,才能自觉地、渐进性地转化并升华为言语主体的表达力和言语表现力,并铸炼为未来公民的"汉语童子功";否则,所谓"熟读"甚至行云流水般的背诵充其量只能制造唯有文字技术而缺乏坚实哲思内核的"诗匠"或"文匠"而已。

详而言之,汉语文教育(其结论同样完全适用于一切语言教育)的显性目标囊括以"思"为中枢、以"听、读、视"为基础、以"说、写、评"为指向的完整的七字能力体系。显然,这个被重构的能力体系,不仅拓宽了学习者语用的广度,而且拓展了其语用的深度;不仅关注到学习者"听、读、视"的输入型语用能力,而且旨在强化其"说、写、评"的输出型语用能力;不仅重视诉之于眼、耳、口等感官的外部语用能力,而且高度强调心灵思维、想象、体验等内部语用能力。这种输出型语用的发展指向就是理想的积极语用——旨在提升母语文化创造活力的积极语用教育观,将是21世纪中国母语教育的先导性新观念[①]。积极语用是指表达主体基于独立人格和自由思维而以个性言说、独立评论和审美表达(尤其写作)等为形式特征因而富于创造活力的自觉完整的表现性言语行为。可用下列语用方程式来呈示:

积极语用 = 自觉语用(语用动机和激情)× 全语用(完整语用能力)× 表现性语用

这种汉语文教育的新观念,是源自对褊狭表浅的大陆传统母语教育的批判性反思,更是基于对全球化背景下未来社会发展和文化建设的前瞻性考量。积极语用教育观不是将输出型语用平面化地对应于输入型语用,而是强调"说、写、评"不能仅仅止步于语用主体的再现性复述,更不是从众化和同质化的"公共表达"。就价值取向而言,"说、写、评"的最高境界是基于规范表达的表现型语用——从言语内容到言语形式双重意义上的个性化、审美化和创意化。特别是将"评"与"说、写"并列,是为了凸

[①] "积极语用教育观"是本文作者近年倡导的关于母语教育的新思维、新观念。详细参见"积极语用:21世纪大陆母语教育新观念",《北京师范大学学报(社科版)》2011年第2期;"全球化背景下母语教育的普世价值",《北京大学教育评论》2009年第3期;"积极语用教育观与母语教师能力的重构",《中国教育学刊》2012年第7期;"汉语文课程名称归正与母语教育目标重构",《首都师范大学学报(社科版)》2011年第5期;"阅读教育的革命",《首都师范大学学报(社科版)》2012年第6期;"独立评论:积极语用教育观的要义",《中国社会科学报》2010年7月1日;"活力汉语从何而来",《光明日报》2012年4月16日等。

显语用主体在评论活动中所迸发出来的独立的思想力量,虽然"评"可以凭借"说、写"的形式呈现出来,但"说、写"未必就是一种有品位、有内涵和有深度的精彩评论。而且,受制于全预设、全封闭和全垄断的指令性课程范式,大陆语文教育长期偏废对学习者思辨性语用能力的培养。这表现为:从输入型的阅读教学到输出型的写作教学和口语交际教学,普遍"缺失"洋溢个体生命语用活力和思想智慧的独立评论。而同时,环顾世界各国的母语教育,无论是从其课程标准或教学大纲,还是到其课堂语用活动的深度展开,都高度重视培养未来公民必备的自我选择、自主判断和自由评说之能力,以致中外母语教育两相比较,顿生究竟是培养"语言人"抑或"语言工具"的深长感喟。由是推论,汉语文教育亟需顺应全球化时代人类的普遍需求,坦然悦纳自主、独立和精辟之评论的回归——由此而全面启动中国母语教育的范式转换:从型塑"被表达"的"语言工具"到培育基于阅读后开悟、想象和创思而善于独立判断、自主评论的"现代公民"。这方面,2013年1月以来《人民日报》从周一到周五增设独立评论专版的积极举措,就给我们以鲜活有力的前瞻性启示[①]。

  总之,接受→表达→表现→创造:这就是对循序升华的汉语文教育目标的深度重构。而"表达力"则是指主体在口头和书面的言语输出中依循语法通则来准确用词、规范造句而晓人事义所达到的诉诸理性的程度及其效应(power of expression),并由此而发展成为的更高级的表现力和创造力。文化界一般公认:"表达是人类文化的母亲。"因此,汉语文教育的目标重构其实深深蕴含着中国文化新生的历史转机。这种从"接受本位"向"表达本位"的"哥白尼式"的重大目标转换,实质上是对智慧人的本质即天赋自由精神的高度尊重,是对作为宇宙精华所潜蕴的伟大创造力的自觉开发。这样的母语教育将使智慧生命个体趋向一种人皆憧憬的大化境界:

---

  ① 从2013年1月开始,《人民日报》周一到周五每天增设完整、独立的评论专版,为干部、学者提供争鸣空间和论政平台。这在中国第一大报办报的历史上是一种空前新变,也是大陆现实语用生活中具有标志意义的一大积极变化。

"积极能动地'表达自我、实现自我、完善自我',作为心灵丰盈、思想自由的言语人、精神人,诗意地创造着,自由地有意识地'存在着'。"①

三、培育活力汉语:"文化强国"的全球化战略抉择

综上所述,就全球化时代国家文化发展远景而言,必须致力于培育国家软实力的核心——文化创造力;换言之,精心培育活力汉语、以此承载国家文化创造力,是促进中国文化发展的切实可行的战略抉择。这样,大陆汉语文教育之目标重建当为学校教育改革必须直面的一项重大基础工程,它关涉到国家文化今日之走向和未来之命运,关涉到国人期盼已久的中华文明之复兴与强盛。

放眼世界,人类历史上又一个新的里程即全球化已对各国母语文化的发展和母语教育的创新提出了难以回避的严峻挑战。以资讯网络化为载体的全球化进程,凭借无疆界的迅猛势头渗透到地球的各个角落,夜以继日且空前深刻地重塑着人类文化的生态,展示着充满博弈性和风险性的多元文化新前景。正如著名的美国全球化问题专家罗兰·罗伯森(Roland Robertson)教授所揭橥的那样:"作为一个概念,全球化既指世界的压缩(compression),又指认为世界是一个整体的意识的增强。"② 所谓"压缩",指由发达的现代交通技术和以信息高速公路为载体的国际网络所形成的人类物理时空乃至心理距离的空前缩小;所谓"整体的意识的增强",则意味着由生产要素跨国流动的自由化、全球经贸的市场化和国际网络化所引发的地球村落文化、经济和教育多元互补与融合的趋势。全球化的"三流动"即商品货物、金融资本和人才资源的大流动,是以人才流动为要素的;而人才

---

① 潘新和:《表现与存在》上卷,第43页。
② 〔美〕罗兰·罗伯森:《全球化社会理论和全球文化》,梁光严译,上海人民出版社2000年版,第11页。

流动的实质是以语言为抓手的文化再造。置身于全球化语境，西方发达国家和东邻日本普遍推行以弘扬民族文化为主旨的"文化立国"战略，最有代表性的是哈佛大学教授约瑟夫·奈以文化为根基的软实力谋略，其从20世纪90年代以来风靡世界，成为政界关注、学界追踪且跨文化、高含量的国际学术话题。

但是，在这种多元文化博弈的语境中，民族文化自身的独特性和相互间的差异性并不能构成多元文化包容并存、互补共享的充分理由；换言之，泛泛而称多元文化可以在世间永存和共享，这可能是一个美好而虚拟的理论命题（全球化进程究竟使各国文化趋向多元化并存还是同质化融合？这本身是一个有待讨论、争议不断的学术问题）。不过，近年来全球化背景下中国对外移民、留学的逐年增速与文化衰退的严酷现实，足以引发我们的高度警觉：源自不同历史和地域的各民族的多元文化，确实是平等而具有可以期待的发展前景吗？只要在地球村上交际并交往，弱势文化固有的"软肋"终会使其趋向"软性消亡"。其实，所谓由多元文化的优劣或强弱所导致的诸多差异性恰恰是文化发展"不平等"的充分理由，这是优胜劣汰的宇宙竞争通律在文化领域的一种必然反映。

作为文化载体和象征的语言亦当如此。援引一种反证：英国著名语言学教授彼得·奥斯丁（Peter Austin）曾经撰文分析，全球每年约有八十种语言消亡并有数千种语言濒危[1]。同时，承载英美普世文化价值、充满强劲表达活力的"核心英语（Nuclear English）"正向全球各个角落强势渗透，西方学者已经敏锐、自觉地意识到"核心英语"在多元文化博弈中的辐射力和同化力[2]。事实表明：语言的生命力并不简单等同于使用者的数量，而是取决于语用个性和品质的优劣，深远而言，更取决于本国母语教育对语用

---

[1] 参见英国语言学教授彼得·奥斯丁的研究统计，参见"十大濒危语言：有的语法非常复杂"，深圳新闻网，2008年8月29日，http://www.sznews.com。

[2] 参见〔德〕汉斯·约阿西姆·施杜里希《世界语言简史》，吕淑君译，山东画报社2009年版，第303页。

发展趋势富于战略意识的自觉引导。同理，语种濒危之"危"，不仅仅是来自外部强势语种的空间覆压，更是来自内在文化生态对母语表达活力的不易察觉的隐性折损。

由此可见，对于本身缺乏体大虑周、精湛缜密的思辨传统而又历经长期封建专制主义文化禁锢的发展中大国而言，如何重构汉语文教育目标，已经提上了谋划中华未来、再造汉语文化的"梦时代"之议程。鉴于多元文化在地球村上的博弈，实质上已经聚焦于具有不同文化传统和文明背景的"语言软战争"，正是在这一或剑拔弩张或彬彬有礼的语言交际中，显现出不同的母语所固有的文化特色和价值取向；而植根于民主政治和现代文明的强势语种已经并将继续以其迸发的辐射力、感召力和同化力渐次"融合"弱势语种：语用的危机即是生存的危机，教育的弱势即是发展的弱势。因此，创新性地重构汉语文教育的目标、精心培育充溢生命智慧的汉语表达力和创造力并使其获得持续性的深远发展——正是全球化背景下汉语文教育所面临的刻不容缓的战略选择。只要我们期待流溢着东方智慧与本土特色的"中国概念""中国判断"和"中国思维"的相继崛起，就没有理由不重视对活力汉语的深度开发和长远培育。这样，当我们再度面对"中国能拿什么去引领世界文明"的严肃诘问时[①]，就能从容应答：活力汉语及其承载的中国文化！

目标归正、尊崇表达的新母语教育，必将为中国文化命脉注入强大的创新精神和创新才力；欲重塑青春流溢的文化中国，必先蓄养汉语表达的澎湃活力。

（潘　涌，浙江师范大学教师教育学院教授）

[①] 参见邱震海"中国能拿什么去引领世界文明"，2013年2月16日，http://blog.ifeng.com/article/23210162.html。

美国汉学的成功之道及其对中国文化发展的启示

吴原元

【摘要】 20世纪初的美国汉学,还处于起步阶段;然而,到了20世纪50、60年代美国已成为汉学重镇,发展到今天更是世界汉学的引领者。美国汉学之所以能够由蛮荒之地发展为无可否认的世界汉学重镇,一是在现实需要的召唤下,积极探索并转变汉学研究模式;二是将涌入中国研究领域的雄厚资金主要用于中国研究人才的培养和研究机构的设立;三是重视并积极吸收外来知识移民所带来的汉学知识及方法。美国汉学的这些成功经验和举措,对于今天中国文化发展的启示是应坚持走"取今复古、别立新宗"之路,应重视调动民间参与的积极性和中华文化传播的路径。

20世纪初的美国汉学,还处于起步阶段。德国汉学家佛尔克(Alfred Forke)在给劳费尔(Berthold Laufer)的信中这样写道:"这里其实没什么人对汉学感兴趣。学生们只想学一些口语方面的东西,听一些泛泛而谈的讲座课,课上要尽量少出现中文表达方式。"[1] 俄籍汉学家叶理绥(Serge

---

[1] 〔德〕艾默力(Reinhard Emmerich):"我总觉得自己一再被那些独特而自由的思想所吸引——佛尔克评传",〔德〕马汉茂、汉雅娜,张西平、李雪涛主编:《德国汉学:历史、发展、人物与视角》,大象出版社2005年版,第407—408页。

Elisseeff)赴美前对美国汉学有一形象比喻,欧洲尤其法国是汉学的"罗马",而美国则是汉学的"荒村"。他为某些美国汉学家缺乏应有的学术训练而感到遗憾。他无奈感叹道:"他们这里完全不了解真正的语文学方法,随意翻译汉文文献。你若给他们讲解,他们经常会问 why,叫你无言作答。"[①] 然而,到20世纪50、60年代美国已成为汉学重镇,发展到今天更是世界汉学的引领者。有学者曾言:"任何国家的中国学,客观上都受本国和中国社会历史发展状况及两国关系的制约。"[②] 回首美国汉学发展历程,不可否认其发展不仅与整个国家的政治、经济、文化、外交、意识形态密切相关,也与国际政治形势以及中国国内形势、国际地位是否提高息息相关。但是,在关注宏观外部社会历史环境之同时,我们也不得不深思美国汉学由蛮荒之地发展为无可否认的世界汉学重镇的内在成功经验。基于此,本文拟探讨美国汉学何以由荒村发展为重镇乃至引领者?美国汉学成功之道又给当代中国文化发展提供了哪些有益启示?

一、基于现实需要转变汉学模式

20世纪初以来,劳费尔、夏德(Friedrich Hirth)、伯希和(Paul Pelliot)、佛尔克、戴闻达(Jan J. L. Duyvendak)等一批欧洲汉学大师相继赴美,在欧洲汉学家影响下的美国汉学注重应用实证方法研究传统中国的历史、语言、思想和文化。劳费尔在1929年由美国学术团体理事会主持召开的"关于促进中国研究"会议上指出:我们应大力提倡鼓励研究中国的语言和文学,它是理解一个还未被发现的新世界的一把钥匙、是获得新思想

[①] 阎国栋:《俄国流亡学者与哈佛燕京学社——读叶理绥日记与书信》,华东师范大学海外中国学研究中心、华东师范大学历史系与美国匹兹堡大学联合主办于2011年6月24—26日在华东师范大学召开的"北美中国学的历史与现状国际学术研讨会"上提交的参会论文。

[②] 孙越生、李明德:《世界中国学家名录·编者前言》,社会科学文献出版社1994年版,第3页。

的媒介，同时也是将新人文主义向前推进所必需的重要一步[①]。哈佛燕京学社首任社长叶理绥公开宣称，"研究1796年以后的事件是单纯的新闻工作"，并强调应按照"首先需要精通至少两种欧洲语言，然后学习难对付的古汉语，最后才能进行课题研究"的模式培养中国研究人才[②]。20世纪初至20世纪40年代，美国汉学主流即是如叶理绥所说的遵循欧洲汉学模式。赖德烈（Kenneth S. Latourette）曾言："20世纪20、30年代，学术（中国研究）的热点集中在周代和周代之前的历史、周代和宋代的思想史及艺术史。欧美汉学家极少注意前汉至清代这段时期中国历史的内部发展。"[③]

对于美国公众而言，太平洋战争爆发之前的远东地区并不是一个能够引起他们关注的区域。尽管20世纪30年代后，"美国在东亚的政治、商业和文化使命以及这一地区所发生的事件已经使美国与东亚的关系日渐紧密，但是美国公众却并不关注这一地区"[④]。太平洋战争爆发后，美国社会对远东、对中国研究的态度发生变化。卡梅伦曾如是言道："美国卷入远东战争，美国对于远东的态度发生了一场至关重要的革命。没有其他任何区域研究被如此深刻地影响着。"[⑤]费正清（John K. Fairbank）亦这样评论道："对于亚洲研究的发展而言，最大贡献者莫过于日本的陆海军，它在一夜之间给予日本研究和中国研究的资助与鼓励远远超过了这之前二十年和平时期所提供的。"[⑥]确如其所言，美国政府和民众开始迫切希望了解中国历史文化和社

[①] 参见 Edward C. Carter, ed., *China and Japan in Our University Curricula*, New York: The University of Chicago Press, 1929, p. 4。

[②] 参见〔加〕保罗·埃文斯：《费正清看中国》，陈同等译，上海人民出版社1995年版，第63页。

[③] Kenneth S. Latourette, "Chinese Historical Studies During the Past Nine Years", *The American Historical Review*, Vol. 35, No. 4, 1930, p. 796.

[④] Kenneth S. Latourette, "Far Eastern Studies in the United States: Retrospect and Prospect", *The Far Eastern Quarterly*, Vol. 15, No. 1, 1955, p. 5.

[⑤] Meribeth E. Cameron, "Far Eastern Studies in the United States", *The Far Eastern Quarterly*, Vol. 7, No. 2, 1948, p. 119.

[⑥] John K. Fairbank, "A Note of Ambiguity: Asian Studies in America", *Journal of Asian Studies*, Vol. 19, No. 1, 1959, p. 3.

会。然而，美国的中国研究却无力回答这些问题。美国中国研究的现状与现实需要的巨大差距，无疑对美国中国学家产生极大刺激。

赖德烈在1955年的远东协会年会上这样言道："远东研究的目的是非常明显的实用主义。它具有许多种形式，其中之一就是源自现实社会政治和经济环境的迫切需要。当我们与远东之间的关系变得越来越密切之时，我们对远东研究的这种目的性有着深刻的感受。……自太平洋战争以来，美国已深深地卷入远东，如果要使我们的行动更为理智，我们就必须对远东有所了解。"[1] 在现实需求的影响和推动下，美国开始寻求汉学研究模式的转变。费正清曾对中国研究及人才培养模式提出批评，"汉学家们如果不是语言的奴隶，也已成了语言的仆人"，"历史学家要利用语言而不要被语言所左右"[2]。费正清还曾与赖肖尔（Edwin O. Reischauer）以《通过区域研究理解远东》为题指出，中国研究者应"在历史学家、语言学家、考古学家、艺术史或是文学家们所熟悉的汉学方法基础之上增加一些人类学、社会学、经济学和政治学方面的技巧"[3]。美国学术团体理事会的执行干事格雷夫斯（Mortimer Graves）在写给费正清的一封信中更是明确表示："我们必须阻止的正是那种你称之为令人窒息的英国式研究的学院风气在美国得到更大的立足之地"，"依我所见，我们要在研究中国、日本、印度、苏联以及阿拉伯世界的过程中创造一种新的观念，或是一种新方法。"[4]

格雷夫斯所说的新观念即是运用多学科方法研究现当代中国。太平洋战争结束后，尤其是20世纪50年代以来，在费正清等人的倡导和推动下，运用多学科方法开展现当代中国研究渐成美国汉学界主流。华盛顿大学远东研究所制订了包括近代中国研究、汉代研究、亚洲腹地研究以及中苏关

---

[1] Kenneth S. Latourette, "Far Eastern Studies in the United States: Retrospect and Prospect", p. 9.

[2] 上引见〔加〕保罗·埃文斯《费正清看中国》，第67页。

[3] Edwin O. Reischauer, John K. Fairbank, "Understanding the Far East Through Area Study", *Far Eastern Survey*, Vol. 17, No. 10, 1948, p. 122.

[4] 上引见〔加〕保罗·埃文斯《费正清看中国》，第63—64页。

系研究等在内的规模宏大的中国区域研究计划[1]。为推进该计划的实施，远东研究所所长戴德华（Edward G. Taylor）力推"合作研究方法"，即由经济学、社会科学、地理学等学科的研究人员共同组成研究小组，定期举行研究课题讨论，进行学科观点的交流[2]。哈佛东亚研究中心在1955—1965年间出版的43部研究中国的著作中，近三分之二是根据有限的中国官方文献对共产主义中国经济、农业、军事以及中苏关系等问题所作的分析和预测[3]。即使是从事传统中国研究的学者同样主张引入社会科学。从事唐代史研究的崔瑞德（Denis Twitchett）认为，"汉学家没有理由去拒绝把能开创中国历史研究全新领域的分析方法引入到文字学训练中去，而社会科学家也同样没有理由为保护其专业的纯洁性而反对汉学，毕竟汉学能帮助他接触到大量有关中国传统社会的珍贵文献记载"[4]。从事近代中国历史研究的芮玛丽（Mary C. Wright）呼吁，"注意力应该更多而不是更少地放在社会科学方面，因为历史学和社会科学可以彼此相互学习，尽管他们的目标不相同"[5]。从事中国思想史研究的列文森（Joseph R. Levenson）认为，"当人们不再只是从汉学的视角来研究中国的创造性生活，中国文明才会变得具有历史的意义和*历史性*的意义。只从纯粹的'汉学'视角来仰慕中国文化，可能会导致某种轻视"[6]。林德贝克（John M. H. Lindbeck）曾这

---

[1] 参见〔日〕村松佑次《外国对中国的研究》，中国科学院哲学社会科学部学术资料研究室译，商务印书馆1966年版，第55页。

[2] 参见张仲礼口述，施扣柱整理"我的学校生活与教研生涯"，载《史林》2004年增刊。

[3] 参见John K. Fairbank, "Harvard University East Asian Research Center: Ten-Year Report of the Director", Harvard University library, Vol. 3, 1971, pp. 16—19。

[4] Denis Twitchett, "Comments on 'Chinese Studies and the Disciplines' (see the symposium in the August, 1964): A Lone Cheer for Sinology", *Journal of Asian Studies*, Vol. 24, No. 1, 1964, p. 111.

[5] Mary C. Wright, "The Social Sciences and the Chinese Historical Record", *The Journal of Asian Studies*, 1961.

[6] Joseph R. Levenson, "The Humanistic Disciplines: Will Sinology Do?", *Journal of Asian Studies*, Vol. 23., No. 4, 1964, p. 512.

样描述道:"在 1950 年代中期以前……历史学在中国研究领域中占据了中心地位。历史学家与中国或远东语言文学系的语言教师共同努力,为美国的中国研究奠定了基础。在最初阶段,学生们需要对一个完全陌生的社会有一个总体印象,历史介绍显然是必不可少的。……然后,自二战结束以来历史学已无法满足新的需求。在西方国家与虚弱而又无组织的中国进行早期接触时,中国的过去是主要的迷人之处。现在,当前的趋向占据了中心舞台。中国的经济能力、政治体制、社会结构成为国内外关注的中心。来自非学术世界的迫切要求,使得社会科学家显得尤为突出。"[1]

在现实需要的召唤下,美国的中国研究脱离了欧洲传统汉学形态,形成独具特色的注重应用社会科学方法研究近现代中国问题的美国风格。伴随着这种研究风格,美国中国研究的演进呈现出强烈的"社会科学化"色彩,大量相关社科词汇的借用成了代际转换的明显标志,比如"冲击—回应""传统—现代""中国中心论""过密化理论""市民社会理论(公共领域)""权力的文化网络""后现代主义"等,美国中国学思潮给人的感觉是代际转换频繁迅速、核心命题新意迭出、理论阐释的前沿特征明显,这种潮起潮落的变异性似乎给人以趋新时尚的印象。注重应用社会科学方法理论研究近现代中国问题这种研究风格所衍生出的"概念化"倾向,当然是由于当代美国的中国研究自其诞生即是建立在美国与其他文明不断变化的复杂现实关系基础之上,明显具有地缘政治的形态,历史研究往往变成了现实关怀的投影。但更值得注意的是,美国中国研究的每一个概念的提出,都不仅开拓了新的史料来源,还标志着一次方法论转换的完成,进而形成新的研究和切入问题的起点,同时又为下一步的转换积累了讨论的前提。这或许就是美国中国研究具有世界性影响的原因之一。

---

[1] John M. H. Lindbeck, *Understanding China: An Assessment of American Scholarly Resources*, New York: praeger, 1971, pp. 30—31.

二、雄厚资金的注入及合理利用

二战结束后，随着民族解放运动在亚非拉的不断涌现，美国感到其全球霸主地位面临严峻挑战。为了应对挑战，美国开始关注非西方区域，认为对非西方区域政治、经济、文化发展的理解关乎他们的未来。福特基金会明确指出："两大新的力量自第二次世界大战以来在兴起。第一个是强大的统一的欧洲。第二个是强大的敌对的中国。美国政府和人民以及整个自由世界对这两大力量兴起的政治、军事、经济、社会和科学含义需要有较好的理解。这两大力量都和美国的成长与活力密切相关，它们也和自由世界回应不发达国家要求和国际共产主义挑战的能力密切相关。"[1] 当时的艾森豪威尔总统如是强调："在今天，非西方区域和外语知识显得尤为重要，因为美国肩负着领导自由世界的重任。然而，大多数美国人缺乏非西方区域的语言和文化知识，尤其是亚洲、非洲和中东那些新成立国家的语言和文化知识。对于国家安全利益而言，我们必须克服这一缺陷。"[2] 正是在这一背景下，美国于1958年通过了旨在加强对外语教学和非西方地区研究的国防教育法案。该法案第六章第601款规定，"1958年7月1日至1962年6月30日期间，授权联邦政府通过合同协商方式资助高等教育机构建立现代外语教学研究中心。联邦政府资助建立的现代外语教学研究中心，必须是联邦政府、公司企业或美国社会所急需的语言。任何一所现代外语教学研究中心，除提供语言教学之外，必须提供有关这门语言所使用地区或国家的历史、政治学、语言学、经济学、社会学、地理学和人类学等方面的教学，以使学员能全面理解使用这门语言的地区或国家。现代外语研究教学中心还应为到国外地区从事

---

[1] 韩铁：《福特基金会与美国的中国学》，中国社会科学出版社2004年版，第238页。
[2] 吴原元：《隔绝对峙时期的美国中国学》，上海辞书出版社2008年版，第55页。

研究工作的成员或到研究中心从事教学研究的外国学者提供资助";第603款规定,为语言和地区研究中心开展上述工作所提供的财政资助每年度不超过8 000 000美元。①

随着国防教育法的实施,联邦政府的资金开始涌入汉语教学和中国区域研究。1959年至1970年期间,联邦政府对汉语教育及中国区域研究的拨款总额达15 040 000美元。②在联邦政府的引导下,各大基金会、高校提供雄厚的资金资助。1959年至1970年期间,基金会对汉语教育及中国区域研究的拨款高达25 933 462美元,高校亦投入了近15 000 000美元。③20世纪70年代后,由于美国将注意力更多地转向国内事务,涌向外国语言和区域研究的财政资助潮开始消退。哈佛大学的傅高义(Ezra F. Vogel)教授深有感触地言道:"我必须承认,1973年当我接替费正清成为东亚研究中心主任后……中国领域获取基金会资助的十五年光荣岁月已无可奈何花落去。"④但是,自20世纪80年代后期,尤其是新世纪以来,随着中国政治经济的崛起和国际影响力的不断提升,美国政经界越来越意识到这个东方巨人对于其战略利益的重要性。基于此,美国又开始投入大量资金用于资助汉语教学和中国研究。美国前总统布什于2006年宣布启动"国家安全语言计划",将汉语与阿拉伯语、俄语、印地语、波斯语一道列为美国最急需语言人才的"关键"外语。白宫要求国会在2007年财政预算中批准特拨1.14亿美元用于启动该项目,扶持学校对关键外语的教学,派遣美国学生到海外学习语言。

值得注意的是,涌入中国研究领域的巨额资金中,一部分用于激发学生学习汉语和从事中国研究的兴趣。1959年至1970年间,联邦政府总计

---

① 参见吴原元《隔绝对峙时期的美国中国学》,第55页。
② 参见John M. H. Lindbeck, *Understanding China*, p. 79。
③ 同上。
④〔美〕保罗·柯文、默尔·戈德曼主编:《费正清的中国世界——同时代人的回忆》,朱政惠、陈雁、张晓阳译,东方出版中心2000年版,第152页。

发放 8 950 000 美元的国防外语奖学金。①其中，1959 年至 1966 年间就发出 1013 份国防外语奖学金，占这些年来所有东亚语言奖学金的 57.7%，同样占这 8 年里所有"国防教育法案"奖学金的 14.4%。1959 年至 1968 年这 10 年间，汉语奖学金共支出 5 790 000 美元。②此外，联邦政府为鼓励学生攻读中国语言或中国区域研究方面的学位，特别设立奖学金。据统计，在 1959 年至 1970 年期间，联邦政府为攻读中国研究学位的博士候选人提供了各类奖学金 600 多份。③高校、研究机构亦采取措施以鼓励学习汉语和致力于中国研究。哥伦比亚大学设立中文奖学金与研究金，每年为两名攻读汉语研究的博士候选人提供 7000 美元旅行奖学金；夏威夷大学专设亚洲研究计划研究生奖学金，奖给参加亚洲研究计划的研究人员和研究生；塞顿霍尔远东研究所设立多种奖学金，帮助学生获得亚洲研究或汉语研究的硕士学位。④在此激励下，学习汉语的本科生人数从 1960 年的 1844 名增加到 1968 年的 4090 名；研究生从 1965 年的 789 人增加到 971 名。其中近三分之一的本科生（1157 名）在学习汉语时得到联邦政府的资助；绝大多数研究生（662 名）的汉语学习则是在联邦政府提供的全额资助下完成的。⑤正基于此，20 世纪 50 年代后期以来，美国高校培养出一批致力于从事中国研究的专门人才。据统计，1951 年美国培养的中国问题研究生为 143 人；1964 年，以中国历史和现当代中国研究为专业的硕士研究生为 325 位；1967 年，上升为 750 位；1970 年，硕士 1000 名，博士 412 名。⑥这为此后美国汉学研究的发展奠定了坚实的人才基础。

---

① 参见 John M. H. Lindbeck, *Understanding China*, p. 79。
② 参见吴文津《美国对中国大陆的研究》，朱政惠主编：《美国学者论美国中国学》，上海辞书出版社 2009 年版，第 153 页。
③ 参见 John M. H. Lindbeck, *Understanding China*, p. 60。
④ 参见孙越生、陈书梅主编《美国中国学手册》，中国社会科学出版社 1993 年版，第 587、593、605 页。
⑤ 参见 John M. H. Lindbeck, *Understanding China*, p. 49。
⑥ Ibid, p. 57.

涌入中国研究领域的巨额资金更大部分是用于组织机构的设立和建设。美国联邦政府根据国防教育法的授权，在1959年至1964年期间，共拨款8 555 660美元用于在大学设立语言和区域研究中心。其中，东亚部分占17.5%，仅次于苏联与东欧。① 福特基金会在国防教育法案通过后不久，便于1959年2月制定了一项长期支持非西方研究的计划，即在全国为著名大学非西方地区研究能力的发展提供长期的机制建设资助，拟在今后两三年时间里为大约19所大学提供至少两千万美元的十年资助款。② 据统计，1958年至1970年期间，联邦政府、基金会、各大学及其他团体组织为各大学中国研究中心的建立提供了约两亿美元的资助。③ 在雄厚资金的推动下，诸如哈佛大学东亚研究中心、哥伦比亚大学中国研究中心、密歇根大学中国研究中心、耶鲁大学东亚研究中心等机构相继设立。1949年前，美国仅有哈佛燕京学社、太平洋协会、远东协会等几个研究机构；到1964年，专门研究中国的机构为12个；1967年，上升到20个；1969年，则为23个。④ 不仅如此，一批服务性机构也相继设立：致力于协调美国中国研究的当代中国研究联合委员会和中国文化研究委员会在福特基金会的资助下相继于1959年和1962年设立；致力于为美国各大中国研究机构提供资料搜集服务的"中文资料和研究辅助服务中心"和"中文研究资料中心"分别于1964年和1968年成立；同时，为使有志于从事中国研究的研究生及专职研究人员能够更好地学习汉语、熟悉中国社会文化，在福特基金会、卡内基基金会的资助下，美国相继设立北美大学联合汉语培训班和"大学服务中心"等专门性的服务机构。

这些新建的研究机构，对美国汉学发展起着不可替代的作用。举例言之，"中文资料和研究辅助服务中心"和华盛顿"中文研究资料中心"的建

---

① 参见吴原元《隔绝对峙时期的美国中国学》，第79页。
② 参见韩铁《福特基金会与美国的中国学》，第139—142页。
③ 参见 John M. H. Lindbeck, *Understanding China*, p. 82。
④ Ibid, p. 55.

立,使美国中国学界得以在短时期内积累数量宏富的中文研究资料。林德贝克曾言:"应该感谢这两个机构组织,它们使得中国研究的学术研究资料得到极大的拓展。可资利用的红卫兵和文化大革命档案文献已存放在几个研究中心;各类学院和参考图书馆已拥有了基本的辅助资料;经典的和近代材料已经复制;材料之间的交换在加速;成本已大大降低;世界范围内的图书馆员和图书馆已经被动员起来。"① 更为重要的是,为美国汉学以后的发展奠定了学术研究的机构基础。正如哈里·哈丁(Harry Harding)所说:"在60年代,利用联邦政府和私人基金会提供的资金,奠定了一批学术机构的基础,这些基础性工作至今仍规定和影响着美国的当代中国研究。"② 总而言之,美国中国学之所以能够成为国际中国学界举足轻重的中坚力量,很大程度上缘于中美对峙时期所兴建的这些学术机构。

三、外来知识移民的贡献与推动

20世纪40年代前后,希特勒的反犹太政策使许多犹太学者辗转来美,魏特夫(Karl A. Wittfogel)、卫德明(Hellmut Wilhelm)、梅谷(Franz Michael)等一批受纳粹法西斯影响的德国汉学家移居美国;③ 中国抗战及内战期间,赵元任、李方桂、萧公权、洪业、杨联陞、邓嗣禹、刘子健、陈受颐、杨庆堃、许烺光、刘大中、周舜莘、何炳棣、袁同礼、钱存训等一批熟谙中文资料又掌握当代研究方法的华人学者留居美国;20世纪50、60年代,来自日本和中国台湾地区的学者蜂拥赴美留学或访学;20世纪80年代之后,中国大陆的改革开放使得一大批中国学者赴美留学,其中不少人如王晴佳、

---

① John M. H. Lindbeck, *Understanding China*, p. 71.

②〔美〕哈里·哈丁:"美国当代中国学的演变与展望",李向前译,《国外中共党史研究》1994年第6期,第30页。

③ 具体可参见 Martin Kern, "The Emigration of German Sinologists 1933—1945: Revisiting a Forgotten History", *Journal of the American Oriental Society*, Vol. 118, No. 4, 1998, pp. 507—529。

陈兼、卢汉超等选择留美任教。纵观二战以来美国汉学发展史，我们无一不见外来知识移民的身影。

不同于德法等国，美国作为移民国家，非常重视知识移民所带来的汉学知识及方法。德国学者柯马丁（Martin Kern）研究发现，在1945年以前的德国，对中国留学生的学术论文完全持漠视态度。因此，即使很有学术水准的中国留学生的汉学博士论文也未能出版；在审阅有关期刊时，没有找到任何有关评论或引用中国留学生汉学博士论文的文章；除他们自己的导师外，没有一个人引起人们的注意。①与之相对照的是，笔者根据袁同礼编撰的《中国留美学生博士论文目录：1905—1960》进行调查统计发现，在1905年至1930年这二十五年间由中国留美学生所撰的汉学博士论文共98篇，在这98篇汉学博士论文中有50多篇在完成之后即以期刊论文或专著形式在美国发表。可见，美国对中国留美学生等域外学者所带来的关于中国的"奇异"知识及其提供的视角、方法、观点的重视。

美国汉学之所以能够由荒村发展为汉学重镇，与这些知识移民有着密不可分的关系。以20世纪40年代移居美国的华人学者为例，他们踏入美国后即致力于培育美国汉学基础建设。袁同礼自1949年定居华盛顿后，利用国会图书馆藏书之便从事西文有关中国研究之编集，先后编纂了《西文论华书目》《德文汉学著作选目》《俄文论华书目》《现代中国社会经济发展资料指南》《中国数学书目》以及《中国艺术考古西文目录》等书目。钱存训到美后，编著了《中国书目解题汇编》，该汇编选录中、日及西文有关中国研究的目录2600多种。②魏特夫主持的中国社会史资料搜译，其辽代部分由其与华裔学者冯家升合作完成，两汉部分由瞿同祖和王毓铨负责，清代部分由房兆楹、杜联喆负责；恒慕义主编的两卷本《清代名人传略》，撰

---

① 参见〔德〕托马斯·哈尼师（Thomas Harnisch）"汉学的疏误？——1945年以前中国留学生对汉学的贡献和推动"，载〔德〕马汉茂、汉雅娜，张西平、李雪涛主编：《德国汉学：历史、发展、人物与视角》，第163页。

② 参见钱存训《留美杂忆——六十年来美国生活的回顾》，黄山书社2008年版，第89页。

稿人除了50多名研究生外,还包括房兆楹、杜联喆夫妇,他们"按照恒慕义博士的编辑宗旨编纂出版了独一无二的关于中国的最重要的外文著作"①。富路特主编的《明代名人录》,离不开邓嗣禹等华裔学者的参与。② 与此同时,这批华人学者还积极致力于矫正美国汉学界存在的流弊。在美国汉学界,许多研究者的中文能力和中国文史知识有限,却又想在学坛立足和扬名,为此他们往往有走捷径立异说的取巧心理。对此,萧公权如是言道:"矫正'中国研究'的缺失偏差是在美中国学者的一个责任。虽然学植不厚,学力不丰,我也想在这方面略尽其责。"因此,当他到华盛顿大学远东研究所不久后发现"许多研究生阅读中文书籍的能力不高,做研究工作时感困难","若干颇负时誉的美籍大学教授所著关于中国历史的书籍论文,因为作者的中文修养不够充分,时有误会误解的论断"时,他便向学校建议开设"中国政治思想及制度资料阅读"课程,"以帮助学生培养阅读原始资料的能力"。③针对当时美国汉学研究所存在的流弊,杨联陞"通过各种方式——课堂讲授、著作、书评、学术会议、私人接触等——把中国现代史学传统中比较成熟而健康的成分引进汉学研究之中",尽可能纠正美国汉学界出现的"误认天上的浮云为地平线上的树林"。④

不仅如此,这批在美华人学者还积极开拓美国汉学新领域。自20世纪40年代以来,美国汉学界对于近现代中国的研究,往往侧重探讨西方入侵如何左右中国历史,所关注的主要是鸦片战争、太平军起义、中外贸易、通商港口的生活与制度、义和团、孙中山、外交关系、传教事业、日本侵

---

① 〔美〕费正清:《费正清对华回忆录》,陆惠勤、陈祖怀等译,知识出版社1991年版,第399页。

② 参见党宝海"房兆楹先生和他的学术研究",《中国史研究动态》2005年第2期。

③ 上引见萧公权《问学谏往录——萧公权治学漫忆》,学林出版社1997年版,第209页。

④ 上引见余英时"中国文化的海外媒介",收入《钱穆与现代中国学术》,广西师范大学出版社2006年版,第147页。

略等西方自身最关切的问题。① 这一时期在美华裔汉学者虽身处美国学术环境，但其研究与美国本土学者有着显著不同。他们注重采用"局内人"的视角或者说"内部的取向"研究明清时期中国社会状况及其内在变迁，力求透过历史的表象洞察历史内幕，描绘出充满变化与差异的社会图景，再现传统中国社会历史的实际面相。瞿同祖的《清代地方政府》、萧公权的《中国乡村》、张仲礼的《中国绅士》、何炳棣的《明清社会史论》等即是其中的代表。华裔汉学者的研究提供了一幅与美国本土研究有着巨大差异的近代中国社会图景，为美国学者打开了透视传统中国，尤其是明清时代中国社会内在运动及变化的窗户。正如莫里斯·弗里德曼（Maurice Freedman）所说："最近几年来，美国大学出版社陆续出版了一些有关近代中国社会的具有革命性的著作。如果集中阅读萧公权的《中国乡村》与何炳棣的中国人口研究著作以及瞿同祖最近出版的关于中国地方政府的研究著作，我们必定会对近代中国社会这一课题有一种非常全新的见解。"②

林德贝克曾就20世纪40年代赴美华裔汉学者对美国汉学的影响这样评价："作为既接受过中国和西方学术训练，同时又具有在东西方两个世界从事研究和教学经历的这一代华人学者，他们不仅在美国的中文教学和传统中国研究方面起着不可替代的作用，而且他们在将美国的中国研究提升到专业学术水平方面亦占有独一无二的地位。"③ 确如其所言，杨联陞、萧公权、瞿同祖等这一代华裔汉学者，把中国的文史知识和历史文献引入美国汉学界，为美国的汉学发展创建基础，并使美国人更为深刻地领略到中国文化的高深，他们对美国汉学有着基础性的贡献和推进作用。不单赴美中国学者对美国汉学发展起到重要推动作用，其他来自德国、日本、苏联等国的汉学知识移民同样也对美国汉学发展发挥着重要的推进作用。20世纪50、60年代，日本

---

① 参见〔美〕柯文《在中国发现历史》，林同奇译，中华书局2002年版，第53页。
② Maurice Freedman, "Review Rural China: Imperial Control in the Nineteenth Century", *Pacific Review*, Vol. 36, No. 1, 1963, p. 88.
③ John M. H. Lindbeck, *Understanding China*, p. 95.

汉学界提出的东洋/中国之变、中国国家特色理论及内藤唐宋转型理论所涉及的中国"近代的起点"等问题被到美访学的日本学者引入美国汉学界，并融入美国的汉学研究之中，成为讨论聚焦之处。正是得益于知识移民所作的贡献和推动，美国汉学才能够迅速发展，开始从边缘走向中心。如果不了解这一点，我们可能无法正确理解美国汉学为什么能够由"荒村"发展为引领世界汉学的中心。正如柯马丁所说："若不提及1933年至1945年间德国汉学家的迁移，就几乎不能阐释当前国际汉学研究的状况。"[1]

四、美国汉学发展经验对中国文化发展的启示

推动美国汉学由荒村发展成为世界汉学重镇乃至中心的这些成功经验和举措，对于今天的中国文化发展具有深刻而现实的启示意义。

第一，中国的文化发展应坚持走"取今复古、别立新宗"之路。随着人类历史发展进入21世纪，人类社会也同时进入了一个全球化的时代。在全球化时代背景下，中国文化发展何去何从确是一个需要深思的问题。著名社会学家费孝通先生晚年提出中国文化的发展贵在文化自觉。所谓文化自觉，即指生活在一定文化历史圈子的人对其文化有自知之明，并对其发展历程和未来有充分的认识。换言之，是文化的自我觉醒，自我反省，自我创建。费先生曾说："文化自觉是一个艰巨的过程，只有在认识自己的文化，理解并接触到多种文化的基础上，才有条件在这个正在形成的多元文化的世界里确立自己的位置，然后经过自主的适应，和其他文化一起，取长补短，共同建立一个有共同认可的基本秩序和一套多种文化都能和平共处、各抒所长、连手发展的共处原则。"[2] 无独有偶，鲁迅在1906年发表的《文化偏至论》一文中提出了充满进取精神的文化构想："外之既不后于世界

---

[1] Martin Kern, "The Emigration of German Sinologists 1933—1945: Revisiting a Forgotten History", p. 507.

[2] 费孝通："对文化的历史性和社会性的思考"，《思想战线》2004年第2期。

之思潮，内之仍弗失固有之血脉，取今复古，别立新宗。"鲁迅所谓"取今复古，别立新宗"，即可看作真正文化自觉的一种态度，既不是简单地复制传统，也不是简单地照搬现在与西方，而是要创造一个新模式。基于对中国历史传统和现实处境的深刻理解以及对当代世界的历史形势和未来趋势全面把握的文化自觉，才能使中国真正走出一条文化发展繁荣之路，才能使中国的文化发展有益于世界文明图景的建构，对世界文化发展做出自己的贡献。正如美国汉学，它正是建立在自身历史传统、现实需要及对未来发展的准确把握基础之上，创造出全新的以注重运用社会科学方法研究现当代中国的研究风格，从而引领世界汉学发展，丰富了世界汉学图谱，为世界汉学发展做出了自己的贡献。

第二，中国的文化发展应重视调动民间参与的积极性。自党的十七届六中全会审议通过《中共中央关于深化文化体制改革、推动社会主义文化大发展大繁荣若干重大问题的决定》后，各级政府将投入大量资金用于加强文化建设。政府投入各种资源以推动文化发展繁荣，当然是一件值得肯定和鼓舞之事；但如果推动文化发展繁荣的资金和资源完全由政府主导，未必能真正迎来文化的大发展大繁荣。文化的发展繁荣不仅端赖于政府的资助和引导，还有赖于民间社会的积极参与。如前所述，美国汉学发展的成功之道，当然与1958年颁布的《国防教育法案》密切相关。正是借此法案，联邦政府连续十年向汉语教育和中国研究领域投入巨额资金。但更为重要的是，在联邦政府的引导下，美国各大基金会、高校、各种学会加强汉语教育和中国研究的积极性被调动起来，纷纷积极参与到这一建设热潮中来。仅以1959年至1970年间投入到中国研究领域的资金数额来看，基金会和高校远多于联邦政府。所以，要真正推动文化建设，迎来文化大发展大繁荣，我们就必须重视并充分调动民间参与的积极性和主动性。民间的积极参与，一方面使文化的建设和发展有深厚而肥沃的土壤，不致流失于形式和表面；另一方面使文化建设更富有针对性也更具有活力和创造性，因为高校、学会、研究机构等更深知文化建设发展的问题症结所在。另外，民间的积极参与，使文化建设发展的成果更具有公信力和影响力，这在中国文化的海外传播方面尤其如此。今天中国文化的海外传播主要由官方主导，这当然有其必要，但其弊端也显而易见。例如，孔子学院在全球各国的落地可谓非议不断，指责中国对外文化侵略和意识形态输出的论调时有出现。相反，如果官方隐藏在幕后，由民间学术机构和团体进行操作，将更易使其为海外公众所接受。

第三，中国的文化发展需要抛弃"工程"思维。随着文化建设发展热潮的开启，想必有大量资金涌入。但我们切不可以"工程思维"方式予以规划，应致力于诸如机构、人才培养等文化基础建设。美国汉学在其发展的十年黄金期，大量资金用于人才的培养和研究机构的设立，正是这些基础性建设为美国汉学此后的发展奠定了坚实基础。对于中国文化发展而言，各种文化科研项目、文化工程项目当然是必要的，但并不是资金投向的重点。正如台湾学者汪荣祖在谈论学术权势转移时所言："最近中国经济崛起，政府意识到文化输出以及学术话语权的重要性，理应以前所未有的财力，积极把文化搞上去，就像把经济搞上去一样。……何莫把钱用在国内的教学、研究与文化建设上，以'十年树木，百年树人'的宏伟气魄，做长期规划，以冀在学术思想上能像经济发展一样，翻上几番，这样才能形成学术权势的转移。"[①] 中国文化的发展，学术话语权势的转移，确实需要如汪荣祖先生所说做长期规划，致力于人才培养、机构机制等文化的基础性建设。如果仍以工程思维来规划，非但不能迎来文化的大发展大繁荣，反而是文化建设的灾难。因为工程思维方式的实质是注重短期效益，带有强烈的即时性和功利性，其所带来的最终结果是文化繁荣发展的浮华表象。

最后，中国文化发展还应重视中华文化传播的路径。当前中国文化的海外传播仍然是以我为主。比如，近年政府出资在全球兴建孔子学院、组织外国学者翻译四书五经甚至直接资助外国研究机构。美国汉学之所以能够由

[①] 汪荣祖、盛韵：《汪荣祖谈西方汉学得失》，《东方早报》2010年4月18日。

荒村走向中心，与它重视吸纳和利用外来知识移民不无关系。美国汉学的这一成功经验，启示我们需要转换视角，思考利用其他路径来推动中华文化的海外传播。民国时期中国留美生在美大学除研究学问外，皆纯为祖国宣传文化，遇有美人误会之处，中国学生常为纠正。①杨联陞等20世纪40年代留居美国的华裔汉学者，则被余英时称为"中国文化的海外媒介"，他们把中国的文史知识和历史文献引入美国汉学界，使美国人领略到中国文化的高深。众所周知，伴随中国经济崛起和国际影响力的提升，不少外国学生选择到中国留学；同时，每年中国大陆有为数众多的学生赴国外留学，其中不少人撰写与中国社会历史文化相关的学位论文。另外，根据有关学者的初步统计，从事中国研究的机构数量不会少于一千个；从事中国研究的人员，如果将在政府机构、大专院校、学会、协会、社团等公私研究机构和企事业单位中从事研究工作以及退休后个人仍继续从事独立研究的中国学家总计在内，其水平相当于西方助理教授或高级讲师、独联体副博士以上者，总数不少于一万人。②当我们在思考中华文化的海外传播路径时，如何通过这些人员传播中华文化确是值得思索的。如果我们能从中探索出一条行之有效的道路，则不仅有利于节约传播成本，还将大大提升中华文化在海外传播的效果，使中华文化在海外更易被接受，增添其感染力和影响力。

总而言之，美国汉学发展的成功之道启发我们，文化的发展繁荣是一项长期而艰巨的任务，需要具有勇于探索创新的精神，需要破除根深蒂固的大跃进式的工程思维，需要做细致而缜密的规划，需要凝聚各方的力量和智慧。唯有如此，中国文化发展才能真正迎来繁荣的春天。

（吴原元，华东师范大学社会科学部副教授）

---

① 参见美国厚仁教育"留美学生近况"，《教育杂志》第19卷第2期，第8页。
② 参见中国社会科学院文献信息中心与外事局编《世界中国学家名录·编者前言》，社会科学文献出版社1994年版。

第三编 文化发展战略与文化软实力的传播

"他国化"
——建构文化软实力的一种有效方式

曹顺庆

【摘要】 "他国化"作为一个新的学术概念,虽然最初是针对比较文学影响研究,尤其是针对异质文明中的文学传播研究而言,但在构建文化软实力上,"他国化"也给我们开辟了一条行之有效的研究路径。当前,如果要想增强我国文化软实力,就必须对软实力的两翼——"拿来"和"送去"的他国化状况进行深入研究,从中探讨文化发展与创新的规律,分析文化传播规律,增强我们的文化资源基础,提高我们的文化影响力。同时,也为正确认识东西方文化,抵制西方文化霸权,提高中华文化影响力提供一种可供参考的方法。

季羡林先生在谈到中国文论时说:"想使中国文论在世界上发出声音,要在世界文论之林中占一个地位,其关键不在西人手中,而全在我们手中。当年鲁迅主张'拿来主义',我们现在要在'拿来'的同时,大力张扬'送去主义'。"[①] 所以,在新时期我国"文化软实力"的提高途径上,也必须围绕着"拿来"和"送去"做文章。

---

① 季羡林:"门外中外文论絮语",《文学评论》1996年第6期。

首先，我们说"拿来"。鲁迅先生说，我们对拿来的态度是"要运用脑髓，放出眼光，自己来拿"。但仅做到这些是不够的，因为拿来的东西可能是处于异质文明中，与我们传统的文化语境不相符的。在异质文明中是好的东西，若不加改造全面拿来，有可能对我们的软实力建设造成负面影响，就如黄牛初到澳大利亚，大闸蟹去了美国一样，均对当地的生态环境造成了不利影响。如何才能使外来文化成功地移植到中国，成为中国文化的一部分呢？答案就是，对异质文化进行"他国化"处理。

对于"他国化"的概念，我提出："文学的他国化是指一国文学在传播到他国后，经过文化过滤、译介、接受之后发生的一种更为深层次的变异，这种变异主要体现在传播一国文学本身的文化规则和文学话语已经在根本上被他国化——接受国所同化，从而成为他国文学和文化的一部分，这种现象我们称之为文学的他国化。"[1] "他国化"是我在《比较文学变异学》(*The Variation Study of Comparative Literature*)英文专著中系统提出的，[2] 比较文学变异学，是指对不同国家、不同文明的文化现象在影响交流中呈现出的变异状态的研究，以及不同国家、不同文明的文化相互阐发中出现的变异状态的研究。通过研究文化现象在影响交流以及相互阐发中呈现的变异，来探究文化变异的规律。这就表明，"文化变异学"在比较文学变异学的基础上，拓展了研究对象与研究范围。首先是文化变异学对比较文学变异学的理论承继。在探究不少国际文化传播、交流与变异的实例时，"文化变异学"可以沿用比较文学变异学的理论思路。比如解释某种文化事物、文化形态在他国化过程中的变异机制（文化过滤与文本误读），研究本国电视网络媒体、社会文化现象的异国形象（形象学），研究一个国家的文化遗产、文化经典在国外读者接受过程中出现的变异现象（接受学），以及研究种种文化现象在他国化过程中产生的变异及规律等（他国化）。其次是文化

---

[1] 曹顺庆主编：《比较文学教程》，高等教育出版社 2011 年版，第 149 页。
[2] 参见 Shunqing Cao, *The Variation Study of Comparative Literature*, Heidelberg, New York, London: Springer, 2013。

变异学较之于比较文学变异学的拓展、创新之处。文化变异学将越出狭义文本（文学文本）变异的范畴，迈向广阔的文化传播领域，并能解释、解决相关领域的诸多现象和问题，具有时代性、前沿性。

虽然这是对文学下的定义，但对其他文化现象同样适用。一种文化现象传播到另一国之后往往会出现两种情形：一种是从接受国来说，本国文化现象被他国文化所同化，如五四时期，在中国新文学发动者的倡导下，中国诗歌完全采用外国的诗歌形式和规则，中国诗歌完全被西方诗歌所同化，完全以他国的文学规则、文学话语来重新建构本国的文学，这样的后果就是本国文学逐渐被取代，乃至彻底"化掉"。另一种是从传播者的角度来说的，传播国的文化现象被传播到接受国之后，接受国文化对其进行不同程度的解读和改造，其中有利于接受国发展的因素最终会被接受国改造后吸收，从而使得传播国文化现象在话语方式上发生改变，最终完成他国化过程。从构建国家文化软实力的角度来看，我们要促使后一种情形的发生，即实现"他国化"，而不是被他国化掉。在当代，中国哲学、文论等的"失语"很大程度上就是因为中国传统话语规则被西方化掉的结果，这显然不利于我国文化软实力的建构。

在"他国化"的方式上，我提出要立足中国文化传统，从自身的文化规则着手，对外来文化进行"他国化"处理。那么中国固有的文化规则是什么，主要有以下两个方面：

其一是以"道"为核心的意义生成和话语言说方式。《老子》的"道可道，非常道，名可名，非常名"，就是意义的生成方式。"道生一，一生二，二生三，三生万物"，所以，"道"是万物的本源，也是意义的本源。而"道"是从虚无中产生意义的，"天下万物生于有，有生于无。"（《老子》第四十章）王弼解释说："天下之物，皆以有为生，有之所始，以无为本；将欲全有，必反于无也。"（《老子注》）因此，这种"无"并不是空空如也的"无"，而是一种以"无"为本的"无物之物"。意义的生成方式决定了话语言说方式，"道"的不可言说性也就是意义的不可言说性。意义不可言说但又必须用语言来表达,这就有了庄子所说的"言者所以在意,得意而忘言",也就有了《周易·系辞》所说的"圣人立象以尽意"。并由此逐渐形成了强调言外之意、象外之象的话语言说方式。这个话语方式,表现在"不著一字,尽得风流"的"不言言之"中,表现在"简言以达旨"的"简言言之"中,表现在"谁言一点红,解寄无边春"的"略言言之"中,也表现在优孟所言"请以人君礼葬之(马)"的"反言言之"中。更表现在"比兴""兴趣""妙悟""神韵""意境"等文论范畴中。可以说,强调意义的不可言说性,始终是中国文化的一个潜在的、深层的文化规则。

其二是儒家"依经立义"的意义建构方式和"解经"阐释话语模式。有学者指出,中国儒家学派前后绵延两千余年,"重要原因之一就在于它有一批贯通古今的基本典籍,就是孔子所整理编纂删定的'六经'"[①]。孔子自言:"述而不作,信而好古"(《论语·述而》),他在编纂经典的过程中,就对古代典籍进行了广泛的解说与阐释,"思无邪""兴观群怨""文质彬彬"等,均是在对《诗经》的解释中提出来的。之后历代学术,尽管条流纷糅、学派林立,但无论是汉代经学、魏晋玄学、宋代理学、明代心学,还是清代朴学,其最根本的意义生成方式都是依经立义,就是宗经。"依经立义"的意义建构形成了一套独特的话语言说方式,这就是对经书的阐释方法。其中包括传、注、正义、笺、疏等名目繁多的注解方式。以这套话语方式为根基又引申出进一步的话语言说方式。例如,"文约而指博"的"《春秋》笔法",以一字之差寓褒贬之意;"微言大义"的话语方式讲究"微而显""志而晦""婉而成章";"以意逆志"的解读方法强调"不以文害辞,不以辞害志。以意逆志,是为得之"(《孟子·万章上》);《毛诗序》提出"婉言谲谏""比兴互陈"的意义曲折表述方式;董仲舒倡言"诗无达诂,易无达占,《春秋》无达辞"(《春秋繁露·精华第五》)的阐释理论,等等。

在用中国话语规则改造外来文化方面,我们已有成功的先例。"佛教的

[①] 谢祥皓、刘宗贤:《中国儒学》,四川人民出版社1993年版,第53页。

中国化"就是典型。魏晋南北朝时期，佛教对中国文化的冲击不亚于近现代西方文化对中国文化的冲击。当时，中国的"佛教化"曾一度威胁中国文化的根本。顾敦先生指出："佛教传进中国，有把中国文化的人间性、理智性和伦理性观念等加以推翻的危险。……两晋南北朝的佛教化是根本虚弱，没有控制的佛教化；这时有文化解体的可能，一个非常危险的时期。"[①]在经历佛教"化中国"之后，唐朝开始了文化战略的调整，加快了佛教中国化的步伐，使中国文化度过了危险期，终于从"中国佛教化"走向"佛教中国化"的"转换"与"重建"之路。佛教中国化有多方面内容，最重要的是佛教话语规则逐步与中国文化规则相融汇，最终形成了中国化的佛教——禅宗。禅宗已经不是印度佛教，而是中国佛教！禅宗就是中、印异质文化杂交而产生的文化优势。"中国的佛教化"和"佛教的中国化"最根本的区别就是以什么东西为主来"中国化"。如果以佛教文化为主来"中国化"，就只能是佛教"化中国"。正确的道路是以中国文化为主来实现佛教的中国化。在现代，王国维的《人间词话》、钱锺书先生的《谈艺录》《管锥编》等更是以中国话语为主，进一步融汇中西的典范之作。中国文化的这些规则，在今天仍然活着，仍然具有生命与活力，是完全可以进行转换进而发扬光大的。

从某种意义上说，今天的中国正再次处在从"西化"到"化西"的转折点上。我们已经历了近百年的"西化"历程，中国文化已经到了几乎要被"西化"掉的衰弱局面。在这个关键时刻，我们更应该立足于中国话语规则，对外来文化进行"他国化"处理，只有这样，才可避免中国当今文化与文论的"失语"状态，才可以加强我国的软实力基础。

另外，在"拿来"的同时，我们也不能忘记了"送去"。在全球化语境之下，现代性话语代表了一种西方主导的话语权，西方学术建制下所构建

[①] 参见顾敦"佛教与中国文化"，张曼涛：《佛教与中国文化》，上海书店1987年版，第71—72页。

的文化概念及范畴理所当然地演变成为一种普世性的话语，西方的思想观念成为一种放之四海而皆准的规则，其结果是使中国文化陷入了失语的境地。在西方中心主义的偏见下，我们就如"俎上之鱼肉"任其误解和"妖魔化"，这样不仅会影响到我们的"国家形象"，更会影响到我国在国际社会上的正常交往。因此，让西方了解中国成为另一个迫切而艰巨的任务。我们在用"他国化"的方式"拿来"的同时，"送去"也成为一个重要的使命。那么，我们怎么"送去"呢？

首先，我们要实施语言推广战略。对语言的功能问题，多年来占主导地位的传统观点认为语言是一种透明的媒介，"它通过刻画和表征的方式在世界和人类之间起中介的作用"[1]。但是，"20世纪以来，哲学家、社会学家和语言学家等越来越不满足于只把语言视为人们认识世界、进行思维和交际的一种客观透明的工具，而是越来越强烈地意识到语言、权力和意识形态的共生关系以及语言对社会过程和个人生活的介入作用"[2]。批评语言学家费尔克劳也坚信，意识形态总是参与维持不平等的权力关系并往往通过语言获得表述，所以我们必须在语言中寻找权力得以维护的途径。可以说，在现代的语言概念阐释中，语言与权力之间的关系密不可分，拥有语言，也就拥有权力。

语言与权力相连，语言在文化传播和影响中具有举足轻重的地位，语言的推广自然应成为各国文化软实力发展战略的重要组成部分。目前，美国利用自己经济、军事和科技文化的优势，非但使英语成为目前在国际上独一无二的强势语言，更借助这种强势语言不断的宣传推广自己的世界观、价值观，在国际事务中形成了自成体系、自成逻辑的强势话语。以语言学和话语学的观点观之，任何语言和话语都会突出一些东西，遮蔽一些东西。无论是语言还是话语的一支独大，都意味着我们将只会用一种观点、一种视角去观察、认识、思考，都会妨碍我们真实全面地认识世界、判断是非、

---

[1] 辛斌："批评语篇分析的社会和认知取向"，《外语研究》2007年第6期。
[2] 同上。

接近真理。汉语的使用人数虽然最多，但在国际上却影响不大，甚至因此使我们在国际事务中受到不少挫折。所以，我国应制定具有中国民族文化特色的传媒文化战略和语言推广战略，以提升我国的国际形象和汉语的国际地位，让世界更多地了解我国的文化和价值观，建立突显其价值、观念的话语体系。

在全球化发展的今天，英语的强势扩张和世界语言种类的迅速减少是相伴的两种现象。可以说互联网所到之处，就是英语伸延之处。此外，英语又以一种"国际工作语言""学术语言"抑或"科技语言"的形象呈现于世，几乎是世界各国"外语"学习的首选语种。与此相对应的是，全世界已知的约6700种语言正以15天消亡一个的速度迅速减少。由于汉族人口在世界的绝对优势，汉语的生存目前还不足为忧。然而我们必须清醒地意识到，汉语在当今世界还不是一种强势语言，除了中国这个巨大的汉语母体外，汉语在海外基本上只存在于华人社会或华人社团中。在国际社会、外交场合、科学研究和官方语言中，以汉语为主的情况依然稀少。按照批评语言学派的观点，汉语的弱势地位势必影响到中国在国际社会上发言的权力和机会。

事实上，由于汉语的弱势地位，中国在国际舞台上的确受到很多限制。

改革开放以来，我国经济保持了强劲的持续增长，获得了"世界加工厂"的美誉。但随之而来的，却是贸易摩擦、贸易冲突的升级和扩大，是窃取知识产权和专利权的指责，是"中国威胁论"的不和谐音符。对于"国际社会"或现有的国际经济秩序而言，我们当然不能全然否定现有国际经济原则和秩序的合理性和合法性，然而这些秩序和原则是否是世界所有国家共同意志的表达，是否考虑到了各国的实际情况，是否对世界各国都公平正义，是否尽善尽美，以及后来加入者是出于全身心的拥护还是出于"两害相权取其轻"的考虑等，都是值得仔细玩味的。长期以来，以美国为首的西方发达国家一直居于世界舞台的中心，实际上成为了世界标准、原则、秩序的制定者。如果说这种标准、原则、秩序合理性的背后没有对自身利益和自我地位的维护，恐怕也是难以令人信服的。根据福柯的话语理论，话语本身就具有先天排异性，再辅之以美国先进的宣传工具和信息媒体，就足以掩盖、削弱其他弱小国家的声音。这就实际造成了当今世界强势语言操纵强势话语、弱势语言无话语的不平等现象。

中国作为一个负责任的大国，作为维护世界和平的重要力量，有义务让世界更多地了解自己的文化和价值观，有权力建立突显其价值、观念的话语体系。中国建立自己的话语当然不排除对自身利益的维护，但更重要的是让世界多存在一种不容忽视的声音，多一种独特的话语，进而为人类文明的发展多提供一种参考。近些年来，我们对"孔子学院"的大力扶植，就是为汉语争取世界性的话语地位做出的重要努力。

自中国政府提出"走出去"的文化战略以来，中国文学"走出国门"的问题也日益获得各方的重视。但让人大跌眼镜的是，中国文学的众多外译本，虽然尽可能地做到准确忠实，却在"走出国门"的时候遭受到了意料之外的冷遇。相反，那些并不准确忠实，甚至被增删改写、"创造性叛逆"的译本却在国外大受追捧。杨宪益夫妇和霍克斯的《红楼梦》英译本在各国迥然不同的接受情况就是典型的例子。随着全球化的日渐深入，中国文学"走出国门"成为大势所趋。然而，尽管凝结了译者的不懈努力和良苦用心，这些准确忠实的中国文学译本却仍在国外遭受冷遇。中国文学"走"了，但没能"出去"，即始终没能被外面的世界所接受。其实，要想让中国文学真正走出国门，关键并不在于译本是否准确忠实，而恰恰在于是否结合接受国的实际对译本进行"他国化"的处理。"他国化"作为文学交流的普遍规律，无疑成为中国文学"走出国门"的有效策略。

其次，要加强我国传媒文化建设。传媒文化亦即媒介文化，是"在文化大系统（社会文化总体）中，以媒介为影响人的主要方式而构成的社会亚文化系统"[1]。作为一种文化，当代传媒正在深刻地影响着我们的日常生

---

[1] 童兵：《理论新闻传播学导论》，中国人民大学出版社2000年版，第109页。

活。它在塑造意识形态、社会动员、推动消费和认同建构等方面扮演了举足轻重的角色。在现代化的今天，不能否认美国对世界经济、文化、科技等做出了巨大贡献，但由此也形成了美国对外意识形态中的"种族优越感"和"天赋使命感"，并由此促成了他们在对外交往中的"传教士外交"模式。他们始终坚信世界的发展要以他们的政治经济制度为范本，把自己的一套政治经济和文化价值观作为普世原则而加以推广。在此语境中，美国传媒对外报道的事实性显然值得怀疑。面对美国传媒的强烈攻势，中国传媒目前在世界范围内也是严重"失语"的，在重大国际事件报道中，我们的主流媒体几乎从未发出过属于自己的声音，几乎全是被美国媒体牵着鼻子走。因此，中国的国家形象在西方媒体（以美、英媒体为主）的一系列"妖魔化"报道中严重受损。

国务院新闻办曾对美国主流媒体《纽约时报》《华盛顿邮报》、美联社、CNN等对华的报道进行过统计，结果是：在一个季度里，按题目来说，负面的占50%，中性的占25%，有一点积极意义的占25%；如果按字数或按文章长短算，90%以上是负面的。西方媒体反复炒作中国的"热点"不外乎人权问题、西藏问题、台湾问题、宗教问题。2002年法新社涉藏报道220篇，路透社110篇，美联社180篇，连续攻击我西藏政策，歪曲西藏发展进步的事实。此外，美国及西方国家对华关注的热点中还有"中国威胁论""中国输出通缩论"等。这些都是对中国形象的歪曲。

中国的国际形象，不是由中国政府、也不是由中国媒体在塑造，基本上是由美国媒体来塑造。中国媒体，包括中国的外宣媒体，几乎没有任何塑造形象的能力。不但中国的国际形象是由美国一手塑造，同时，因为全球传播的结果，很多中国人对自己的国家越来越没有自信，对自己的传统、文化、价值和民族形象越来越怀疑。因为中国自己的媒体在国际国内丧失了塑造形象的能力，老百姓越来越相信国际媒体，国际媒体怎么讲，他们就怎么认为，也就是说，世界关注中国什么问题，如何关注中国的这个问题，不仅影响着世界的舆论，更影响着中国人自己。

面对以美国为首的西方国家媒体对中国的一系列歪曲,作为"文化软实力"中坚力量的中国文化传媒又当如何举措?中国的传媒现状又如何?知彼知己,方可百战不殆。我们应以中国的、东方的视角出发,从剖析美国传媒入手,从政治文化、社会制度、价值观念、国际传播制度、新闻发言人制度、塑造国家形象与本国媒介形象的策略等方面"解剖"美国传媒,分析美国传媒具备的独特优势、劣势、机遇与策略。然后亦用此方法分析、比照中国传媒之现状,为中国传媒在"全球化"进程中尽早在世界传媒话语圈发出自己的"声音"寻找合适的策略。

重要的是知道如何正确看待文学对外传播中的变异现象。文化和文学在对外传播过程中必然发生各种各样的变异,它本身无所谓好坏,其本质是本土文学和他者文学相混合或融合的产物。但变异现象又是非常复杂的,有的变异可以促进传播方和接受方两方面文学的发展,如中日文学交流史上的"俳谐东渡,汉俳西回"(即中国古代的俳谐影响了日本俳句,后者又催生了五四以后出现的汉俳)[1]就是双赢的文学变异。但有的变异则反而会构成阻碍,尤其是当双方文学所依托的民族文化有较大的实力反差时,这种情况更容易出现。这种情况又可分为两种:一是当接受方的文化软实力明显高于传播方时,接受方就比较倾向于拒斥传播方文学或将传播方文学强行纳入自身的文化解释体系,从而对传播方文学造成各种曲解,其实质是以本土文学覆盖或遮蔽了他者文学,这样的文学传播就难以促进传播方的文化软实力,也不利于接受方文学的发展。19世纪以来,中国文学在西方就往往陷入这种境况;另外一种是当传播方的文化软实力明显高于接受方时,接受方最初也可能排斥传播方文学,但经过一段时间接触后,一般会较快转变为全面接纳,从而对接受方的本土文学构成遮蔽或压制。古典时代中国文学在朝鲜、越南等地的传播以及近现代以来西方文学在中国的传播一定程度上都是如此。这种传播一方面能够比较迅速地提高

---

[1] 参见孟昭毅《东方文学交流史》,天津人民出版社2001年版,第127—146页。

接受方的文学水平，但另一方面，从长远的眼光看，又不利于接受方民族文学的发展。

因此，正确对待文化和文学传播中的变异，根本点就是要注重融合，不以本土文化解释体系随意曲解外来文化，这样才能有效吸收外来文化的精华；同时也不能只知引进外来文化，而将自身的文化根底弃之不顾。换句话说，就是我们应该对外来文化进行"他国化"处理，才能避免上文所说的因文化实力的差距而引起的两种负面效应。历史上，这种"他国化"成功的典范有很多，如在中国古代文化软实力最强盛的时期，中国对佛教的"他国化"处理，产生了具有变异性质的禅宗和禅宗文学，但禅宗和禅宗文学不是对佛教的曲解，而是对佛教的发展。又如，古典时代，当中国文化和文学在日本广泛传播时，虽然当时日本的文化软实力明显不如中国，但日本一直能够比较有意识地坚持探索本民族文化和文学的发展道路，将外来的中国文化有效地融入其中，从而较朝鲜和越南等国更鲜明地确立了自身的文化根基，这也是日本民族能够在近代最先崛起的重要原因之一。尤其在西方强势文化进袭的今天，这些先例对我们软实力的建构有极重要的借鉴意义。

"他国化"是文学交流的普遍规律，在文学交流中主要体现在四个方面：语言、文化、接受主体、学术规则。"他国化"作为应对"走出去"的文化战略而提出的有效策略，不仅能解决我们当下存在的中国文学如何"走出国门"，即在尽可能忠实于我们的文学文化基础上为国外读者所接受的重大现实问题。同时，它更是不同文明、不同文化碰撞交流的创新性途径。

（曹顺庆，四川大学文学与新闻学院院长、教授）

消除软实力"软肋" 传播"中国梦"愿景
——论国家文化传播力的提升策略

潘 源

【摘要】 丰富的文化资源若要转化为国家软实力,必须通过国际传播,在获得认知的前提下赢得世界各国、各民族的普遍认同,才能营造有利的国际舆论环境,增进国家利益。然而,我国文化传播力的相对薄弱,成为制约我国软实力有效提升的"软肋"。要消除这一软肋,就要充分利用各种媒介优势,制定传播策略,根据目标国与我国的文化渊源,针对不同地区的文化取向,调整文化交流的方式、内容和路径,最大限度地发挥文化传播的积极效果,全方位推广中华民族优秀文化,使我国文化软实力得到切实提升,从而建设社会主义文化强国,实现"中国梦"的美好愿景。

美国哈佛大学教授约瑟夫·奈在其著作《软力量:世界政坛成功之道》中提出"软实力"的简短定义,即"通过吸引而非强迫或收买的手段来达己所愿的能力。它源自一个国家的文化、政治观念和政策的吸引力"[1],意即依靠吸引力来达到目的的能力。其中,文化之所以成为衍生软实力的重

---

[1]〔美〕约瑟夫·奈:《软力量:世界政坛成功之道》,吴晓辉、钱程译,东方出版社2005年版,第7页。

要资源，是因为与政治观念和政策相比，它较少受到意识形态屏障的阻隔，当形态各异的文化所承载的主流价值观趋近而拥有某种同一性，或某文化形态为异国认同而具有一定亲和力时，便可拉近不同国家人民之间的情感距离与心理距离，从而由"人和"达到"政通"，在国际政治中发挥不同于经济和军事等"硬实力"的"软作用"，构成国家的"软实力"。

在我国，以习近平同志为总书记的党中央提出了"中国梦"的伟大思想，指出"实现中华民族伟大复兴的中国梦，就是要实现国家富强、民族振兴、人民幸福"。梦想是全人类共同拥有的美好愿景，国家之梦反映了一个国家的精神指向和文化诉求，承载着传统文化积淀与时代发展精神，既是文化软实力的有机组成部分，也需通过文化软实力的切实提升加以达成。因此，文化软实力建设也是实现国家梦想的重要根基和必要途径。

一、文化传播力薄弱制约我国文化软实力发展

当前，随着经济全球化的浪潮席卷各个国家和地区，各种文化之间交流频繁，并与政治、经济相互交融，其力量在各国综合国力中的地位和作用日益突出，实现国家梦想亦须文化力的强大支撑。然而，一个国家文化资源丰富，并不意味着自然拥有雄厚的文化软实力。若要将文化资源转化为国家的软实力，必须通过各种形式和手段，推动本国文化在国际上得到广泛认知，从而赢得世界各国、各民族的普遍认同，才有助于树立良好的国家形象，营造有利的国际舆论环境，获得话语权，增进国家利益，发挥文化的"软"力量。

1. 传播是增进文化软实力的必经之途

优秀文化必须经过有效传播，才能充分发挥其影响力和吸引力，转化为国家的"软实力"。自古以来，传播一直是文化勃兴与发展的内在动力之一。人类为交流而创造语言，为传播信息而发明文字，在此基础上逐渐形成思维模式，产生人类文明，因此，传播本身便是具有社会本质意义的生

命活动和文化行为。美国学者杰拉尔德·米勒将"传播"定义为"信源带有一定的意图将信息传送给接收者,意在对后者的行为施加影响"[①],而影响力与吸引力正是软实力的重要来源。文化只有通过有效传播,扩大受众面,才能最大限度地发挥其影响力,转化为软实力。狭隘的民粹主义和文化保守主义不利于民族文化的广泛传播,封闭的文化政策必然桎梏国家的文化传播能力,有效的国际传播乃是优秀民族文化转化为国家软实力的内在要求之一。所以,在全面扩大对外开放的基础上,拓展国家文化传播范围,增加民族文化在国际上的可见度,增强文化产品的国际竞争力,通过提升文化传播力来切实强化文化软实力,已成为国家文化发展战略的重中之重。

2. 我国文化的国际传播处于弱势地位

20世纪90年代以来,以西方为主导的经济全球化趋势迅猛发展,致使大批发展中国家被纳入整个国际经济秩序之中。在这个政治、经济、技术的整合过程中,西方文化和价值观伴随经济和技术的渗透,迅速进入广大发展中国家,引起"文化全球化"之虞,很多弱势国家的文化安全受到极大威胁。文化态势"西强东弱"并非因为西方文化本身更为优越,而是西方国家拥有经济实力和传播手段的绝对优势,导致信息和文化单向流动,形成以西方某些超级大国为中心的传播秩序,广大发展中国家只能被动接受信息。

就我国而言,据统计,中国电影海外票房在2008年虽取得佳绩,但仍不到同年美国电影海外票房的3%;2009年,我国图书、报纸、期刊进出口贸易额比例约为7:1;音像制品、电子出版物进出口贸易额比例约为100:1;而与西方的图书版权贸易进出口比约为10:1;2010年,我国核心文化产业进出口总额虽然高达143.9亿美元,但引进、输出比约为3:1,引进和派出的文艺演出每场收入比约为10:1,贸易逆差仍旧严重。在国际互联网上,英文网页占81%,中文信息内容却不到整个互联网信息总量的1%,

---

① Gerald R Miller, "On Defining Communication: Another Stab", *Journal of Communication*, Vol. 16, 1966, p. 92.

近 3000 个世界大型数据库中有 70% 设在美国。在全球的文化产值中，美国占 43%，我国只占 3.4%。可见，我国虽有丰厚的文化资源，但相对薄弱的文化传播能力影响了我国文化在国际上的可见度和竞争力。

3. 传播弱势导致我国国家形象屡遭歪曲

更为严重的是，这种传播弱势导致我国的国家形象在历史上屡遭歪曲。中华民族文化历经数千年，绵延不绝。但在世界舞台上，我国作为东方大国，一直是西方视野中的他者，虽然文化传统悠久，文化资源丰富，但由于历史原因，我国一度缺乏主动外宣和积极交流的意识，在国际舆论中曾处于失语状态，致使西方世界对我国了解甚少且偏见颇多，国家形象遭到任意改写和曲解。当前，随着我国经济、军事、科技等硬实力的大幅提高，一些国家对中国的快速发展又存有疑虑和误识，唯恐中国的发展会挑战现有的国际政治、经济秩序，散布"中国威胁论"。其实，这种状况一方面源自某些国家自身的霸权意识，他们凭借经济、科技甚至制度力量，以信息资源的占有、分配和交换的不平等，压制和排斥相对弱势的民族文化，从而扩大并巩固既得政治、经济利益，维持其在国际事务中的中心地位，霸占文化主导权。当中国迅速崛起时，冷战思维使这些国家视中国的强大为威胁，从而掀起多次反华浪潮，并在"文明冲突论"的固化思维中将中华文化视为异质文明加以排斥。另一方面，我国在政治、经济、军事等硬实力增强的同时，未能及时有效地加大文化的传播力度，让世界了解我国优秀的文化传统，认识我国在现代化进程中的现实活力与和平崛起的愿望，进而认同中华民族文化传统和现代文化发展实际，因此也未能使我国文化与硬实力的增强相辅相成，真正转化为强大的软实力，而是逆向消长。所以，文化传播力不足，不啻为一大"软肋"，制约着我国软实力的有效提升。

二、构建强有力传播体系将中华文化推向世界

倘要消除发展文化软实力的"软肋"，就要全面提高我国文化在国际

上的传播能力，消除偏见、打破隔膜、增进共识，从而有效增强国家文化软实力，建构文化大国与强国形象。有鉴于此，我们应进一步加大文化传播的广度和深度，调整文化传播的方式和策略，让世界了解我国以"和谐、仁爱、自然"为核心的价值体系，并以之为基本立足点，与其他文化相接合，从而消除文化之间的隔阂，求同存异，进而为我国创造民主、宽容、公正的舆论环境，谋求各民族、各国家、各文化间的相互尊重、相互理解，促成全球社会的和谐共处与稳定发展。

1. 通过人际传播展开文化外交

在国际传播中，基于面对面交流的"人际传播"方式可以及时有效地交换知识、意见、情感、愿望、观念等信息，从而构建人与人之间、不同文化之间的互相认知、互相吸引、互相作用的社会关系网络。所以，我们应充分利用人际传播途径，积极参与国际文化交流，通过在全球建立孔子学院、在国外高等院校开设汉语课程等形式，推广汉语教育，传播中华文化；通过在驻外使、领馆设立中国文化处、文化中心，举办中国"文化年""文化节"和各种国际文化学术论坛，组织艺术展览、文艺表演、民俗展示等活动，并利用大量灵活的民间文化交流形式充分展现中华文化的风貌，使文化外交成为经济、政治之后的第三大外交形式。

2. 利用大众传媒推广中华文化

"大众传播"可以有效利用报纸、杂志、图书、广播、电影、电视和互联网等媒介，通过覆盖广泛的强有力传播体系，多维立体地将优秀的民族文化推向国际。

"非艺术传播"领域的新闻媒体承载讯息性文本，通过报纸、杂志、广播、电视等传统媒介的新闻栏目以"实录"性文本形态将民族文化信息直接向世界发布。特别是20世纪后期，伴随数字技术和通信技术的飞速发展，出现了以计算机和互联网为基本形式的新媒体。新媒体整合各种传统媒体，使以前各自分离的传播形式得以整合或重叠，从而对文字、影像、声音乃至传播者与接受者都进行了重新构型，形成一种新型传受方式。新媒体强大的融合力不但使各种传统媒介在新的整合下充分发挥其传播潜能，大大拓展人们的感受能力和接触范围，还可突破以往各种媒介的限制，变革人类对意义的获取和领受方式。与传统媒介相比，互联网的"把关人"较少，从而具有较高的"可进入性"，电子网络用户可以随时访问世界各地的新闻，获取即时信息，造成"此在"的现场感和参与感，还可进行与人际传播相仿的互动性交流，缩短了全世界人民之间的距离。通过这些跨界域传播媒介，我国新闻媒体可以及时有效地报道与传播我国当代的政治、经济、文化成就，对重大新闻事件及时准确地做出报道与评断，传达国家和民众意志，阐释大政方针，在世界舆论中争取主动权和话语权，展示我国真实的国家形象和民族形象，捍卫与拓展国家权益。

广播、电影、电视等大众传播媒介更可承载"艺术传播"功能，凭借多姿多彩的"环球性"声、画语言，通过艺术想象，借助叙事手段，创造触及人性、震撼心灵的艺术效果。约瑟夫·奈便曾提到，一位前法国外长认为，美国之所以强大，是因为它通过电影和电视塑造了掌控全球的形象，激发别人的梦想和渴望。可见，将民族文化融入充满韵味的影视艺术作品推向世界，可在世界受众的知觉和心理上产生意味绵长的传播效果。因此，民族影视作品在参与国际竞争时，往往肩负着实现文化软实力的重任。在我国，真实塑造本民族形象，体现本民族真实的生态、精神与气质，以独特的艺术魅力和真挚情感打动世界观众，已经成为民族影视作品在对外交流中实现软实力建设的重要职责。我国优秀的文化艺术作品应在国际交流中卓有成效地履行文化外交职能，通过文化娱乐方式，将主流价值创造性地体现出来，让世界观众在审美愉悦和情绪感染中领略当代中国的崭新形象与精神风貌，接受中华民族的核心价值观念，实现其塑造与宣扬文化大国形象、增强文化软实力的目的。

3. 经由商业渠道输出文化价值

在国际市场上，我们应积极开掘我国优秀文化产品的商业输出潜力，扩大对外文化贸易，借助从文化创意到产品营销的产业链条，使承载我国核心价值观念、体现我国文化精髓的产品以"商业传播"的方式，通过国际销售渠道走向世界。提高我国优秀文化艺术作品在国际市场上的竞争力，促进我国文化外贸的持续、稳定发展，这些既是推进我国文化"走出去"战略的重要步骤，也可有效展示我国文化艺术方面的突出成就，传播与弘扬中华文化，并使文化产业日益成为新的经济增长点，将文化的精神价值转化为经济价值，推动文化软实力和经济硬实力同步提升，实现两者的相互支撑、促进、转换与融合，共同增强我国的综合国力。这不仅是我国国务院在《文化产业振兴规划》中特别提到要扶持文化对外贸易，从而将发展文化产业上升为国家战略的原因，更是中共中央强调"要精心打造中华民族文化品牌，提高我国文化产业国际竞争力，推动中华文化走向世界"[①]的题中要旨。

三、制定有效的传播策略切实提升我国文化软实力

在充分利用各种媒介优势全方位推广优秀民族文化的同时，我国还需制定有效的传播策略，根据目标国与我国的文化渊源，针对不同地区的文化取向，适当调整文化交流的方式、内容和路径，最大限度地发挥文化传播的积极效果，传递正能量。

1. 以和合能谐理念化解文明冲突

东、西方文化差异较大，沟通易生障碍，其极端表现便是哈佛大学教授塞缪尔·亨廷顿提出的"文明冲突论"。他声称，区域政治是种族的政治，全球政治是文明的政治，最普遍、重要和危险的冲突是不同文化实体的人民之间的冲突。"文明间的断层线正在成为全球政治冲突的中心

[①]《中共中央关于深化文化体制改革推动社会主义文化大发展大繁荣若干重大问题的决定》，2011年10月18日中国共产党第十七届中央委员会第六次全体会议通过。

界线"[1];"文明的冲突是对世界和平的最大威胁"[2],而"冲突源于文化差异"[3]。其实,尽管文化的差异、意识形态的不同在过去、现在都曾引发过冲突,但纵观人类发展史,冲突的主要根源往往是领土争端、资源争夺、经贸摩擦和利益盈亏。相反,文化的交流、融合才是历史发展的必然趋势,并推动了人类的发展与进步,冲突可在文化交流中缓解,矛盾将在相互认同中消弭。正如德国前总理施密特质疑亨廷顿"文明冲突论"时所说:"在我看来,认为全球冲突不可避免的思想是极其危险的。"他认为,"在全球化时代,迫切需要树立一种对其他文明和宗教的有关学说持尊重和宽容态度的普遍意愿。这种宽容不是漠不关心式的宽容,而是出于尊重和重视世界上所存在的、在历史上出现的其他基本信念而产生的宽容。"[4]

亨廷顿列出的几大文明之一的"儒家文明",实际上专指中华文明及其传统文化。而中国传统文化的精髓是"和合"而非"冲突"。中华文明自周代就强调"天下和平""和合故能谐",认为在天地万物中,和谐、协调是最高原则。这种"和合"故能"谐"的文明精神恰恰可以跨越传播屏障,化解矛盾,消解冲突,促进国家之间的友谊与协作。

2. 以和而不同原则寻求文化共识

要让世界了解中华文明以"和合"为精髓的文化传统,我们就应改变被动局面,积极宣传,主动交流,加大文化传播力度。

针对西方文化强势国家,我们在选择文化输出产品时,要遵循和而不同、求同存异的原则,一方面着重开掘本民族文化中既有普适意义、又能

---

[1] 〔美〕塞缪尔·亨廷顿:《文明的冲突与世界秩序的重建》,周琪等译,上海三联书店2002年版,第129页。

[2] 同上书,第372页。

[3] 同上书,第252页。

[4] 上引见〔德〕赫尔穆特·施密特《全球化与道德重建》,柴方国译,社会科学文献出版社2001年版,第68—69页。

体现我国主流价值观的本质因素，并加以表现和张扬，寻求差异性下的文化共识，通过弘扬人类共同敬守的基本价值和他者易于接受的共通文化形式，来与世界其他文化相沟通、衔接，使我国的文化诉求得到广泛理解和尊重；另一方面，我们要确保输出作品的文化经典性、时代性与创新性，使之在符合普适价值的基础上体现出鲜明的民族性和现实性，突出民族文化特质和时代精神，让西方受众了解我国人民真实的生活状态、审美趣味和思想情感，感受中华民族特有的民族精神、民族气节和民族忧患意识，向世界展示一个积极健康的国家形象，使我国的文化和价值体系深入人心，进而体现出我国的制度优势与文化特质，有效增进文化软实力。

3. 以同质同源文化促进区域繁荣

在争取与西方强国平等交流的同时，我国还要以诚恳的姿态加强同第三世界国家的文化交流，特别是和同我国历史和文化渊源久远的周边国家的交流。汉文化对这些国家的影响不仅广及政治制度、生活方式，而且延伸至道德规范、思维方式等诸多层面，某些国家的社会制度甚至与我国同质同构，很多机构设置亦仿效我国。这种文化上的亲近性可以增进我国同周边国家的友谊，有利于在国际事务上达成共识，从而携手共同维护区域利益。此外，某些邻国正处于社会转型期，由于文化发展水平的拘囿，无法满足本国人民对文化产品的强烈需求，而我国文化与这些国家同宗同源，大量经典传统文化作品和现代流行文化产品颇受其关注与青睐，产生了较为深入和广泛的影响力，从而成为我国文化软实力的现实成就。

然而，出于地缘政治，某些邻国对我国存有戒心，产生抵触情绪，不利于我国文化软实力的发挥。在与这些国家的文化交往中，我国应展现大国的胸襟和自信，以充满诚意的方式开展双边或多边文化交流与贸易往来，更多依靠民间组织和市场渠道输出文化产品，通过商业运作推动双边文化贸易同步增长，友好互惠，共同发展。在此，输出文化产品时应尽量选择富有伦理色彩的文化艺术作品，彰显"仁爱孝悌""笃实宽厚""谦和好礼"等中华传统美德，同时努力展示我国当代的国家形象，体现中华民族的时代精神,避免带有不良影响的文化产品在国际市场上流通,尤其在内容层面戒除崇尚强权、热衷暴力等倾向,注重"察和之道",推广"燮和天下"理念,以消除偏见,增进共识,巩固和深化我国的文化软实力。

4. 以共同梦想谋求人类美好未来

最为重要的是,在对外文化传播与交流过程中,我们特别要强调"中国梦"的核心内涵,使世界人民了解到"中国梦"是强国富民之梦、和平发展之梦,认识到中国的发展宏图与世界理想相一致。

无论是公民的个人出境旅游,还是国家承办的国际性赛事,抑或是国家领导人的外事出访,都能够成为传播我国美好愿景和文化理念的国际平台。举世瞩目的2008年北京奥运会以"同一个世界,同一个梦想"为其主题口号,将中国的梦想与世界的发展联系在一起,表达了追求人类美好未来的共同愿望。在外事出访时,我国新一届国家领导人借助国际平台,充分阐释"中国梦"的内涵,指出其中凝聚着世界、国家、民族和个体的期待,包容着多元价值诉求,强调我国同国际社会互利共赢的愿望。1931年,当美国作家及历史学家詹姆斯·特拉斯洛·亚当斯在《美国的史诗》一书中提出"美国梦"命题时,他强调的是通过个人奋斗获得财富与幸福,这个以个人主义为核心的"美国梦"经由"好莱坞"梦工厂传遍世界,吸引人们前往美国淘金、创业,体现的是对个人利益与名望的追求。而"中国梦"是一个集体梦想和民族追求,凝聚着国家与社会的合力,旨在通过实现中华民族的伟大复兴来保障社会进步、人民幸福。所以,"中国梦"是一个国家的承诺,与世界各国、各民族的美好梦想相关联、相沟通,都是通向人类美好未来的宏伟蓝图与巨大动力。通过国际公共平台,我们向世界传播中国的美好愿景,宣示中华民族实现"中国梦"的意志与决心,表明中国和谐发展的政治取向和文化理念。因此,"中国梦"不但是我国文化软实力建设的重要目标,也是其核心与亮点,同时构成联通中华民族文化与世界各国文化、维系中国人民与世界各国人民友好关系的强力纽带与现实桥梁。

消除软实力"软肋" 传播"中国梦"愿景——论国家文化传播力的提升策略

为了将优秀的文化资源和治国理念转化为国家软实力,弘扬与实现"中国梦",我们必须面向世界、面向未来,以更加开放、积极和创新的姿态开展对外文化传播活动,在国家层面全方位实施与深化文化传播策略,全面提升中华文化传播力,从而让世界人民更加了解中国,走近中国,认识到中国注重的是"宣文教以张其化",而非"立武备以秉其威",感受到中国不称霸、不扩张、坚持走和平发展道路的决心,确认中国的发展宏图与世界理想相一致,中国是维护世界和平、促进共同进步的重要力量,从而消除"中国威胁论"的不良影响,去除我国软实力建设中的"软肋",推动不同文明之间的友好相处、平等对话,营造既有共同价值追求,又能充分张扬个性的和谐氛围。唯有如此,才能使我国的文化软实力得到切实提升,最终建设成为社会主义文化强国,实现"中国梦"的美好愿景。

(潘　源,中国艺术研究院研究室副主任、副研究员)

主流文化存在的三种样态及我们的战略选择

江 畅

【摘要】 主流文化与非主流文化话语中的文化,不是广泛意义上的文化,而是就社会文化体系而言的,是指系统的价值观现实化意义上的文化。就与非主流文化的关系而言,主流文化有三种存在样态,即一统天下、唯我独尊和兼收并蓄。中华人民共和国成立后的主流文化建设虽然走过一些弯路,但改革开放以来,已经具备了构建可以解决目前多元文化对峙、冲突局面的最先进的"兼收并蓄"文化的现实条件,并正在实践上作出努力。我们需要据此对我们主流文化建设的战略进行调整,更加自觉地构建具有中国特色的最先进的主流文化。

无论从人类社会历史来看,还是从当代世界来看,在一定的以国家或民族为基本形式的社会,除非处于战乱或动荡时期,一般都同时存在着主流文化与非主流文化。但是,主流文化与非主流文化之间的关系有不同的状况或样态,也可以说主流文化有不同的存在样态。在文化日益多元化的当代世界,任何一个社会都面临着如何处理主流文化与非主流文化之间关系的问题。一个社会文化的取向不同,其主流文化存在的样态也就不同,这种不同事关社会文化乃至整个社会的稳定和谐、繁荣发展，因而不能不引起社会管理者的高度注意。我国现阶段正致力于构建社会主义文化强国，以实现社会主义文化的大繁荣大发展。为了实现这一目的，我们有必要反思我国主流文化应当是一种什么样的文化，它与非主流文化应当是一种什么样的关系，从而为我国文化建设发展作出正确的战略选择。

一、主流文化与非主流文化的概念及关系辨析

近年来，在文化日益多元化的背景下，人们越来越多地谈论主流文化和非主流文化。但究竟什么是主流文化，以及相应地什么是非主流文化，似乎并没有达成一个共识。当前在我国同时存在着社会主义文化、西方文化、传统文化的新文化格局下，人们常常把社会主义文化看作是主流文化，而把西方文化、传统文化看作是非主流文化。事实上，西方文化、传统文化、社会主义文化，都是不确定的概念。西方文化至少包括古代西方文化、中世纪西方文化、近现代西方文化；中国传统文化包括正统的、非正统的文化；就社会主义而言，也有传统意义上的、现代意义上的，一般意义上的、中国特色意义上的几种。那么，我们应该在什么意义上理解主流文化和非主流文化呢？

要回答这个问题，需要明确这里所说的"文化"的含义。正如亨廷顿所指出的："'文化'一词，在不同的学科中和不同的背景之下，自然有着多重的含义。"[①] 大致上说，文化可以是严格意义上的文化，这种意义的文化指的是社会文化体系意义上的"文化"；文化也可以是宽泛意义上的"文化"，这种意义的文化不仅指严格意义上的文化，而且指风俗习惯、日常生活方式等。前者如"近现代资本主义文化""中国特色社会主义文化""基

[①]〔美〕亨廷顿："文化的作用"，〔美〕亨廷顿、哈里森主编：《文化的重要作用——价值观如何影响人类进步》，陈克雄译，新华出版社2010年第3版，第8页。

督教文化""佛教文化"等,这类文化的共同特点是一定系统价值观的对象化或现实化;后者则还包括并非系统价值观的现实化,如"岭南文化""服饰文化""饮食文化"等。由此可见,前一类文化有两个要件:一是系统的价值观,二是这种价值观的对象化或现实化。在人类历史上,有许多思想家提出了系统的社会价值观,但它们并没有被现实化,这种价值观虽然也属于思想文化的范畴,但并不是我们这里所说的文化。只有当一种价值观变成了社会现实,成为了社会的价值体系,它才是严格意义上的文化(以下我们都是在这种严格意义上谈论文化)。

如果我们将现实化看作是既定的,那么显然,不同的文化之间的区别就在于价值观。价值观是文化的核心、灵魂,价值观不同,文化也就不同。我们说"社会主义文化"与"资本主义文化"不同,就其实质而言,就在于它们所体现的价值观不同。系统的价值观是一种复杂的结构体系,它包括三个基本层次:终极价值目标、核心价值理念和基本价值原则[1]。按照这种理解,同一类文化的不同具体文化之间也会因为价值观的不尽相同而有所区别,尽管这种区别不一定是实质性的。例如,同属于资本主义文化范畴的近代资本主义文化、现代资本主义文化或美国资本主义文化、德国资本主义文化等不同资本主义国家的文化,也因为所体现的价值观不同而有所不同。

基于以上对文化范畴的辨析,不难看出,我们所说的"主流文化""非主流文化"不是宽泛意义上的文化,而是严格意义上的文化。无论主流价值还是非主流文化,都是指一定的系统价值观的现实化。一般来说,主流文化是在社会生活中占据主导地位的、普遍流行的或者为公众普遍接受的文化,而非主流文化则是在社会中不占主导地位、部分流行或为部分公众接受的文化。例如,在美国社会,主流文化是美国资本主义文化,而天主教文化则是非主流文化。但是,从实质上看,两者之间的区别是价值观的

---

[1] 参见江畅"论中国特色社会主义核心价值理念",《社会科学战线》2012年第10期。

区别，而不是某种风俗习惯、日常生活方式的区别。因此，主流文化是其价值观占据主导地位并普遍流行的文化，而非主流文化则是其价值观不占主导地位并只为部分公众所接受的文化。正确认识这一区别是极其重要的。在现实生活中，不少人将一些与我国的传统的或本土的生活方式（如语言、服饰、饮食等）有关的东西看作是非主流的文化，这种看法不仅是表面的、肤浅的，而且是危险的、有害的。我们必须意识到，正因为主流文化与非主流文化的区别是不同价值观的区别，所以两者之间的关系一旦颠倒，就会导致整个社会制度乃至社会性质发生根本变化。

关于主流文化与非主流文化的关系，有几点值得注意：

第一，主流文化与非主流文化总是就一定的社会范围而言的，在一定社会范围内的文化与其外的文化不构成主流与非主流的关系。比如，美国国内的文化与中国国内的文化不能构成主流与非主流的关系。不过，当美国的资本主义文化渗透到了中国而与中国的社会主义文化并存，它们就可以成为主流与非主流的关系。

第二，一个社会内部只有存在着不同的文化，才有可能有主流文化与非主流文化的情形出现。如果一个社会范围内只存在一种文化，而不存在任何其他的文化，这个社会就不会发生主流文化与非主流文化并存的情形。但是，一个社会存在着多种文化并非意味着会出现主流文化与非主流文化并存的局面。这里有两种不同的情形：一是在动荡不安、分裂割据的社会，即使有多种文化，但并没有一种成为主流文化；二是在一个相对稳定的社会，虽然统治者强制推行一种文化，但这种文化并没有现实化，没有为社会公众所普遍接受，相反各种其他文化广泛流行。因此，多元文化格局是主流文化与非主流文化并存的必要条件，而非充分条件。

第三，主流文化并不等于统治者推行的文化。统治者推行的文化可能没有成为主流文化，反之亦然。在历史上和现实中都存在着这样的情形：统治者力图使自己倡导的价值观为社会公众普遍接受，但结果并非如此，充其量只为统治者内部成员所接受，甚至还存在统治者内部成员也不普遍接受的情形。例如，在西方中世纪后期，天主教会极力推行的价值观连教职人员都阳奉阴违。这里的问题在于，统治者推行的文化和价值观是否体现了社会公众的普遍利益，是否顺应了人类历史发展的总趋势。如果体现了、顺应了，统治者的强力就有助于价值观的迅速现实化，否则会适得其反。

第四，主流文化与非主流文化之间的区别可能是实质性的，也可能是非实质性的。前面已经提及，本质上相同的一类文化之间也存在着区别。这种区别有两个方面：一是新旧的区别。例如，西方资本主义文化存在着近代与现代的区别，近代推行自由放任主义，而现代则推行国家干预主义。由于多方面的原因（如文化的相对独立性、不同的价值观体现不同的利益等），在国家干预主义占主导地位的西方，自由放任主义为不少思想家所力主，并且在相当范围内还流行。二是不同类型的区别。例如，美国市场经济是个人化的，而德国市场经济则更倾向于社会化。但我们不能排除在美国存在着市场经济社会化的情形。对这一点有清醒的认识也非常重要。这种复杂的情况告诉我们，在处理主流文化与非主流文化的关系时，不仅要注意处理异质的非主流文化，也要注意同质但与主流文化有重要区别的非主流文化的存在，并处理好两者之间的关系。

二、主流文化的三种样态

从历史和现实看，主流文化与非主流文化的关系存在着三种样态：其一，主流文化一统天下，非主流文化完全被压制，以致被湮灭，社会看起来只存在着清一色的文化；其二，主流文化唯我独尊，非主流文化被否定、被排斥、被边缘化，社会存在着主流文化与非主流文化的对立、争斗；其三，主流文化兼收并蓄，主流文化吸收现实和可能存在的非主流文化中的合理成分，使自己真正强大，非主流虽然存在，但不能与主流文化相抗衡，其存在有助于社会的稳定和繁荣。我们可以具体分析一下这三种样态各自产生的原因、利弊得失及其社会后果。

人类进入文明社会的过程，以及在文明社会发展的相当长的一段历史时期内，都是从分散的小群体逐渐走向大的共同体，其间又发生过无数的"分久必合、合久必分"的情形。如此，进入文明社会后建立的不同社会几乎都是由不同的小社会组成的。这些小社会有着自己的社会价值观（尽管可能是不自觉的），有着自己特殊的文化。由它们组成的新的社会因而在客观上存在着不同的文化，存在着不尽相同的社会价值观。历史上新社会的建立基本都是通过武力途径实现的，取得战争胜利的统治者为了维护自己的统治并实现自己的利益，必然会将自己的价值观强加给全社会，构建体现其价值观的文化。他们在这样做的过程中，常常通过极端的手段（如秦始皇实行的"焚书坑儒"政策、中世纪天主教会的"火刑"）压制以至于剿灭一切与其不一致的文化及其价值观。当然，有时候统治者还会采取教化的政策，使被统治者心甘情愿地放弃自己的价值观和文化。其结果就是，社会形成了一种文化一统天下的局面。一统天下的文化严格说来并不是一种主流文化，但是从历史上看，真正实现文化完全一统的社会很少见，一个社会即使出现这种情形也是非常短暂的。从这种意义上看，文化一统的情形只是相对的，因而也可以看作是一种主流文化存在的样态。

历史事实表明，一种文化一统天下是一种弊多利少甚至是百害而无一利的主流文化样态。首先，社会为了压制非主流文化、实现文化一统要付出巨大的社会成本或代价。一种文化一旦形成，就具有相对独立性和生命力，要使之完全泯灭，则要耗费大量的人力、物力和精力。其次，社会在压制非主流文化的同时，也压制了信奉其价值观的人对社会的认同，以及建设社会的积极性和热情，甚至导致严重的对立情绪和斗争。这对于社会的稳定和发展是有害的。再次，对非主流文化的过度压制必然导致社会文化缺乏活力以致衰败。历史上实行文化专制主义的社会，其结果都逃不出文化从单一走向枯萎的命运。更糟糕的是，尽管社会花费了巨大的成本，但非主流文化并不会因此而销声匿迹，相反会程度不同地存在，一有机会就会与主流文化相争斗、相抗衡，并力图取代主流文化。

不言而喻，传统社会采取这种形式常常是难以避免的。这是因为，传统社会的统治者都是通过暴力手段建立自己的统治的，而且这种统治的终极目的是实现统治者的利益。为此，他们必须压制反映被统治者利益的价值观和文化，使之无法在自己的统治下生存下去。

由于非主流文化不可能被完全剿灭，因而统治者可能不得以地让其存在下去，当然也有些开明的统治者从自身的长远利益考虑采取一些宽容的或怀柔的政策，允许其存在。但是，前提是对非主流文化进行种种限制、排挤，乃至干涉，严格限定其生存空间，不允许其发展，同时采取各种措施论证、宣扬主流价值观的合理性，扩大其影响，不断加强主流文化建设，以确保和不断增强主流文化的至尊地位。在这种情况下，社会虽然可能存在一些非主流文化及其价值观，但影响很小，有些只局限在极少数人的范围内，几乎不可能发展，而且社会对这些人另眼相待，甚至视为洪水猛兽。欧洲中世纪早期的修道院所保存的一些希腊罗马文化，就是如此情形。于是，社会就出现了主流文化唯我独尊的局面。这种局面是一种主流文化与非主流文化并存而敌对的局面，在通常的情况下，两者之间尚未达到对峙的程度。

与一统天下的情形相较，唯我独尊的情形是一种进步。至少，那些非主流文化尚有一息生命，能够苟延残喘。更重要的是，由于有这些非主流文化的存在，主流文化始终面临着不同的敌对势力，因而会保存一些活力，在一定程度上会注意从非主流文化中吸取一些内容以改进完善自身。但是，唯我独尊的主流文化样态仍然是弊大于利的，只是其问题相对于文化一统天下的情形要轻一些而已。导致这种主流文化形态存在的原因较为复杂。一种原因可能还是为了维护统治者的利益，防止由于非主流文化的流行而动摇政权的基础，损害统治者的利益。另一种原因可能是统治者对所推行的文化不自信，感到非主流文化的流行势必冲击主流文化。这种不自信很大程度上源于这种主流文化本身存在着问题，如果不强力推行主流文化，同时严格限制非主流文化，任由其自由生长发展，主流文化在与非主流文化的竞争中便会败下阵来。当然，也有这样一种原因：主流文化本身是合理的，也有良好的社会基础,只是统治者没有认识到这一点,缺乏自信和气度,而不敢让其与非主流文化凭实力竞争。一般来说,在一个社会新建立的时候,统治者所推行的价值观及其文化势单力弱,对非主流文化采取措施是可以理解的,也是必要的。但是,如果一直如此,就说明这种推行的文化要么没有反映社会大多数成员的利益,要么其价值观本身缺乏合理性,不能为社会公众普遍接受。相比较而言,非主流文化可能更能反映大多数社会成员的利益,或者更具有合理性,因而更具有吸引力。在这种情况下,统治者不得不始终对非主流文化保持高压态势,使其不能与主流文化相抗衡。

与前两种主流文化样态不同的主流文化兼收并蓄的样态,从根本上改变了对非主流文化的态度。这种主流文化首先代表了大多数社会成员甚至全体社会成员的利益,反映了社会成员的普遍愿望;其次,这种文化的价值观从根本上说是合理的,在理论上得到了合法性论证,并进行了精心的顶层设计;最后,这种文化是开放的,能不断地从非主流文化中吸收合理的成分,使自己的实力不断壮大,以至于非主流文化不足以与之相抗衡。显然,这种主流文化存在有三个条件:

其一,从根本上说,这种文化的基础是大多数社会成员的利益,而不是少数人的利益,甚至是所有成员的根本利益。一种文化只有代表社会成员的根本利益,成为了主流文化,才能有牢固的根基;一种文化只有代表大多数社会成员的利益,才能得到大多数社会成员的拥护和信奉。如此,一切其他的代表一部分人利益或代表全体社会成员非根本利益的文化,就不可能与之抗衡。这个条件是最重要的。历史上的那些主流文化之所以不能成为真正的主流,其根本原因就在于此。

其二,这种文化有科学的、合理的、可行的价值观。基于公众普遍利益的价值观必须是得到了理论论证和阐释的,它本身不仅应是科学合理的,而且应是可行的。这一点在现代社会是非常重要的。如果社会的管理者确实是社会成员的代表,但并不能正确地反映其社会成员的心声,他们所致力推行的价值观还是不能为广大社会成员所接受。在当代,反映社会成员愿望的价值观需要思想家来提供,如果思想家提供的价值观不正确,或者社会的管理者根本不让思想家提供,或思想家提供了也不采用,仍然我行我素,那么其价值观及文化即使强力推行也仍然难以成为主流。这里的问题,一方面是要有科学、合理、可行的价值观,另一方面是采用了这种价值观后要自信。

其三,这种文化对非主流文化是宽容的、开放的,不仅允许其存在和发展,而且不断从其中吸取营养。托克维尔在描述美国文明时就阐述了这种可能性。他说:"这种文明是两种完全不同的成分结合的产物,而这两种成分在别处总是互相排斥的,但在美国却几乎彼此融合起来,而且结合得非常之好。我们说的这两种成分,是指宗教精神和自由精神。"[①] 不言而喻,这两种精神是两种不同文化的精神。在利益多元格局的社会,不可避免地会存在着多元的价值观,任何一种价值观都不可能毫无遗漏地代表每一位社会成员的利益和愿望。在这种情况下,允许不同的价值观及其文化存在,能够更好地反映社会成员的普遍利益。另一方面,那些代表部分人利益的文化的存在和发展,不仅使社会的文化更丰富多彩,更繁荣昌盛,而且能够使为代表大多数利益或所有成员根本利益的主流文化从其中吸取营养,使自己更强有力,也可以使自己始终保持竞争态势,从而充满生机和活力。要使主流文化对非主流文化宽容、开放,也需要社会管理者的自信和气度。缺乏这种自信和气度,主流价值文化也难以成为兼容并蓄的文化。

三、兼收并蓄:我国主流文化建设应有的战略选择

中华人民共和国成立至今,不过六十多年的历史,近几年中共中央提出要建设文化强国,深刻地表明了我国的文化尚处在建设之中。文化强国

---

① 〔法〕托克维尔:《论美国的民主》上卷,董果良译,商务印书馆1988年版,第47—48页。

的文化无疑首要是主流文化,加强文化强国建设,当然首要是加强主流文化建设。那么,我们就面临着究竟要建设什么样的主流文化的问题。虽然我们进行文化建设已有几十年,但这个问题并没有完全解决,而且走了一些弯路。在经过了三十多年的改革开放的今天,特别是在中共中央提出了社会主义文化大繁荣大发展的当前,我们很有必要对我国过去走过的文化建设之路进行反思,对我国文化特别是主流文化发展的路向重新作出选择或进行必要调整。

中华人民共和国成立之后,我国建立了社会主义制度,人民成为社会的主人,社会致力于建设代表广大人民群众根本利益的社会主义文化,并取得了巨大的成就。社会主义文化无疑是当代人类最先进的文化。但是在改革开放以前的建设过程中,我们一直认为建设社会主义文化就是要使社会主义文化不仅成为社会主流文化,而且要使其成为我国社会的唯一文化。在这种指导思想下,我国运用政治的力量在全力推行社会主义文化的同时力图消灭一切非社会主义文化,特别是传统文化和资本主义文化。经过近三十年的努力,在封闭的社会条件下,我们达到了目的,形成了文化一统的局面。但是,由于这种文化是一种全新的文化,本身并不成熟,而且由于其他文化都被否定而不能从其中吸收有价值的内容,因而我国所致力于建设的文化内容越来越贫乏,严重地影响了我国经济社会的发展和人民群众利益的实现。为此,我国实行了改革开放。伴随着改革开放的深入,过去文化一统的局面被逐渐改变,无论我们的主观意愿如何,社会主义文化以外的各种文化竞相登场。在这种新的形势下,我们认可了文化多元的社会现实,并且对主流文化之外的文化采取了容忍的态度。同时,我们也不断地丰富和发展社会主义文化,于是有了中国特色社会主义的理论与实践。客观地说,改革开放以来,我国的主流文化已经吸收了许多非主流文化的内容,正因为如此,我国的主流文化也日益强大。但不可忽视的是,我们一直以来对一切非主流文化仍然持一种排斥、打压的态度,不能正确处理主流文化与非主流文化的关系。从某种意义上说,我们对非主流文化的宽容态度并非出于自愿,而是因为我们要实行改革开放,而这是当代中国经济社会发展的唯一选择。由于对主流文化与非主流文化的关系在认识和处理上还存在着一些问题,所以当前我国主流文化与非主流文化在某种程度上处于对峙甚至冲突的状态。

那么,我国应当如何走出这种主流文化与非主流文化对峙、冲突的局面呢?笔者认为,我国需要调整对待非主流文化的战略,使我国的主流文化从"唯我独尊"的样态走向"兼收并蓄"。这就是要改变对非主流文化(无论是西方文化、传统文化,或是其他文化)在某种程度上排斥、打压的做法,在允许其存在和发展的前提下,充分吸取其中合理的、有价值的内容,为我所用,使我国主流文化成为包含当今人类一切文化中的优秀内容的真正最先进的主流文化。具体地说,这种战略主要包括以下两方面内容:第一,建构我国主流文化吸收、借鉴其他任何文化有价值内容的开放动态机制,使我国主流文化成为一种文化的"熔炉"。任何其他文化在与我国主流文化相接触的过程中,通过这种机制的过滤,其中有价值的内容都能融入我国的主流价值文化,我国主流文化的力量因而能日益强大,任何其他文化都不能与之抗衡。主流文化不仅有宽宏的气度,而且有巨大的消化吸收能力。第二,对于那些在我国有一定市场的非主流文化不仅允许其存在,而且支持其发展,同时将其纳入主流文化引导和控制的范围,使其为主流文化服务,对主流文化作有益的补充,满足部分人群的文化需求和利益需求。这种控制包括两个方面:一是使非主流文化的存在和发展始终有利于主流文化乃至整个社会文化的发展繁荣;二是将这些文化的存在和发展限定于特定的人群。在这方面,西方近现代对待基督教文化以及我国唐代对待佛教文化的做法可以借鉴。

笔者谈及当代人类最先进的价值文化时曾提出:"当代最先进的价值文化是集人类优秀价值文化之大成的最具竞争力的优势文化。它从根本上克服了其他价值文化的局限、缺陷和问题,尤其克服了其他价值文化的专制性、资本化、异化等问题;同时,它又吸收了这些价值文化中的合理内容和精华。当代先进价值文化是全体社会成员共建共享的民主文化，它的主体是人民，人民是价值文化的创制者、建设者、享有者。当代先进的价值文化是以社会成员幸福的普遍实现为终极价值追求并被法制化的完整价值体系，是谋求社会成员普遍幸福的幸福文化。它能充分体现社会成员根本的和总体的利益，能最好地满足人的生存发展需要。它是顺应人性的，是人情化、人道化的，具有感召力、凝聚力和亲和力。同时，先进的价值文化还能在引导和控制其他价值文化的同时与之共存共荣，它具有宏大的气魄和博大的胸怀，具有开放性、包容性和自我完善性，是具有竞争力、影响力和控制力的主流文化。"[1] 笔者认为，我国的主流文化从价值观层面上看就应当是这种最先进的文化。

当代中国经过六十多年的社会主义建设和三十多年的改革发展而日益强大，完全有可能构建当今人类最先进的"兼收并蓄"的主流文化。首先，我国的社会主义制度为这种文化的建立奠定了坚实的社会政治基础。我国建立的社会主义制度是人类最先进的社会制度，在这种制度下，社会成员真正成为了社会的主人。社会主义制度和人民当家做主，为构建全体社会成员共建共享的社会主义文化提供了社会政治基础。当然，这种社会政治基础客观上也要求有代表全体社会成员根本利益和绝大多数社会成员共同利益的文化与之相适应。其次，中国特色社会主义事业建设取得的巨大成就为这种文化的建立提供了物质保障。中国特色社会主义建设取得的举世瞩目的成就，既证明了中国特色社会主义文化的强大力量，同时也为我国构建一种有竞争力、影响力和控制力的主流文化提供了物质条件。最后，近些年来，我国高度重视社会主义核心价值观和核心价值体系以及社会主义文化的研究，其成果将为我们构建人类最先进的主流文化提供理论论证和顶层设计。在各种文化并存并相互竞争、冲突、交融的当代，构建一种先进的主流文化，理论支持是前提。没有理论上系统而深入地研究，即使

---

[1] 江畅："论社会主义价值文化的先进性"，《伦理学研究》2013年第2期。

其他条件具备，也不可能有理论的依据和辩护。改革开放以来，特别是近年来，党和政府越来越具有高度的理论自觉，组织理论界和学术界从不同角度和不同层次对我国的主流价值观和文化展开研究，已经取得了并将不断取得许多理论的和具有实践操作意义的学术成果。这些成果不仅会为我们构建最先进的主流文化的必要性和可能性提供论证，而且会提供各种构建的方案供党和政府选择。此外，我国还具有构建"兼收并蓄"主流文化的传统和先例。比如，佛教的中国化、马克思主义的中国化、列宁主义的中国化，以及历史上一些入主中原的少数民族对汉文化的吸纳、认同和弘扬，等等。

综上所述，我国在构建先进的主流文化方面具备了各种必要条件，而且正在进行着伟大实践。我们相信，只要坚定不移地坚持下去，构建具有中国特色同时又在世界上领先的主流价值文化指日可待。这种主流文化构建起来之日，就是中国特色社会主义文化大发展大繁荣、社会主义文化强国建成之时。那时中国的文化和价值观，将不仅具有中国特色、中国气派、中国风格，而且将对整个世界都具有影响力、辐射力和穿透力。

（江　畅，湖北大学哲学学院、高等人文研究院教授）

论文化建设的快与慢、动与静

田川流

【摘要】 当代中国的文化发展呈现迅捷的态势，适度融入慢和静的因素，有利于文化建设的科学运行。在文化建设领域，更需要遵循文化发展的内部规律，改变盲目追求文化建设的速度与宏大模式的现象，把握好快与慢、动与静协调一致的关系。

在当代文化建设领域，快与慢、动与静的课题已进入人们的视界。面对迅捷发展的文化产业，人们需要理性地加以思索，应当以怎样的速度和运行模式推进文化建设。历史与现实告诉人们，在社会较长时期的快速发展之后，适度注入慢文化和静文化因素，是实现科学发展的重要策略。在文化建设领域，更需要遵循文化发展的内部规律，改变盲目追求文化建设的速度与宏大模式的现象，科学把握建设与发展中快与慢、动与静的有机统一。

一

文化是人类社会结构的重要组成部分。人类发展的辩证法告诉我们，文化发展与自然界和人类社会的发展一样，从来都是快与慢、动与静的对立统

中国文化发展战略的时代抉择

一。世界是一个不断演变的实体和历史进程，既存在一定时期的快速发展，也有演进较为缓慢的时期，呈现出不同时空中快与慢的交替，以及动与静的相错。正是这种快与慢、动与静的有机构成和运动，成为人类社会生生不息的历史，世界也在这种快与慢、动与静的矛盾和交替中发展至今。

作为规律呈现的快与慢的有机运动，是自然与社会发展的内在律动和必然节奏。快与慢、动与静之间是辩证的关系。快与慢体现为运动的速度，动与静则显示为运动的模式。在社会快捷发展的时期，由于其快的速度和节奏，较多出现动的结构和形态，呈现出剧烈运动的态势；而在较为平和的社会发展期，则呈现为较缓慢的速度与节奏，以及偏于静的态势。在哲学意义上，快与慢不仅是时间或进程的概念，有时更体现为人的一种意识和认知世界的方式，具有精神层面的意义，表现为人们对世界的感受与理解，以及对自然与社会运行方式的驾驭所达到的自由与自觉的程度。因此，它既是客体自然与社会运动的基本形态，同时也是人对世界的精神认知和实践掌握的体现。

快与慢、动与静既相互对立，又成为不可分割的统一体。没有快就没有慢，没有动就没有静，反之亦然。历史的进程表明，当社会长期处于进程缓慢、迟滞不前时，人们就要促使其加快运行节奏和速度，制造宏大的气势，甚至不惜作出重大牺牲，采取革命的手段，打碎业已形成的沉重的社会结构，扶持和催生那些处于萌芽状态的新生事物，推动社会快速发展。而当社会处于相对稳定与平和的时期，则会显现出一定程度的慢与静，它是对于快的发展节奏和动荡的运行模式的适度调整。人类社会的发展是客观和必然的，但其速度是可调整的，其模式也是会出现变化的，世界始终在快与慢、动与静的变奏中前行。当西方处在中世纪时，其发展速度明显慢于东方中国。而当欧洲进入文艺复兴以后，其发展速度大大加快，超越了中国。此时的中国虽然也在发展，但其发展速度明显落后于西方，因而造成几百年后的巨大差距。快速或缓慢的发展速度还是一个相对的概念，有时看来好像是快，但是由于付出各种代价和生成的负面效应，其实是慢；

而有时看似慢，但由于整体机制获得有机运行，做到整体的协调一致，反倒是在实质上做到了快。慢与静不是容忍人的惰性，而是通过张弛有度的把握，做到对于客体世界、社会以及人自身的科学把握。

快与慢、动与静既是社会自身内部各种因素聚集、凝结和碰撞的结果，同时也与人的推动密切相关。随着人类掌握世界的能力与自觉意识的增强，人的力量对于世界发展的进程显现出越来越突出的影响。从本质来看，世界的发展一般会遵循其内在规律不断前行，而当人的能动作用开始施于其进程并不断增强时，世界的发展也会随着人类作用的大小以及方向的导引而获得改变。人有能力顺势推进社会发展，但不可能超越历史的规范，更不可违背社会发展的客观规律。发展速度的快与慢、运行模式的动与静不仅是人驾驭世界发展的主观能力的体现，同时也是人们遵循与适应社会发展规律的自觉意识的表征。一般来说，加快社会发展是人们的普遍愿望，特别是当一个国家或民族落后于其他民族时，急速的变革甚至宏大的革命都是必需的和合理的，不如此就不能改变落后面貌。而在社会处在动荡与革命的态势下一般难以获得科学与理想的文化变革，只有在相对平和与稳定的状态才能实现社会文化的全面与协调发展。

科学把握社会发展的基本节奏及运行模式，是人的智慧与能力的体现。社会发展的必然性，以及改变自身生存状况的渴望，使人们总是希望社会出现快速的发展，但如果缺乏科学与理性，便会适得其反。"文武之道，一张一弛"，表现出人们对于快与慢、动与静的辩证思考。"欲速则不达"则告诉人们，未必有着良好的愿望，就一定能实现既定的目标。社会与历史的发展轨迹警示人们，应当审时度势，科学观照社会的演变，而不应一成不变地追求发展的高速度和宏大气势。

中华民族正是自20世纪以来进入一个历史上的较快发展期，这是一个动荡多于平和、斗争多于平静的时代。在人们看来，一个民族和社会长期处于停滞不前的状态是危险的，正是基于对现状的不满，激发出改革社会、促进社会迅速改变的愿景，激励人们在动荡和斗争中前行，以求在不长的时间里获得较大发展。也正是在这样的历史进程中，几代人逐渐习惯了快优于慢、动优于静的思维模式。马克思主义辩证法告诉我们，在宇宙运行中，快与慢、动与静都是相对的，从来也没有绝对的快，也没有绝对的动，历史正是在快与慢和动与静的交替进程中一步步演变至今的。

确立中国道路的发展方向，是当代人们对革命之后的社会发展予以思考和探索的结果。中国经历了近百年的社会革命，对古老的国度予以巨大推进，在不长的时间里达到几百年甚至上千年所未能取得的成就。而当革命的疾风暴雨掠过之后，如若社会发展长期处在一种加速的状态，就会使人们缺乏必要的思想沉淀与反思，难以顾及精神层面的深度审视，使社会出现浮躁与失衡。对于社会运行机制的选择，以及各项政策的制定，均应依据不同国家文化背景和历史基础来决定，坚持走符合自己特点的道路，而不是机械地模仿他国范式或追求某种既定的模式。历史表明，激烈的斗争与动荡性革命，可以带来社会的巨变，为社会的和谐发展奠定坚实的基础。而当社会进入全面和深入发展的时期，则应尽力避免过分的斗争、冲突和运动式剧变，以免人民付出过多的代价。坚定社会改革的目标不可动摇，只有清醒地辨析来自"右"和"左"的不同风潮的影响，排除各种利益集团的干扰，才能有效推进改革进程。倡导融入慢与静的因素，正是基于我国现实对科学发展的深度理解，是对社会与文化建设实现科学推进的重要策略。

二

在人类社会发展的系统结构中，文化始终居于重要的地位。一方面，文化建设属于精神文明建设的范畴，是宏观社会系统中重要一翼；另一方面，文化建设又与狭义的社会建设并列，与政治、经济建设等同属于社会大系统中的子系统，具有各自相对的独立性。在当代社会发展进程中，无论面对社会建设还是经济建设，均应具有冷静的思考和科学的掌控，既要坚持改革的大方向和总原则，又要以科学与理性为主导，以求获得更加和谐的发展。适度融入慢与静的理念,正是对各领域协调发展的宏观审视和科学驾驭。

当代社会建设既是文化建设的有力保障,又是基本动力。当社会建设进入更深的层次,就更需要把握快与慢、动与静的协调统一。

社会建设致力于对社会资源进行合理配置,对社会矛盾和各种问题进行处理和调节,公共性和公益性是其突出特色。社会建设具有丰富的内涵,例如,确立中国特色的社会伦理,建立社会的公平与正义,就是其重要内容之一。在当代,应当倡导在法治的基础上,以平等和自由的精神以及和而不同的理念作为社会的道德基准;应正视世界经济一体化的形成和全球性价值理念趋于相容的客观性,强调社会公共权力的有序化及其有效的控制,致力于建立和谐的民主社会,健全公正的分配制度,呼唤得到社会共识的公民道德,承认公民应有的权利和义务,促使人人承担起应有的社会责任。由于革命时代产生的剧变,可能会与社会的全面协调发展产生抵牾,出现某些失衡与失谐。社会的伦理关系及其观念的健全与成熟,也需要经过较长时期的调整方能奏效。而在社会伦理得到社会普遍认同与恪守的过程中,需要人们从事细致的工作和具有足够的耐心。即使一些当下境况与人们的期待不够一致,也须假以时日逐步调整,而不是一味加快其变革进程。

社会建设充满着丰富和细腻的人际关系因素,采取动荡的和运动式方式也未必合适。其间,人际关系的优化与人性化的倡导已成为社会建设的基本内容。由于我国积存着大量历史遗留的问题,加之市场经济社会的形成,人的地位与经济状况发生较大变化,人际关系的调节面临巨大的挑战。社会分配不公、差距加大以及腐败现象的滋生等,极大地侵蚀着人与人之间关系。在当代社会建设中,人际关系的矛盾和冲突是客观的,同时也是敏感的。如果继续采取革命时代统一思想的做法,或者群众运动的形式,均难以代替艰苦细致的工作,以及个性化因素的调整。基于建设和谐社会的思考,应当改变那种以斗争解决人与人关系的传统理念,尽力消除和避免激烈的矛盾与冲突,正视和努力克服那些可能产生剧烈冲突的因素,坚持正确处理各种矛盾,以求人际关系的逐步好转。

历史的发展与一切事物一样，都是具有节奏的，即不可能一直处于过快或过慢的状态，总要在不断的变奏中走向未来。人的作用从来都是重要的，也是相对的，应注重对这种变奏的适应和因势利导，而不是对于客观规律的强行扭曲与改变。快与慢、动与静的辩证统一表明，有时可能退一步才能进两步，退一步，在中国人看来是"蓄势"，即对于事态的全面观照和准备，应对各种可能产生的问题和隐患。而只有完成蓄势，才能有把握地打出取胜的一拳。因而，有时看来是慢，其实并非慢，而是对于事态的宏观审视和把握。

当代经济建设是文化建设的基石，经济建设的推进同样需要注入慢与静的理念。

在历史上，人们曾经无数次宣示人定胜天、改天换地的豪情壮志，确实也曾创造出大量的人间奇迹。但是，一味强调人对客观自然规律的超越而不是顺应，将会带给人类巨大的灾难。当破坏大于建设，社会就将走向衰败；当建设要以自然或伦理的损害为代价，就会打破自然与社会的平衡；当生存的奢侈超越人的生理或精神机制的需求，人们就将沉溺于物质的泥沼；当经济发展的冲动跨越人的理性意识与自然世界的容受度，世界也将变得畸形。

资源的开发与使用需要适当放缓速度。人类对于资源的开发已经显得过分和无度，自然资源的不可再生性，使得人们早已感受到资源枯竭对人类的威胁，面对资源的竞争甚至出现人类之间的角斗和血腥的战争。对于有限资源合理与科学的使用的问题，已经严峻地摆在当代人面前。我们应当更多地顾及后人，而不应无度地消耗资源，不能再搞那种杀鸡取卵殃及后代的事情。

基于环境保护的迫切要求，一些建设项目应从长计议。人类的快速发展，往往要以环境的污染与损害为代价。如果在一定时期可以将此视作不得已的话，即在经济得到较大发展之后，就应将环境保护问题放在超过某些建设的高度来认识。在一定意义上，良好的环境保护，不仅为当代人的生存造就适宜的条件，更是为未来的发展奠定基础，因此可以说，良好的环境保护就是为了更好地发展。

基础建设的速度也需要因地制宜。不少官员出于自身任职期间政绩建设的需要，大力从事基础建设，而一些基础建设的科学性与必要性是值得商榷的。当然，许多地区和城市还在许多方面缺乏必要的设施，特别是公共设施更显得匮乏，需继续建设。然而，随着人口增长的放缓，对于基础建设的规模也需科学规划。在当下，不排除有的地方已经出现过多或密集建设的迹象，以及与他国、他城盲目攀比，创立"新高度"的畸形心态。特别对于住宅而言，一方面是人们的住房缺乏，一方面则是一些人住房的富余，甚至囤积住房，以求获得更大的利益。这些，严重危害着经济建设的正常运行。

城市化发展也需要快慢有致，动静相宜。超大城市的快速发展，以及城市地位、功能与资源的集中，使一些大城市获得了巨大优势，同时也成为国家经济发展的重心所在。但是，少数大城市的无度扩充，也是造成诸多社会矛盾的重要原因。人们对少数大城市的过分向往和踊跃进入，导致了社会问题频出以及生态质量的下降。适度控制其发展速度，注重城市的特色化建设，是人们应当思考的问题。即使在当下政府倡导的城镇化进程中，也应尽力防止运动式、大呼隆、定指标等做法。

过高的经济指标的增长，过量的基础建设，单纯追求GDP的提升，未必能增进人民生活的幸福感，人民生活的幸福度是由物质丰裕的程度、安全感、价值的实现、人际关系、生存的舒适度等方方面面因素构成的，并非单一地由物质的丰裕度来决定。过度的改造，过度的开发，过度的耗费，是人类对自身的损毁。经济上的快速挺进似乎显得十分富有激情与进取精神，但是如果失去科学的理念，造成发展格局的失衡，就会对当代以及未来人们的生存造成极大的损害。

三

文化建设是人类智慧、能力的表现，文化发展的最终目标，在于人的自由和全面发展。马克思在论述未来的理想社会时说："在那里，每个人的自由发展是一切人自由发展的条件。"①文化建设正是促使人的全面发展的基础和条件。人的发展在任何时候都重于物的发展，而在文化建设中，更须时时考量人的发展的需要。作为社会主体的人，既有不断增长的文化需求，同时也是文化建设的主体。文化建设不能脱离人的基本需求，应与人的欲求相一致，同时文化建设又需要以人为主体，通过人的能动作用的实现，推进社会文化的发展。当代社会文化基本状况充分表明，当快节奏与高科技给人们带来了生活机制的变化时，也迫使人们付出了巨大的代价。生活的污染使人们小心翼翼地过活，钢筋水泥的建筑使人们失去了田园之美与人际间的其乐融融，城市的拥堵给人们带来生活的无奈与烦躁。而在精神追求方面的过分单一，又使得人们机械地追崇某种理念而失却独立思考。所有这些，都促使人们进入深度研讨，怎样才能在科学调节人与客体世界关系的同时，实现人对自身的科学掌控。

　　人的内在肌体和运行机制是一个有机的整体，其表现形态也体现为快与慢、动与静的有机统一。

　　人的生物性表明，人的肌体是在有限的条件下予以调节和运行的。与宇宙世界和人类社会一样，人的肌体运行是有其内在规律的。人类既不可以扭曲宇宙和社会发展的基本规律，也不可能扭曲人的自身规律。人对于自然世界和人自身，只能充分地适应和顺应其规律，在此基础上通过积极的作用，促进其向着有利于人的生存方向发展，而不能不顾其客观规律，强行扭转运行方向，或者长期处于超越人的机能的快节奏运行之中。人的自我世界，既包括人的肌体与各种器官，同时也包括人的精神世界。无论哪个方面，均难以超越人所能够达到的能力和高度，不具备任意夸大自我而随心所欲的能力，不可能做出"人有多大胆、地有多大产"这种违背客观规律和自身规律的成绩。

　　生命在于运动，同样也在于静养。其实，运动本身就意味着动和静

---

①《马克思恩格斯选集》第1卷，中央编译局译，人民出版社1995年版，第294页。

的有机融合，而并非始终处于激烈动荡的状态。中国古代生命哲学中的关于颐养的理论，实际就是对于动和静这一现象的辩证考察和把握。正是关于"颐"的理念，体现了中国人对于自然界和人类自身的科学认知："颐"一方面体现为动中有静、动静结合的辩证关系，同时又在另一维度表达出中国哲学对于事物运动和社会发展的认识，那就是应当注重有机推进、滋养、涵育等内涵，反对激烈动荡，反对那些违背人的内在规律的现象和行为。

慢与静的融入，既适应人的生物性特征和人的心理机制，又有助于制约浮躁与喧嚣，调适人的精神状态和生活节奏。人对自然的把握，同时包括对人自身的认知与把握，人们只有洞悉人的自我特性，才能科学地掌控人的内在机制的基本特性、运行方式及其节奏，在偏于快速的运行中适度融入慢的节奏，在一些动的形态中适度添加静的因素，使人们真正获得精神与肌体运行的协调、主体与客体世界的一致。在当下，一些人倡导的所谓"慢城"，正是与此相吻合的理念。

人只有在自由发展中才能够完善自身，所谓"诗意的栖居"或审美化生活，正是对人的自由生活方式和理想境界的追求。

在当代，审美化生活已经成为人们重要的生活方式。人们有选择自身喜爱的生活方式的权利，有充分显现审美化情趣、艺术精神与娱乐精神的意愿。这些均具有人的向往自由的本源意义，更易于彰显当代人文化精神的价值。人们既可以参与审美或娱乐活动，追求生理与心理快感的满足，更可以对审美化生活目标及其精神进行追求，正是借此，契合了人的本我和本真的意识显现。

审美化生活，主要在于对自身精神和生活秩序的掌控，以及对生活质量的有机把握，其重心在于对审美情趣的创造。生活的幸福感不完全在于物质生活的丰厚，但又必须以物质生活的基本保障和满足为基础。人们幸福感的获得，更多地是生活秩序的稳定，生活情趣的创新，其中较多表现在衣食起居的适意、人际相处的和谐、精神追求的丰富等方面。在此意义上，适度的慢与静,要比一直处于快捷和动态的境况中更适于人的本质需要。

审美化生活,还在于对自身工作与生活节奏的合理安排。人类过快地使用自然资源,势必带来资源的枯竭和环境的恶化,直接威胁人类的生存。而人们过快地透支自身的能量,也会带来很大的伤害,包括肌体的损伤和能量的耗费,乃至精神的扭曲和畸变。人们时常陷于无休止的竞争与拼搏之中,没有忙碌间隙的闲适,没有拼争中的喘息,更遑论精神休憩的优雅,因此也就失去了变奏与节制,难以在一张一弛的动态运行中调适自身。

审美化生活,还在于生活格调的提升,注重对较高文化意蕴与审美品位的追求。人的审美精神的成熟,意味着人不仅能够做到对客体世界的科学掌控,还在于对自身的有机把握,庄子逍遥游的境界正是对人的自由翱翔的畅想。人的审美意识与精神的提升也需要在相对平缓与静态中方能实现,需要营造更多适宜于人精神畅想与情感交流的空间。审美化生活及其对艺术精神的追求,不应是少数人的专利,而应成为社会所有成员的基本生活方式。

人们的创造性思想成果的出现,更需要经过一个较长时间的沉思与探索过程。每当历史处于变革时期,特别是动荡的岁月时,也正是易于产生思想的年代。但人们在探索中获得的思想成果需要沉淀,只有经过沉淀,方能使民族的思想精华得以凝结和汇聚,进而逐步实现体系化、精致化、经典化,产生巨大的辐射作用。中国曾经沉寂太久,节奏过缓,世态过分沉寂,需要变革,需要激荡,需要加速。一个世纪过去,中国人经历了较多的疾风暴雨和霹雳闪电,大量闪烁着人类思想光辉的精神成果已经出现,但至今仍缺乏梳理和辨析。当革命风暴业已消退,人们理应沉静下来,对每个时代的精神建树和思想成果予以整理、反思和总结,经过披沙拣金,提炼精华,使之成为民族的思想瑰宝和世界的精神财富。

作为个体的人,在动态和急剧变化的环境中,同样难以获得静思与涵养的机会。真正的思想成果往往形成于急剧变化的年代,却又要经过较长时期的反复检验和实践,难以在一个动荡和瞬息变化的年代得到成熟。真正科学思想体系的形成,既需要时间加以梳理与提炼,也需要时间的检验;

既需要避开各种纷扰而加以观照,又需要在各种环境中得到验证。笃静,而后进入沉思,方可澄怀味象。只有在相对静态的氛围中,人们才能摒除干扰,对客观事物予以科学审视,获得思想的成熟与精神的提升。

四

在文化建设的整体格局中,科学发展应成为基本宗旨。也许人们已经习惯了历史上形成的快比慢好的思维模式,通常将加快发展视为进取和革命,而将适度提倡慢的主张视为保守和消极。事实上,科学发展从来都是快和慢、动和静的协调一致。当文化建设进入稳定的社会发展时期时,更应适度注入慢和静的理念。遵循文化发展的客观规律,应成为人们的高度自觉。

尊重文化建设与发展的客观规律,是文化建设的首要原则。关于文化的发展,在其大部分时期应当是与经济社会的发展相适应的,但也常常会出现不相适应。马克思曾经深刻阐述过艺术发展与社会及其物质基础发展的不平衡原理。他在1859年《〈政治经济学批判〉导言》一文中说:"关于艺术,大家知道,它的一定的繁盛时期决不是同社会的一般发展成比例的,因而也决不是同仿佛是社会组织的骨骼的物质基础的一般发展成比例的。"[①]文化的发展除了受到政治、经济等各方面的影响与制约外,更为重要的是其内在规律使然,其内在规律以及各种因素的聚集和多重作用,使得文化朝着既定的方向发展。科学洞察和尊重文化的内在规律,是文化建设的第一要素。政治或经济发展的需求当会对文化发展提出要求,并促使其发展,人的作用也会产生重要影响,但这些均不应成为文化建设与发展的决定性因素或唯一动力。文化建设速度的快与慢,其运行模式的动与静,均应在遵循文化艺术客观规律的基础上加以调节,并在充分依据其基本特点的前

[①]《马克思恩格斯全集》第46卷(上),中央编译局译,人民出版社1979年版,第48页。

提下实施对文化的推进。

　　文化发展的快与慢，不应以文化设施的多少和技术的先进与否为主要判定标准。在文化建设中，那些赖以承载文化内容的设施、场所及技术可以在一个较短时间内获得较大增长和提高，但是作为文化的精神、思想与意蕴的含量，却不可能在较短时间内得到较大提升。由于文化自身所具有的特殊规律，例如其自律性、自调节性等，使得文化可以在没有人为施加过多影响的条件下，获得一定发展。而在人的作用下，首先可以在其设施、技术等方面实现较快增长和改进，为文化水准的提升创造积极的条件和基础，但是这并不意味着文化水准和质量就会提升，更不是文化软实力的主要体现。只有加大文化内容创新的力度，不断增进文化产品的精神意蕴与审美含量，才是文化建设与发展的真正体现。而在这一方面，往往不是以完成时间的快慢来作为评价尺度的。

　　文化建设的进程，不宜以群众运动的模式来推进。多年来，人们习惯于在文化建设中追求轰轰烈烈和宏大模式，这种做法，确实具有发动群众和凝聚精神的作用，特别是在社会发生重大历史转折与演变的时刻，运用群众运动的方式常常能够营造宏大的气势。但是，文化的深度与全面发展又常常出现在社会相对稳定的时期。由于文化提升主要体现于人的精神层面，这就需要营造相对稳定的状态，让人们通过充分的思考和探索，经过积极的思想碰撞和理念对接，迸发出智慧的火花，凝聚成文化的结晶。这同样也是一种动态演进，是在外部环境相对静态的机制下，对人的思想的触动和想象力的激活。它更多属于精神与思想层面，而非外部环境层面。"大跃进民歌"的失误，文化大革命的历史教训都充分昭示，文化建设尤其不应以运动的方式来推进。其结果不仅不会有益于文化建设，而且常常适得其反，造成对文化的破坏。

　　优质文化产品的涌现，不是单一以数量的多少来确认的。经过人的一定努力，可以在较短的时间里生产出数量可观的文化产品，但是，真正的文化经典只有经过历史的沉淀和比较才能凸显出来。文化产品的数量众多可以满足大众当下的需求，同时也为文化经典的出现奠定基础。然而，大量优质文化艺术产品的涌现，还有待于多种举措的全面实施，比如赋予文化生产者更大的创造自由，推进文化创新环境的全面改善，实现全民文化接受状况的较大改观等等。如果只注意文化产品数量的增长而忽视质的提高，即使生产出数量可观的产品，也未必能够促进文化水准的提升。看上去属于同类的文化产品在质量上可能大相径庭，有时成百上千部作品所产生的作用和影响力也未必抵得过一部优秀作品。事倍而功半，指的就是这样的情形。

　　文化建设的快与慢，同样不能单纯以其实现经济效益的多寡来判定。文化产品效益的实现，是由审美价值、认知价值、经济价值、社会价值、历史价值等多种效应综合而成的，经济价值仅是一个方面。只有在社会效益和经济效益相互融合的坐标上，才能正确判定其价值高低。而文化产品的精神价值，又常常不是在短期内能够彰显的，有时要经过较长时间的检验。经过验证，一些曾被人们视为文化建设重要成果的作品或样式，或者能够继续显现其积极价值，或者经不起时间和社会实践的检验，逐渐失去光彩，甚至有的会出现负效应。"十七年"间众多曾经十分耀眼的作品，由于极左思想理论的浸染，未能经得起时间检验，逐渐失去其历史价值，以致"十七年"的整体文化成就也大打折扣。对文化建设的审视，有时表面看去的快，实则属于真正的慢。而一些真正具有价值的文化产品，只有在漫长的岁月中才会逐渐放射出光彩，呈现其不朽的意义。

　　文化是多元的，其建设与发展也不可能以同样的标准或尺度来把握。无论任何文化产品的生产，均应在鼓励人们积极创作的基础上，强调克服粗制滥造，力求呈现较高的文化水准。对于高雅文化与大众通俗文化的建设，也应采取不同的标准和不同的要求。对高雅文化创作，应当要求艺术家潜心创作，而不是心情浮躁、抢时间、造声势，以速度取胜。对那些具有较大精神张力和思想容量的艺术创作，更不要以时间来作为基本要求，而应鼓励艺术家精雕细刻，创作出无愧于时代和民族的传世之作来。为了满足人民大众日益增长的文化需求，适度加快文化产品生产的速度是必要的，但是，即使作为当下大众文化中十分兴盛的通俗文化的生产，也应以具有积极健康的格调和一定的思想容量为前提。哪怕是快餐文化，也须保证其基本的文化质量。精品文化与快餐文化的最大区别在于，真正充满了文化内涵与精神含量的产品不在于满足人们当下娱乐的需求，而是为了有助于实现全民族所有成员审美与文化素质的全面提升。这样的产品，是注定不可能在快餐中得到的。急功近利，追求浮华，浅尝辄止，势必会制造出大量的文化垃圾。

人民大众文化素质与审美能力的提升，更不是一蹴而就的。文化建设的根本目标在于全面实现人的文化素质的提高与精神的解放。在当代，人们渴望社会文化的快速发展与大众文化素质的显著提高，但是，文化素质的提升是一项长期的历史使命。当人们时常为大众道德水准和文化素质的问题感到焦虑时，往往忽略了一个严峻的事实，比起经济建设甚至文化设施与文化成果建设来讲，人的文化素质的提升是一个相当缓慢的进程，难以与经济发展成正比，需要付出长期大量与艰苦的努力。其间，应当警惕漠视大众文化权利的现象的恣行。那些试图以运动的形式，或者灌输的方式，希望在一个早晨就改变大众文化素质与思想水准的做法只能是一厢情愿的，甚至会带来对大众文化素质的扭曲。

科学地驾驭文化发展，既表现为人对客体世界超越的自由，也表现为人的意识的高度自觉。二者的统一，即做到对文化发展规律的自觉适应与实施进程中的游刃有余。在文化建设中，只有凝神静气，千锤百炼，才能创造大量高层次的文化成果，真正推动国家文化软实力的提升。在当代，社会发展仍是人们关注的核心，人的发展也已提上重要议程。在加快发展的主旋律中，适度融入慢和静的因素，做到快慢适宜、动静结合，即可演奏出更加浑厚、震撼的交响，登临更高的境界，它也意味着当代人们在掌握世界的进程中进一步接近了自由和自觉。

（田川流，山东艺术学院艺术管理学院教授，
重庆大学、南京艺术学院特聘教授）

关于"中国文化走出去"战略的几点思考

于小植

【摘要】 文化影响力的根本特性在于"直指人心"。"中国文化走出去"的过程,既是提升中国文化影响力和感召力、讲好中国故事的过程,也是在与多元文化的对话与竞争中,去创新性地阐释中国文化的基本价值,涵容和塑造新的世界文化走向和文明格局的过程。因此,"走出去"战略应有区域国别的概念,以赢得域外民心为旨归,以提供可供全世界分享的"核心价值"为战略关键,提炼产品的文化属性,形成喜闻乐见的中国精神、中国气派。

我对"中国文化走出去"的思考源于我从事工作的特质。我所在的北京语言大学是中国唯一一所以对来华留学生进行汉语、中华文化教育为主要任务的国际型大学,素有"小联合国"之称。迄今为止,我们学校已经为世界上176个国家和地区培养了16万余名懂汉语、熟悉中华文化的外国留学生。其中很多校友已经成为学界、政界、商界的知名人士。现任联合国副秘书长、联合国日内瓦办事处总干事卡塞姆·托卡耶夫,埃塞俄比亚总统穆拉图·特肖梅·沃图,哈萨克斯坦政府总理卡里姆·马西莫夫,俄罗斯外交部副部长伊戈尔·莫尔古洛夫，德国汉学家顾彬，美国物理学家、诺贝尔奖获得者埃里克·康奈尔等知名人士都曾在北京语言大学学习过汉语。

在吸引外国人来校学习的同时，北京语言大学也积极地"走出去"。目前与世界上58个国家和地区的321所大学及教育机构建立了合作交流关系，采取多种形式开展中外联合办学，与哈佛大学合作设立了哈佛北京书院，在泰国设立了曼谷学院，在日本设立东京分校；并与美国韦伯斯特大学、美国乔治梅森大学、德国康斯坦茨应用科学大学、英国曼彻斯特大学等十余所国外大学开展联合培养本科生或研究生项目；并承办了17所孔子学院和1所孔子课堂。

自本世纪初中国推出"文化走出去"战略以来，成就斐然。2015年8月，据孔子学院总部简报，全球目前有1400多家孔子学院和课堂，注册人数总计170万。孔子学院总部在《孔子学院发展行动计划（2016—2020年）》（草案）中提出，到2020年，全球孔子学院将达到550所，孔子课堂1200个。据粗略估算，至今全球约有1亿人学习过汉语。目前全国有346所大学开设了对外汉语教育专业，培养了63000余名本科生或研究生，这63000名中国学生就是将来可能从事对外汉语教师工作的储备师资力量。

语言是文化的载体，以孔子学院的模式在世界范围内推广汉语是"文化走出去"战略的重要而有效的举措。但在这一举措实施过程中出现的一些问题需要我们反思。比如，日本所有的国立大学都不接受孔子学院。目前日本共有9所孔子学院，分别是与北陆大学、大阪产业大学、福山大学、冈山商科大学、关西外国语大学、立命馆大学、立命馆亚洲太平洋大学、樱美林大学和札幌大学合作开设的，这些大学都是日本的私立大学，而且大学排名并不靠前。美国有的州也拒绝开设孔子学院，还有已经开设的孔子学院与总部的合同到期后便不再续签的情况。这些闭门羹让我们意识到如果用力过猛、一味采取国家财政大量投入、政府主导推动的方式，可能会使其他国家警惕，甚至招致反对。因此我认为：

一、"走出去"战略应以赢得域外民心为旨归

文化影响力的根本特性在于"直指人心","中国文化走出去"的目的在于使中国文化、中国模式、中国故事走进他国人民的内心,走进岁月和人类历史深处。中国人有个古老的梦,叫做"大同世界",朗朗乾坤,天下为公,天下大同,没有压迫,没有战争。但《圣经》中讲,上帝害怕人类齐心合力造巴别塔(Tower of Babel),上出重霄,扰乱天上的安宁,故意制造了语言差异,让大家说不到一块儿。目前,我们的世界被两大主义(社会主义、资本主义)、六大宗教(犹太教、基督教、伊斯兰教、印度教、道教、佛教)分开,每个国家的文化不同、利益不同、梦想也不同。如果我们单边强调"中国文化走出去",也许会招致他国文化的排斥,并被冠以文化侵略、文化殖民主义的罪名。

日本世论综合研究所和中国零点研究咨询集团2015年10月15日发布的《第11回中日共同世论调查》显示,2013年、2014年和2015年分别有90.1%、93%和88.8%的日本人对中国持反感态度;而在中国,2013、2014和2015三年分别有92.8%、86.8%和78.3%的中国人对日本持反感态度。触目惊心的数字告诉我们建立国民之间的好感和信任任重道远。国家主导推广汉语为中国"文化走出去"打下了良好的基础。但是,为了降低外国对中国国家意识形态的戒备心理,"文化走出去"应该采取一种国家隐退幕后、"民间"走在台前的方式。比如我们可以在海外的大学设立研究基金会,支持汉学研究项目。中国人讲孔子好、讲鲁迅好,外国人未必信服,但是如果他们自己讲,尤其是他们的文化精英讲,效果会比中国人讲好许多。譬如日本战后,竹内好开启日本鲁迅研究的大幕后,丸山升、山木英雄、伊藤虎丸、北冈正子、丸尾常喜、藤井省三、代田智明等几代日本学人,不断地刷新着日本鲁迅研究的新高度,正是他们本国人的研究和传播使中国鲁迅在日本深入人心。

二、提供可供全世界分享的"核心价值"是"走出去"战略的关键环节

近代以来,西方提出了一些所谓的"全球价值"理论,比如"人权""民主""自由"等,这些观念在世界范围内得到了广泛的认可和接受,而中国文化在世界文化格局中尚处于"价值缺位"的状态。中国功夫、中国菜、中国熊猫这些中国元素"走出去"了,但是中国的核心价值观并没有,中国没有提出可以在世界范围内形成广泛共识的"可分享价值",为世界提出新的全球治理框架理念。那么,我们可以提出哪些有别于西方所谓"全球价值"或者"普世价值"的核心价值呢?我认为从人与人、人与社会的关系建构角度出发,可以提出"和为贵"理念,由"和谐中国"延伸到"和谐世界"。从人与自然的关系建构角度出发,可以提出"天人合一"理念,强调人与自然的和谐相处,这同时也是全世界解决生态问题、环境问题的重要法宝。将中国的价值理念推广为"全球价值"是使中国成为新一轮全球化主导国家的关键性举措。中国要成为有影响力的全球性大国,就要使"中国的价值"成为"全球的价值",使"中国的理想"成为"全球的理想",使"中国的文化诉求"成为"全球的文化诉求"。

三、文化"走出去"过程中,必须具有区域国别的概念

"一带一路"战略倡议的提出,体现出最高决策层对于中国进入世界并重塑世界格局的考量,是有具体路径和方式的。这也提醒我们在思考文化"走出去"的时候,必须要有区域国别的概念,必须要了解具体的民族、族群及其宗教的情况。中国文化走向世界,但外部世界既不是单一的,也不是静止

的。如今是多元世界，外部情况十分复杂，走出去应该首先谋划布局，要有区域、国别、宗教、语言的具体观念，仔细研究对象国家和区域的政体、经济、宗教、文化、语言等情况，不单是我们深入当地去研究，还可以利用当地人来研究。比如我校，有60多个"一带一路"区域国家的来华留学生，我们就准备尝试引导他们对所在母国及其区域的某个方面和他们对中国的认识进行调查研究。由此，可以进一步加强对"走出去"的不同模式进行理论探索，同时也要重视"中国文化走出去"的能力建设和成效评估。总之，"中国文化走出去"要有具有针对性，不能"一锅烩"。

四、提炼产品的文化属性，在"走出去"过程中形成喜闻乐见的中国精神、中国气派

目前，我们强调比较多的是"走出去"，其实并不是所有中国文化都值得走出去，只有中国文化经典、可以代表中国形象的优秀文化产品才值得和应该走出去。因此我们要先练好内功，做好本体，做出具有文化品格和文化内涵的文化产品。

文化产品既有商业属性又有意识形态属性，商业属性是普遍的，意识形态属性是特殊的，因此要将文化管理体制纳入社会主义市场经济体制中去，在坚持意识形态属性的同时，更突出文化属性。韩国的电视剧、日本的动画片在世界范围内得到了广泛的认可和喜爱，是韩日文化成功走向世界的典范。《舌尖上的中国》是我们中国文化"走出去"的经典范例，纪录片从美食角度切入，可以消除其他国家的文化戒备心理，降低文化敏感性和排他性。因此，从内容上我们可以多选择接地气的题材；从传播渠道上，我们可以借助网络平台、移动社交媒体等便捷手段。另外，媒介仪式也是"走出去"的有效手段，可以通过国际展、文化交流节等活动，建构和塑造国家形象。将文化产品的开发、制作、发行、营销、效果调查、反馈做成产业链条，形成合力。

从学术的角度看，目前国家为"走出去"战略推行了"国家社科基金中华学术外译项目""经典中国国际出版工程""中国图书对外推广计划"和"中国文化著作对外翻译出版工程"等多种项目。对于"引进来"的项目支持比较少，似乎不太重视。孔子讲："不患人之不己知，患不知人也。""问渠哪得清如许？为有源头活水来。"只有引进国外优秀的文化资源，我们才可以知己知彼、百战不殆；中国文化才能拥有源头活水，从而永葆青春。所以我认为"引进来"和"走出去"应该是并行不悖的。我们"引进来"欧美文化、日本文化、南美文化、非洲文化、阿拉伯文化，我们了解对方文化的特点、了解对方的所思所想，才能找到一种他们可以接受、认同的方式，真正地走入对方文化之中。

总之，文化"走出去"的过程，既是提升中国文化影响力和感召力、讲好中国故事的过程，同时也是在主动进入多元文化和世界文明语境的征途中，在与欧美文化、东亚文化、南美文化、非洲文化、阿拉伯文化等的对话与竞争中，去创新性地阐释中国文化的基本价值，从根本上超越百年难题的中西文化体用二元论的过程。我们应该以中国模式和中国道路对世界历史文明的贡献为理论出发点，以重新发现中国文化的原创性动力为基础，涵容和塑造新的世界文化走向和文明格局。

（于小植，北京语言大学人文学部教授）

中国广播影视"走出去"的现状、问题及对策

朱新梅

【摘要】 中国影视"走出去"初步形成了主体多元化、渠道融合化的体系,市场范围不断拓展、综合影响力逐步提高。但也存在规模偏小、国际市场份额偏低等问题。随着中国影视产业化程度不断提高,市场越来越规范,越来越多的中国影视企业实力将不断增强,并且实现集团化、国际化发展,中国影视企业将成为国际影视市场上的重要角逐者和竞争者,中国影视将在国际上发挥更重要的影响力。

中国影视"走出去"体系初步形成,建立起主体多元化、渠道多元化、平台多样化、品种多样化、协调融合发展的体系。近年来,中国影视"走出去"呈现出一点新特点新趋势,但也存在一些问题和不足。本文对其进行简要分析,并结合国际经验,提出一些对策建议,供参考。

一、新特点新趋势

1. 民营企业和地方电视台成为重要力量

随着中国影视产业的快速发展,越来越多的机构将目光投向国际市场,

中国影视"走出去"主体呈现出多元多层次发展格局。

一是国有影视企业仍为主力军。中国国际电视总公司每年向海外媒体机构销售1万多小时的影视节目。2001—2014年，公司累计实现国际营销收入1亿多美元，最近5年对外签约金额年均增幅超过20%。华录百纳2014年共向海外市场发行30多部共900多集影视作品，覆盖五大洲中170多个国家。

二是地方强势广播电视台成为重要力量。2014年江苏广播电视台影视节目海外销售总额达到950万元，同比增长30%；深圳广电集团2014年海外销售额达到820万元；上海文广旗下五岸传播国际发行收入达到1470万元，同比上升50%。中央电视台、安徽卫视、天津卫视、贵州卫视、湖南卫视、北京卫视等国家台和省级卫视都在海外新媒体有对应的官方频道并进行运营。从用户规模来看，排名前三位的湖南卫视、央视、江苏卫视的用户规模分别达到81.61万人、52.24万人及36.47万人。用户规模超过10万人的电视台频道还包括东方卫视、凤凰卫视和贵州卫视。

三是民营企业成为重要主体。华策、华谊、华强等领军性民营影视公司，加速布局国际市场，在国际上的营销能力快速增长。截至2015年10月底，华策累计向158个国家和地区授权发行9000余小时的中国影视作品，海外发行总收入超过3亿元人民币，已达到中国国际电视总公司国际营销总收入的一半，其中2014年为5263万元，比2013年的3816万元增长了37.92%。华谊兄弟2014—2015年海外票房销售总收入达3180万元，达到中国国际电视总公司2014年总收入的10%。

2. 新媒体成为重要新平台，海外投资合作成为"走出去"的重要方式

通过国内或国际新媒体平台，中国更多的影视内容可以以更快捷的方式走出去，覆盖更多国际新媒体用户。如东方嘉禾通过自主研发建设的核心渠道技术，在优兔（YouTube）、脸书（Facebook）、谷歌（Google）、亚

马逊（Amazon）等国际互联网平台上运营了1500个精品视频频道，覆盖全球230多个国家和地区，支持50多种语言，每月影响超过1.2亿海外主流用户群体。华策、华谊、百度、阿里、腾讯等实力较强的影视公司、互联网企业开始在海外投资、收购国外影视企业，直接参与国际竞争。如万达收购了美国第二大院线AMC和澳大利亚第二大院线Hoyts，为中国电影在国外上映提供了基础设施。

3. 用户年轻化，欧美成为重要新兴市场

从新媒体平台上来看，以年轻用户为主。东方嘉禾平台上的数据显示，2014年全年观看中文视听节目的受众群中，25—34岁年龄段受众所占比例最高，其次是18—24岁、35—44岁年龄段。从受众的地区分布来看，主要来自中国台湾地区、美国和东亚地区。除此之外，澳大利亚、英国和北美等地区也有很多用户。

美国和欧洲已成为中国电视节目出口新兴市场。2014年，中国电视节目在美国和欧洲销售额占比分别为8.47%和8%。中国电视剧在美洲的出口额比重为3.26%。中国动画电视在美洲市场的销售额占比为39.01%。从具体国家来看，美国是进口中国动画电视最多的国家，占比为38.80%。也是中国纪录片进口第一大国，占比为50.68%。从电视节目时长来看，美国是中国电视节目出口最多的国家，中国台湾、中国香港和东南亚国家仍然是中国电视节目主要出口地区。

二、主要问题及原因

1. 主要问题

一是总体规模偏小，国际市场份额偏低。从2011年到目前，中国影视出口额最高规模为2011年的22.48亿元人民币，不仅与国内市场规模的收入存在巨大差距，也与美国、法国、英国、日本等影视大国的出口规模差距巨大。美国电影每年的产量约为全球产量的十分之一，但是不少影片可以发行到 150 多个国家和地区。2013 年，美国电影全球总票房达到 360 亿美元，海外总票房达到了 250 亿美元，2014 年美国电影《变形金刚：绝迹重生》仅在中国就取得了 19.11 亿元人民币的票房收入，超过中国电影 2014 年海外总收入的 18.7 亿元人民币。2014 年，法国电影和电视节目海外销售额达到 13.42 亿美元，2013 年英国电视节目出口额达到 19.8 亿美元。2012 年，韩国影视及音乐动漫等文化传媒产品出口 12.5 亿美元。中国影视出口规模在国际影视贸易中所占份额偏低。2013 年，美国电影出口额占全球电影出口总额的 53%，居全球首位；法国占 4%。在电视领域，美国占全球份额的 23%，居全球首位，澳大利亚、俄罗斯、法国各占 3%。中国影视出口额占全球份额几乎为零。

二是市场局限于中华文化圈和海外华人。中国影视节目出口地区仍然以东南亚周边国家和地区为主，而中国香港和中国台湾是最大输出地。2014 年，中国节目在亚洲的出口额占电视节目总出口额的八成，中国香港和台湾地区分别为 23.92% 和 28.55%，两者之和为 52.47%，超过一半。在新媒体平台上，台湾地区观看次数占比高达 30%，位居第一，台湾和香港地区共占 39%；东南亚国家如马来西亚、新加坡、泰国等共占 22%。

三是缺乏具有国际影响力的影视精品。虽然中国影视作品在国际节展上获奖较多，但依然缺少有票房号召力和高收视率的影视作品。2008—2009 年《赤壁》在海外有超过 10 亿元的票房收入，2012 年海外票房收入表现较好的电影《一九四二》《十二生肖》《消失的子弹》等，其票房均未超过 1 亿元。

2. 主要原因

一是传统计划经济体制遗留的问题。在计划经济时代建立了一套进行国际传播（对外传播）的体制机制，并设立了一些专门从事"走出去"业务的国有企事业单位。这些机构从过去一直到现在，都在我国对外传播中发挥着主力军作用。但是这种体制机制存在着一些先天的弱点。一方面，这些机构由国家财政资金支持，缺乏内在动力去开拓市场。尤其是在未建立起监督和绩效评估体系时，其委托代理风险一直得不到有效的控制。另一方面，这些机构主要从事对外传播业务，既与生产制作机构脱节，又不对这些机构走出去效果负责，导致其效率低下。

二是影视机构"走出去"动力不足。一方面，中国国内市场足够巨大，一部优势影视剧能在国内市场获得巨大回报。另一方面，中国国内市场仍在成长发展中，国内影视制作机构着力开发国内市场。基于上述原因，影视制作机构目前主要生产制作适应国内市场需求的产品。部分机构将面向国内市场的作品简单译制出口，难以被国际观众很好地接受。同时，中国影视机构对国际市场缺乏深入研究与了解，难以把握国际消费需求，未建立起国际营销网络，这些因素使影视机构缺乏走出去的主动性和积极性，难以推出国际化产品。

三是影视缺乏开拓国际市场的实力。中国广播影视产业化发展起步较晚，虽然已经涌现出华谊、华策、光线等具有一定市场影响力和竞争力的上市公司，互联网巨头BAT也进入了影视行业，但总体来看这些机构不论是从资金实力，还是从精品创作能力、海外营销渠道建设来看，都处于发展初期阶段，非常弱小。尤其是与国外影视巨头相比都不在一个重量级上。

三、国际经验

美国、日本、韩国、法国、印度等影视产业大国，高度重视影视走出去，采取多种措施支持本国影视走出去。

1. 政府大力支持

一是纳入国家外交，加强国际版权保护。美国将电影出口纳入国家外交，将其作为重要外贸谈判内容，并加强在全球的版权保护，在世界范围内打击盗版，为美国电影产业进入国际市场提供了良好服务。

二是举办国际节展，扩大国际影响力。世界影视强国普遍通过举办国际节展扩大本国影视国际话语权与影响力，推动本国影视作品海外销售。如美国通过颁发奥斯卡奖，极大地提高了自身在影视领域具有的权威性与话语权，而奥斯卡获奖影片本身也具有了巨大的市场影响力、票房号召力。

三是实施优惠税收政策，吸引国际合作。韩国、新加坡、新西兰、英国、俄罗斯等国通过合拍影视作品实施退税优惠政策，吸引国际合作，使本国影视走出去。法国对本国影视作品出口予以资金补贴。2015年，法国国家影视动画中心计划出台多项拨款政策，对法国节目配音和字幕工作、跨国联合制作等予以资金支持。

2. 企业积极"走出去"

一是民营企业通过国际化方式自觉"走出去"。从世界各国的经验来看，在国际上有重大影响的国际传媒和影视巨头，都是独立的市场主体。这些市场主体一方面在国内具有强大的竞争实力与丰富的市场化运营经验，并实现了集团化发展，具有进行海外扩张的实力；另一方面，他们在国内竞争的基础上，自觉进行国际化发展，成为走出去的主力军。

二是实施大片战略，实现品牌化发展。美国、韩国、日本等国家的影视机构通过实施大片战略、建立庞大的海外营销网络等方式，提高本国影视产品的国际竞争力，占领国际高端及主要市场。精品力作尤其是精品电影，往往具有强大的影响力和市场号召力，是走出去的拳头产品，也是一个国家影视整体实力的象征和广告。如美国电影在国际市场上的竞争力十分强大，单部影片海外票房收入往往高达10亿元人民币，2015年上映的《速度与激情》在中国票房收入超过20亿元人民币，超过其本土票房收入。美国大片都在进行品牌化运作，突出表现就是不断推出续集。如《哈利·波特》出了8部，全球票房高达76.98亿美元；《007》出了23部，全球票房为60.2亿美元；《星球大战》从1977年开始拍，到2015年共拍了7部，总票房为42.1亿美元。其他如《蝙蝠侠》《速度与激情》《X战警》等，都拍了7集，总票房都超过30亿美元。

四、对策建议

1. 顺应发展趋势，调整相应政策

一是充分发挥民营企业的作用。 从国际经验来看，民营企业作为市场主体，具有更灵活的体制机制，以及更好的激励约束机制，是各国拓展国际市场的主力军。从我国当前情况来看，一些民营企业已经自发走出去，而且取得了不俗的业绩，并将很快成为走出去的主力军。应根据这一情况，调整相关政策。**一方面要**积极协调引导地方传媒机构、民营企业，参与广播影视"走出去"的相关重点项目，并与其他参与主体享受同等待遇，对民营机构承担公共服务部分通过政府采购方式予以支持，对民营企业走出去的传输渠道、平台与技术研发、人才培养培训等，予以资金支持。**另一方面要**实施重点企业海外发展扶持计划，支持有实力的企业通过合资、合作、参股、控股等方式，兼并、收购境外企业，加快国际化发展。

二是以欧美主流社会为主市场。 过去以东南亚以及北美华人为主要受众，影响仅及于海外华人。要调整这一布局，要敢于进入欧美主流市场，要以欧美主流市场为主要战场，并进行战略布局。要引导、支持企业进入欧美主流市场，为其提供必要的支持与服务。

2. 进一步推动市场竞争，提升企业国际竞争力

推进市场竞争一方面可以实现优胜劣汰，使真正有竞争力的企业生存下来，影视产业发育更成熟，国内市场竞争更充分，在逐渐趋于饱和的情况下，积极引导推动企业国际化发展。这一点既有国际经验，也有国内其他行业的经验。如家电行业、智能手机行业的领军企业都是在国内激烈的市场竞争中发展壮大，并在国内市场相对饱和的形势下，走向国际市场，成为中国制造业走出去的主导力量。目前，影视剧市场是竞争相对充分的领域，已经涌现出华谊、华策、光线传媒等几个民营上市公司，这些公司已经成为走出去的

重要主体。其他领域如纪录片、综艺节目、动漫领域也正在市场化，在这些领域将涌现出具有一定规模与市场竞争力的市场主体，这些主体在国内市场还没有饱和的情况下，尚难有动力走出去。未来，随着国内市场的充分竞争以及市场的相对饱和，他们将自觉主动地开拓国际市场。

3. 定位国际市场，打造国际化内容精品

国际化内容产品是中国影视开拓国际市场的根本要求。应引导企业树立精品意识，推出更多思想精深、艺术精湛、制作精良、体现时代文化成就、代表国家文化形象的国际化影视精品。

一是组织引导企业生产精品力作。通过题材规划加强对企业生产国际化作品的引导，每年精选一批适合国际市场的电影、电视剧、纪录片、动画、电视节目等项目，安排财政专项资金予以支持，引导、组织企业量身定制适应国际市场、符合对外传播规律、易于让国外受众接受的优秀作品。

二是以我为主，吸引国外机构参与合拍"中国题材、国际表达"的优秀作品。在题材规划、推优、评优等工作中，给予合拍作品与国产作品同等扶持奖励。

三是对已有的精品影视节目进行再加工，制作面向国际市场的国际版。

4. 利用互联网技术，实现弯道超车

最近几年，发达国家互联网视听市场正越来越集中到少数几个互联网公司手中，形成主要由美国几个互联网巨头瓜分市场的格局。目前全球10大互联网公司有7家在美国。如谷歌在多个领域居绝对垄断地位，截至2014年11月，谷歌搜索在欧洲市场的份额高达90%；全球安卓智能手机出货量为10.6亿部，占比高达82.3%。在智能手机市场，韩国三星、美国苹果、中国联想位居2014年出货量前三，但苹果手机销售额达到1165.4亿美元，占全球智能手机销售额的30.4%，远超其他企业。在浏览器领域，微软IE浏览器仍居全球第一位，截至2015年3月，微软IE浏览器市场份额达到56.54%。截至2015年第一季度，亚马逊的云服务已占全球市场份额的28%，其全球客户总数超过100万。这些互联网巨头具有强大的研发能力，通过资本运作等方式，整合产业链资源，并向其他领域渗透，使互联网竞争进入生态化阶段。如苹果不断推出新产品，包括智能家居平台 Home Kit、智能手表 iWatch、移动支付 Apple Pay 等。谷歌面向各个领域布局，其安卓操作系统从手机延展到电视、可穿戴设备、家电、汽车等众多领域，试图构建横跨多领域的安卓生态圈，实现安卓"无处不在"。

中国在互联网领域，发展相对超前，但与美国互联网企业的创新能力及国际影响力相比，还有相当距离。应加大对中国互联网企业的扶持，尤其是在新媒体领域，积极扶持已经具有相当规模、较大影响的互联网企业，使其能与国际互联网视听服务机构竞争，并积极走出去，与奈飞（Netflix）、亚马逊等进行竞争，实现中国影视"走出去"在互联网领域的弯道超车。对中国影视内容进行国际营销的中国互联网企业，在技术研发、传输网络建设等方面予以补贴，支持其做大做强，使其成为我国主导的新媒体渠道。引导海信、华为、小米、联想等国际化智能终端企业在其终端中搭载中国影视内容，对其建立移动应用商店、销售中国影视内容，予以适当补贴。

5. 整合各种资源，实现协同作战

遍布全球、深入市场的国际营销网络，是进军国际市场的基础性条件。目前，中国影视机构自建的海外营销渠道，普遍存在小而弱以及专业性较低等问题，彼此之间的合作程度也不高，有限的资源没有整合，难以形成合力，难以在海外开展市场调研以及强而有力的营销工作。建立覆盖广泛、具有强大营销力的海外营销渠道，直接决定着中国影视内容在国际市场上的竞争力。应强化并统筹海外渠道建设。强化政府在海外营销渠道的统筹作用，整合中央和地方资源，整合政府渠道与企业渠道，整合传统媒体与新兴媒体资源，整合境外其他中国资源，实现中国影视整合营销。可借鉴美国电影协会的做法，由影视机构成立的协会在主要国家、主要国际性城市，建立办事机构，负责中国影视节目的海外推广。

（朱新梅，国家新闻出版广电总局广播影视发展研究中心
国际研究所副所长、研究员）

第四编 文化发展战略与传统文化

从文化变迁谈传统文化精神的瓦解与重塑

刘 举

【摘要】 文化的现代化不等于反传统,而是立足于那些活着的传统文化精神。从文化变迁理论看,传统文化精神是一个民族最持久的灵魂和根基,因此现代化应该为"文化保守主义"留有一定的空间。20世纪初叶以来,中国传统文化的不合时宜与现代化的被误解并存,以致形成了现代精神生活的物化困境。建设有中国特色的现代化必须首先激活并点燃那些活着的传统文化精神,这也是推动现代文化发展所应具有的民族自觉和民族自信。

近些年,不少学者曾提出加快中国文化现代化的转型,试图经由文化现代化来最终实现人的现代化。同经济和社会的现代化的飞速发展相比,文化现代化发展确实是有些滞后了。长期以来,人们常把文化现代化的阻滞力归咎于传统文化,似乎文化的现代化转型就意味着反传统。然而,如果深入反思当前中国现代化发展的局限性,中国现代化问题的根源却不在于传统文化的阻碍,而在于传统文化精神的缺失。因此,文化现代化不仅仅是发展现代性文化的问题,也不仅仅是反传统的问题,而是如何重塑文化精神传统并为现代化建设注入一种积极力量。要探讨这个问题，我们必须改变以往文化变迁的进化论思维方式，特别是以"冲击—反应""传统—现代"等为代表的单线演化分析模式，从而为传统在现代化视域下的特殊价值提供一些理论支撑。

一、文化变迁理论与传统文化的隐居

提到文化变迁，我们不禁想到现代文化对传统文化的取代。列文森对传统文化的态度具有悲观色彩，认为现代对传统的更替是大势所趋，"中国传统文明已失去了价值，儒家传统与现代化背道而驰"。列文森提出的"传统—现代"的二分模式恰巧为我们分析文化变迁提供了时间维度，但这种模式又多少带有历史进化论的独断性和二元对立的片面性，对文化自身来讲就更是如此。我们既不能从时间维度上也不能从影响力上来判断一种文化的优劣。因为，文化具有特殊性。每一种出现过的文化甚至包括那些已消失的文明都有其存在的历史意义和社会价值。著名文化人类学家朱利安·史徒华（Julian H. Steward）曾提出"多线演化论"，他认为人类社会文化的变迁具有复杂性和特殊性，文化变迁是由多种因素促成的。每一个形态的文化都从其所处的具体历史情境中产生出来，"文化进化是文化对生态环境的'适应'"[1]，其间既有主动性的选择与认同，又有被迫的接受与执行。文化线性论者或归约论者常把文化发展与生物演变相比拟，认为文化变迁就是从简单到复杂、从低级向高级甚至是从落后走向先进的一个过程。而相对论者却认为文化具有特殊性而不具有统一的发展性。"因此演化论与相对论之分布在于前者将以质而言的独特性归于各演化阶段，却忽略各文化的特殊传统；而后者则将之归于特殊

---

[1]〔美〕朱利安·史徒华：《文化变迁的理论》，张恭启译，台湾远流出版事业股份有限公司1989年版，第38页。

的传统或文化区，而非归于发展阶段。"[1] 文化变迁确实是一个漫长而又复杂的过程，既不可能是一个清晰的线性更替，也不可能是简单的更新或融合，更不能以文化的特殊性和民族性而否定文化的发展。一般来讲，所谓的新文化是传统文化和异质文化之间相互作用的结果，但却又不完全等于传统文化同异质文化的简单相加，而是在冲突和融合过程中形成了新的东西。并且，在新文化中传统文化并没有完全消失，它要么沉积在现世文化体系的底层，要么处在文化体系的边缘。因此，传统文化并没有完全逝去而是隐居或潜伏在当下，或者成为新文化的细胞，或者以"亚文化"的形态出现。那些保留最长久的传统文化说明了其具有坚韧的生命力，因为它既要保持自己的传统特色，又要以积极的形态适应现实环境的变化。新型文化也不是一蹴而就的，它也在不断地同其内部的传统文化和外来文化进行持续的碰撞、融合，因此永远处在不断生成、动荡、变革之中。何况，作为当前主流文化的现代文化本身就是指一个动态的过程。这样看现代文化的变迁与传统文化的隐居之间似乎又存在着潜在的悖论。因此，我们必须对传统文化的结构进行剖析以确定哪些在何种程度上真正逝去了，而哪些又可能隐居下来。依据文化变迁理论，那些具有实用性功能的物质性文化最容易发生变迁，因为它们处在文化体系的边缘层，最容易随着科技手段等外部环境的改进而被替代。并且这种变迁对个体价值观和精神生活的影响是有限的，有时人们是乐意接受甚至是主动接受的。而那些处在核心地位的精神性文化最难以发生变迁，因为它被隐藏在心灵深处并被当成先验的价值判断标准，这类文化的变动对个体心灵乃至整个社会文化系统的冲击也就最大。

如果把文化分为四种功能即象征功能、审美功能、规范功能、实用功能，那么强调实用功能的物质文化和规范功能的制度性文化受外部环境影响最大，也最容易被其他物质器具或制度规范所取代。而强调审美意义和

---

[1] 〔美〕朱利安·史徒华：《文化变迁的理论》，张恭启译，第18页。

象征意义的精神性文化具有唯一性和特殊性，它和一个民族或群体的核心价值观念密切相连。信仰和价值观构成了每一类文化的基石，它为传统的隐居提供了理智认同和情感认同。而正是这种近乎非理性的情感认同构成了一个民族文化的凝聚力和向心力，使该民族的文化特质像"薪火"一样不断向四周和未来传递。每一个坚守传统的人可能处于"集体无意识"状态，也可能持有一种保持民族自我个性的责任。为了防止被外来文化所同化，每一种文化都会宣扬其文化优越性和独特性，并力图同其他文化保持一定的距离。强调个体对自己民族文化的认同感是文化保持其生命力的重要保障，文化优越性也常常伴随着文化认同感而不自觉地生成文化依恋和民族情感。文化对形成民族归属感和价值安全感具有象征意义，并为个体提供了自我认同感，让个体知道"我是谁""我该怎么做""我该相信什么"。带有强烈民族情感和现实利益需求的中国人对外来文化肯定不会照单全收，而是经过过滤使某些成分与传统文化进行融合。但持"冲击—反应"论观点的费正清与列文森却认为"中国传统与西方的近代化是根本对立的，中国要从传统进入近代社会，就只有接受西方的文明改造"[1]。这种变相的西方中心论观点忽视了中国文化的独特精神气质和民族情感，也忽视了中国文化发展的自我性和内生性动力。费正清把中国文化发展纳入到全球化和现代化视野范围内，必然使中国文化处于落后、被改造的地位。中国历史的发展是必然，而西方对中国的冲击却是偶然，因此还不能把中国的发展完全归因于西方的冲击。

一百多年来，从围绕传统与现代的关系进行争论到最终走向现代化，似乎中国的发展必然"绕不开"现代化。20世纪六七十年代出现的西方现代性危机也为走向现代化之路的后发国家提供了前车之鉴，人们开始反思现代化发展中出现的各种问题。经过对现代化的憧憬和反思，我们在质疑现代化普遍范式的同时，却没有想到如何充分利用那些隐居着的文化传统。

---

[1] 王俊义："从'冲击-反应论'到'中国中心观'的历史转变"，《社会科学战线》2010年第12期。

如果说中国非得走向所谓的"现代化",那么中国的现代化也会是不同于西方的现代化,中国应该走出自己的"现代化"。"梁漱溟看到了现代化过程是以西方文化特征发展而来的,中国自身的文化则阻碍了这一过程的产生。"[①] 传统文化在道德精神上的优势却成了其在物质发展上的劣势,因此我们不得不被迫走向现代化。但是,梁漱溟认为西方文化的今天不等于中国文化的明天,不能拿西方现代文化作为中国文化现代化发展的标准或样板,更不能把现代化简单地看成是反传统。长期以来,文化多元主义或文化本土主义被西方文化中心论所压抑,因而双方难以以平等姿态展开对话。文化保守主义在两难困境中对传统持有积极的坚守,但它却不同于政治保守主义。它在承认政治制度、经济发展、生活方式等可以走向现代化甚至西方化的同时,仍寻求传承民族文化精神乃至与西方平等对话。列文森曾用"理智—情感"的二分观点来分析历史与价值间的张力,认为中国的现代化是在理智上进行的被迫的现代化,在情感上却有传统情结。无论是梁漱溟还是列文森都看到了中国传统文化在民族情感和价值观层面上的"顽固性"和"保守性"。因此,如果说在急剧变化的当下仍有传统在隐居的话,那么这个传统就是保守主义下的民族文化精神,这种文化精神也蕴含着人文道德情怀和民族忧患意识。

二、中国传统文化的不合时宜

当前,全球化和信息技术革命如同催化剂从外部不断侵蚀着传统文化。代表传统文化的儒家文化长期以来被当成具有政治象征意义的文化权威,因此它的长期存在和政治的需求和利用不无瓜葛。然而,随着西方的入侵和全球现代化的蔓延,鸦片战争以来的主题已转变成了"独立""富强""民主",因此无法和西方现代文化较量的儒家文化也就自然失落了。

---

①〔美〕艾恺:《最后的儒家——梁漱溟与中国现代化的两难》,王宗昱、冀建中译,江苏人民出版社1996年版,第192页。

正如梁漱溟先生所言:"西洋文化的胜利,只在其适应目前的问题,而中国文化、印度文化在今日的失败,也非其本身有什么好坏可言,不过就在不合时宜罢了。"[①] 并且他坚信世界未来文化就是中国文化的复兴。

全球化加速了文化变迁,整个人类社会全方位的交往打破了传统文化的封闭性和单一性,自由意识的增强也使人们对各类文化有了更多选择的权利。许多经济落后地区的文化形态随之发生了巨大的变化,人们逐渐认同现代西方能够带来自由和富裕的文化生活方式。当然,文化变迁是社会历史发展的必然,也是文化不断自我更新以适应社会发展的客观要求。然而,社会流动性的加速和一些不可预测的偶然性因素又使文化变迁变得扑朔迷离,会产生一种急剧性的突变或大动荡。最明显的就是战争、社会变革、社会运动、自然灾害、科技革命、经济活动等,正是这些因素打破了文化的传统延续性,同时也给处于文化变迁中的个体带来了些许困惑和不适应感。同时,我们更不应该忽视社会精英和统治者的主观意志对文化变迁的影响,这些精英是通过控制政治权利或社会文化影响力来实现文化变革的。那些政治权利拥有者在"文化大革命"中不仅作为政治权威也作为文化权威点燃了全社会对传统儒家文化根除的激情,从儒家的物质文化到精神文化都被进行了彻底的清洗。因此,与文化的客观性变迁相比,这种由主观意志主导的以社会运动形式开启的文化转型也最有明显的效力。但是,这需要一个封闭的、单一的文化环境并以权力的高度集中给予保障。然而,改革开放以后,这种统一而又高度一致化的文化环境再也不可能存在了,"社会文化环境或自然环境发生了改变,有助于新的反应,因为个人要适应变化中的环境。"[②] 以经济流动为基础的各种社会流动加剧了文化的传播和交流,同时也为地域文化发展注入了新的活力要素和变迁因子。

[①] 梁漱溟:《东西文化及其哲学》,商务印书馆2005年版,第202页。
[②] 〔美〕克莱德·M.伍兹:《文化变迁》,何瑞福译,河北人民出版社1989年版,第29页。

不同地域文化之间的交流与传播必将预示着文化的碰撞、融合或创新，任何社会性交往活动也预示了文化间的交流与传播，甚至每一个人或物件都具体地携带着其特有的"文化基因"。然而，"人们并不是完全接受他们与之接触的一个或几个群体的文化内涵中提供的或已有的所有东西。一般说来，文化特质的被接受与排拒，视其效用、适应性以及接受一方的文化有无意义而定。"[1]在开放型社会，每一个人都有选择具体文化形式的主观能动性，有些是出于从众的压力需要，有些是实际生活的需要。但是，那些外来者或外来物作为嵌入型文化多少会对个体的行为方式和生活习惯等产生一定的影响。随着社会交往和社会流动的增加，不但城市文化会影响乡村人，同样乡村文化也会影响城市人。至于影响力的大小仍取决于每一类型的文化在个体的具体生存情境中存在的客观需要和文化包容性。当然，每一个人在文化传播中的影响力也是不一样的，这同其社会地位和社会职能有很大的关联性。一般来说，那些社会地位高、影响力大的公众型人物所携带的文化基因也就最具有传播力。目前，政治权威、经济权威、文化权威乃至娱乐权威正引领着当代社会的文化生产方式与传播趋向。文化传播过程也是文化再生产过程，有影响力的人物都深知"文化是一种无形的权利和财富"，所以他们试图参与到文化再生产之中，并在其中渗透进自己的价值偏好。文化之间的力量是不均衡的，强势文化比弱势文化更具有吸引力，它迫使弱势文化进行自我改造、屈服乃至退出。这种不平衡性在对文化变迁起到推动作用的同时，也容易形成文化强制力和凝固化，并使弱势文化加速消亡。当然，每一种文化都有自己"合理的偏执性"，它总是以自己为中心并强调自我的先进性或优越感。特别是儒家文化常把民族情感转化成对民族文化的依恋，即使处于弱势也仍有一部分人在坚守捍卫而成为文化保守主义者。处于守势的儒家文化越来越强调多元文化间的和谐相处，并积极寻求使不同的文化类型之间有共同的交流话语和共同感兴趣的话题。

---

[1]〔美〕克莱德·M.伍兹：《文化变迁》，何瑞福译，第31页。

随着我国改革开放的发展和政治意识形态功能的弱化,市场经济对传统的冲击既是空前的也是全方位的,具有根源性和隐形化特征。因为,儒家传统文化以自然经济为基础,以家庭或家族为基本生产单位,传统道德伦理文化的有效运行要依靠个体对家庭乃至家族的心理认同和经济依赖。然而,"进入现代以后,家庭的功能发生了很大改变:在有条件的地方特别是大城市,随着社会分工的推进和社会保障体系的建立,家庭已不再是生产单位,经济因素在夫妻、亲子之间的作用也越来越弱化"[1]。市场化和城市化使个体从家庭束缚中独立出来并以个体和市场为主导,文化类型开始向具有市场特性的大众文化转变,最终促成了文化与市场合谋。一方面市场要依赖文化宣传刺激消费,甚至制造文化产品进行兜售。另一方面,不再作为政治意识形态的文化缺乏资金支持,它必须依靠市场来扩大自己的社会影响力和价值存在感。在文化受市场"规训"的境况下,那些不受市场欢迎并难以创造利润的传统文化逐渐消失了,那些依附于市场的文化其社会自觉与批判意识也泯灭了。这些消失与泯灭在市场条件下变得那么平静、自然而又"合理",因为这种文化变迁里面渗透着个体的自由选择、平等交换但却没有一丝暴力或血腥。史华慈指出:"文化的商业化确实是件非常可怕的事情。"[2] 因为这种瓦解是深度而又剧烈的,不仅仅是物质文化上的瓦解,包括价值观念、生活方式、伦理风俗、脉脉温情统统都被市场经济所阉割了。

传播媒介的革新也使传统文化发生了巨大变迁。最明显的标志就是电子媒介逐渐取代纸质媒介;图像取代文字。传统文化多以纸质文字的形式进行传播,这种传播方式具有稳定性并能通过理性反思对经典思想进行深度阐述,也能引导读者参与到文化对话中去并展开自己的想象力。而电子传媒传达的是一种感官文化,它强调视觉娱乐性和新颖刺激性,这种平面文化消解了读者的自我评价与反思能力。况且,文化传播的大众化使每个

---

[1] 张曙光:"现代中国语境中的'马克思'与'孔夫子'(下)",《哲学研究》2010年第3期。

[2] 刘梦溪:"现代性与跨文化沟通——史华慈教授访谈录",《世界汉学》2003年第1期。

人都可以通过传媒自由发表自己的见解，这也对传统文化的崇高感和神圣感形成了冲击。近年来，有学者采用"戏说""图解"等形式对传统文化进行"整容"，虽有利于推广传统文化，但却使传统走了样、变了味。传播媒介的变革确实使人们的传统阅读方式发生了很大变化，一方面学者不得不取悦于大众，他不得不用调侃、戏谑等形式把传统文化通俗、形象地表达出来。这种即时表演在消解传统文化的思想深度的同时，也难以形成生命思考和人生启迪。电视观众也只把这些讲坛文化看成是茶余饭后的无聊消遣和新奇体验，因此电子媒介的平面化和娱乐化消解了传统文化的思想深邃性和价值神圣感。信息社会的到来加速了西方现代文化的传播，各种媒体都在宣传西方现代生活方式和价值理念。并且这种宣传又是同市场化结合起来并不断渗透到每一个人的日常生活中去，成为个体耳濡目染的日常文化。这种宣传给人们形成了一个假象：西方现代文化的发达与中国传统文化的落后，这种鲜明对比强烈地刺激着中国人的自尊心，并最终生成了我们国民的民族文化自卑感和崇洋媚外的虚荣心。

三、"体用二分"与被误读的现代化

列文森认为中国传统文化特别是儒家文化已经被送入了博物馆，"就博物馆学的意义而言，陈列品都只具有历史的意义，它们代表的是既不能要求什么，也不能对现实构成威胁的过去"[1]。确实，中国已经选择了一条和传统迥异的现代化之路，儒教在今天更多只是象征意义或历史意义。大都市中已很难再寻觅到活着的传统，那些最能代表传统的农耕文化和市井文化都只能去博物馆里找寻。特别是随着城镇化的发展，许多被视为"落后"了的物质文化和精神观念都统统遗弃了，人们开始以融入西方文化为荣。回头才发现我们是否误读了现代化，片面地把现代看成是对传统的抛弃和破坏，认为现

---

[1] 〔美〕列文森：《儒教中国及其现代命运》，郑大华、任菁译，中国社会科学出版社2000年版，第372页。

代化就是学习西方的物质文化而非精神性文化。以反传统形式而建立的现代化也将是难以产生自我意识的现代化,此类主体缺失的现代化具有很大的盲目性。当然,对传统的否定和破坏意识确实能够为现代化的快速发展扫清障碍,物质文化比精神文化更具有诱惑力和现实性,也更容易被迅速掌握。总之,近代中国以来的现代化仍然是一种形而下的现代化,比较危险的是,在这个过程中我们把原先具有的形而上文化的优势丢失了。因此,我们不但没有学习到西方的现代精神文化,反而丢弃了自己的传统精神文化。这也铸就了现代人精神人格的分裂性,一方面是个体主义、自私心态和享乐主义盛行,另一方面也滋生着自卑感和奴才意识。与传统的追求道德性人格精神相比,现代人更加信赖物质性人格精神,因此虽然他们在政治和经济上是自由独立的,但在精神人格上却没能完全独立。

以儒家为代表的传统文化已难以适应这个"物化"的时代,因为儒家文化以精神文化(直觉)见长,但却在物质文化(理智)上不及西方文化。在"以物的依赖性为基础的人的独立性阶段",能创造巨大精神财富的儒家文化显得越发不合时宜了。精神生活的淡漠是现代化发展过程中形成的社会问题,但以理性为根基的现代性却无力对这种病症给予很好的治疗。因此,现代性危机又为以儒家为代表的传统文化的复活提供了历史机遇,即用儒家精神去弥补西方现代性的缺陷。20世纪90年代以来,当代学者们对中西结合进行了尝试,一方面发挥儒家文化的调节功能优势,使之与西方的动力优势结合起来;另一方面把儒家文化的内在超越同西方文化的外在超越结合起来。然而,儒家文化仍然是偏向于理想性的"哲学文化",其在应用方面略显不足,如何把儒家文化的真精神同时代发展要求结合起来成为一个难题。虽然,近年来,以政府为主导的物质文化遗产和非物质文化遗传保护工作不断推进,但也只是在研究、收藏乃至文化传播等符号的象征意义上开展,很难根植于群众的日常生活。传统文化的保护同时也面临着功利心态的影响,具体表现为政治意识形态和经济意识形态对传统复兴的利用。这些文化保护主导者看重的是传统文化背后的政治效益、经济效益，乃至文化效益，很少能从民族精神复活和推广意义上来看待传统文化的保护。因此，今天的传统文化保护并不能等同于传统回归或复兴，因为不但没有复兴的时代条件和社会环境，也很容易变成一场"治标不治本"的形式主义运动。文化不融进具体的日常生活之中去践行就永远是具有象征意义的符号，因此应尝试寻找并点亮活着的文化传统并进行社会化运用，而不仅仅是把传统当成符号记忆。

列文森认为中国人对传统文化的坚守更多是出于一种民族情感和民族自信心，中国人被迫接受现代性只是出于一种形而下的策略。"尽管人们经常指出西方文化的弊端已暴露无遗，但中国传统仍难逃脱在西方的影响下发生转化的命运。"[1]20世纪的中国已成为世界的一部分，而不是传统意义上的"中国即是世界，世界即是中国"。然而民族主义者的"体用"二分模式仍然以封闭型文化意识形态自居，试图形成与西方文化相抗衡的传统文化主体意识和自信心。但国门的打开注定了文化变迁的加速，以往那种传统文化体系在内容和结构上的相对稳定性和单一性永远不会存在了。以西方现代观点来看，东方那种自然性封闭的文化体系会在全球化过程中迅速瓦解，不但在物质文化层面，也会在伦理、风俗习惯乃至价值观念上发生剧烈转变。有人指出，明清时期中国文化开始走向保守，这与政府的封闭型政策不无关系。这些人为性封闭的文化可以看成是政治意识形态的表达，其被政治权利强制推广就已内含了走向瓦解的风险。因为当政治和经济权利被打破，这种外部强制性文化也就没有了内在稳定性和生命力。因为它不但排斥任何异质文化的介入，同时也以统一性强制力来剔除其体系内部出现的任何异端成分，所以这种带有强制力的封闭型文化因缺乏内生性也变得更加脆弱，一旦出现重大变革也最容易发生震荡甚至迅速消失。而那些具有多元性和包容性的开放型文化虽然在短时间内不具有稳定性，从表面上看也最容易遭受内外部异质文化的侵袭，然而，正是由于它具有多元性和包容性，也就可以化

---

[1]〔美〕列文森：《儒教中国及其现代命运》，郑大华、任菁译，第99页。

解文化系统内部乃至同外部异质文化之间的矛盾，或兼容并包或吸收融合。而唐宋时期的传统文化就具有一种"保守的开放性"，因为它在吸收和融合其他文化的同时又以自我为中心。它既保持了文化优越感和虚荣心，又通过文化交流与融合的方式同化"他者"而瓦解了其他文化的挑战。近代以来的中华文化强调"体用二分"且"以体为本"原则，从表面上看，这是一种具有活力、弹性的开放型文化模式，不但有利于经济的发展，还坚守了中国文化的传统特色。然而，这种"体用二分"模式却也潜在地加速着传统文化精神的失落和物化趋势。

四、传统文化精神重塑的可能

如果说传统还没有完全逝去而处于隐居状态的话，那么这些依旧活着的传统就是"文化精神"或精神人格。正是这种生生不息的"文化精神"以其强劲的生命力抵抗着现代对传统的消解，为传统文化的复兴保存了不灭的"薪火"。近年来，有些学者提出"生命精神"说，认为这个活着的文化精神就是"生命精神"[①]或"精神生命"[②]。认为传统文化中有一种"活着的"精神传统，这种精神可以看成是中华文化生生不息的命脉和永不枯竭的创造性源泉。概括地说，文化精神乃是指中国人所特有的人生态度和精神价值取向。虽然我们无法用概念去定义传统"文化精神"，但从现代化转型角度来讲却不得不提到某些特点：1.尚古精神。具体表现为对传统、祖先、经典文化的尊重和对圣人的崇拜，"儒家具有一个不依赖最高存在者权威的经典体系和以此为基础的精神传统"[③]。也正是这种以经典文化为根基的精神

---

① 胡海波教授认为，以"人"为主题的生命精神是中华民族特有的精神传统，应从人的生命意义上来弘扬中华文化的精神传统。参见"中华民族精神家园的生命精神"，《东北师大学报（哲学社会科学版）》2008年第3期。

② 陈道德教授从对自然生命的超越角度谈精神生命，参见"从自然生命到精神生命：庄子生死观初探"，《中南民族大学学报》2013年第3期。

③ 陈来：《传统与现代——人文主义的视界》，北京大学出版社2006年版，第256页。

传统保障了中华文化的源远流长。2. 天下意识。古人具有"天下兴亡，匹夫有责"的责任担当意识和"先天下之忧而忧，后天下之乐而乐"的人文情怀。儒家思想把个人、家、国、天下用道德伦理有机统一起来既培养了"天下为公"的入世理想人格，又使个人具有了"以天下为己任"的忧患意识。3. 情感意识和诚信意识。文化传统中的一些伦理规范具有日常化、隐性化特征，它培养了人们的日常伦理情感和自我约束的诚信精神。4. 重视心性体悟和文化直觉。生活体验和直觉领悟是中国人特有的思维方式，这与重视现代理性的西方科学思维方式有很大不同。二者存在着一个质化与量化、不确定与确定的差异性。5. 互敬互爱的礼乐精神。儒家文化强调相互尊重的人际关系，并具有强烈的人伦色彩。以"孝""敬""和"为思想基础的道德伦理秩序有利于生成人与人、人与社会、人与自然之间的和谐关系。同时，应辩证地看待传统文化精神的利弊，"批评的把中国原来态度重新拿出来"[①]。尚古思想有利于传统的延续和社会秩序的稳定，但不利于个体意识的成长和开拓创新精神的培养。天下意识虽有利于培养人的社会责任和担当意识，但也容易形成民粹主义和把"中国当成天下"的狭隘观念。很可惜的是，文化激进主义者没能看到传统文化精神的"安邦济世"之功效，反而看成是现代化道路上的"绊脚石"。如果说活着的文化传统就是文化精神，那么这个文化精神如果有生命的话就不能是抽象的东西。它必须以物质性载体的形式表达出来，否则就如同"没有尸体的灵魂"，其"生命"意义何在？然而，以物质载体形式表达的传统文化精神的存在空间也越来越窄，特别是深受现代化影响的年轻人把我们的民族文化都淡忘了。如果让精神成为一种"活着的"内容，它的存在就必须在于具体的社会形式表达，而不仅仅是一份历史的记忆或对传统遗产的保存。非物质历史文化遗产的保护不仅仅要强调"传承人制度"，更要考虑提炼某些精髓以便向大众普及。只有把传统文化精神的精髓注入到有时代气息的形式里才容易

---

① 梁漱溟：《东西文化及其哲学》，第204页。

被大众普遍接受；只有立足于社会生活的实际运用和传播才是真正有形的、活着的文化精神。

如果分析一下传统文化精神的当代"余温"，其残存主要包括：一是以当代知识分子为代表的士大夫文化，或称为经典文化；二是以农民和普通市民为代表的农耕文化和市井文化，或称为民间文化。以往，我们所强调的民族传统文化主要是知识分子所推崇的经典文化，却忽视了民间传统文化的继承。知识分子阶层所传承的经典文化强调礼乐、道统等超越精神，而农民和市民传承的民间文化强调风俗、道德习惯、生活伦理等世俗精神。俗语说"学在民间"，知识分子不但要强调传统经典文化的继承和宣传，更应该立足于民间去拯救和培植活着的文化传统，否则这些活着的民间文化很容易受侵袭并同经典文化一道被送进博物馆而成为文化标本或研究对象。不应把民间传统仅仅看成是"小农意识"和"小市民意识"，应该把他们同儒家经典文化和现代西方文化统一起来，相互取长补短。"梁漱溟仍然坚持认为群众性的文化复兴是使中国现代化成功的绝对必要条件。"[1]因此，重塑传统文化精神，群众参与显得尤为必要。除此，中国传统文化中不乏实践精神和功利心态，从士大夫阶层的道德实践到民间技艺乃至商业，这些功利层面所内含的道德人格精神也值得进一步挖掘。总之，培植或重塑活着的文化传统不是要"复古"，而是要传承道德文化传统的精髓用以矫正现代化发展的偏差，为现代人格重塑提供精神支柱和心灵寄托。现代化发展的中国特色必根植于中华民族的文化精神传统，作为一种具有均衡性、批评性、约束性的神圣力量，文化传统仍有其存在的积极价值。

（刘　举，吉林省社会科学院哲学与文化研究所助理研究员）

---

[1]〔美〕艾恺：《最后的儒家——梁漱溟与中国现代化的两难》，王宗昱、冀建中译，第197页。

儒家思想与文化战略关系刍议

任 慧

【摘要】 20世纪末以来,文化战略作为国家战略的一个重要组成部分,逐渐成为世界各国普遍关注的问题。而一个国家或民族文化战略的制定与实施则需要尊重传统战略文化的特质。中国传统战略文化的根基十分庞大,但其主线正是以儒家思想为代表。以儒家思想作为中国战略文化传统主流思想的论断,在21世纪依然发挥着巨大作用。为此,我们在制定文化发展的整体战略时,必须尊重中国这一独特的战略文化传统。

源自军事领域的战略问题,随着全球两极格局的解体和各国大力地发展经济,逐渐染指经济、政治、文化等关涉某个国家或地区发展的多项维度,引申为在一定历史时期指导全局的方略。进入新时期以来,文化战略的重要性逐渐得到了世界各国的普遍认同,进而文化战略的有效制定也成为人们更为关注的问题。一个国家的战略行为,既反映了它在此时此地的现实需要,也深深地植根于历史的、此前形成的战略文化传统之中。鉴于文化对社会巨大的反作用力,一个国家民族文化战略的制定与实施更需尊重战略文化的特质。"战略文化"概念来自于西方,但战略文化的思想在中国历史悠久。中国战略文化的根基十分庞大,但其主线正是以儒家思想为代表。诚然,中国战略文化传统存在着一定缺陷,但并不是一个故步自封的体系,在全球化时代，中国战略文化以传统智慧为基础，也在不断地汲取新的营养，寻求有利于指导中国全面发展的科学转变。故而，以儒家思想作为中国战略文化传统主流思想的论断，在 21 世纪依然发挥着巨大的作用。为此，我们在制定文化发展的整体战略时，必须尊重中国这一独特的战略文化传统。

一、战略

"战略"（strategy），从字面意义上可以理解为作战的谋略，即创意定计，视为作战之根源，最初局限于军事战争领域。唐代著名边塞诗人高适在《自淇涉黄河途中作》一诗中曾经写道："当时无战略，此地即边戍。"随着全球两极格局的解体和各国大力发展经济的局面的渐趋形成，"战略"逐渐引申至经济、政治、文化等领域，成为在一定历史时期内指导全局的方略。在中华人民共和国六十余年的生命历程中，战略思考一直占据着重要的位置。1957 年 1 月，毛泽东同志在《在省市自治区党委书记会议上的讲话》中提到："调动一切积极力量，为了建设社会主义。这是一个战略方针。"[1] 1979 年 11 月，邓小平同志发表了《高级干部要带头发扬党的优良传统》的讲话，其中谈道："我们一定要认识到，认真选好接班人，这是一个战略问题。"[2] 1995 年，以江泽民同志为总书记的党中央集体把实施科教兴国战略列为今后 15 年直至 21 世纪加速我国社会主义现代化建设的重要方针之一。2003 年 12 月，胡锦涛同志在全国人才工作会议上强调"全党同志必须从全局和战略的高度，以高度的政治责任感和历史使命感，把实施人才强国战略作为党和国家一项重大而紧迫的任务抓紧抓好"。综上可知，战略问题早已引起了党中央的集体性高度重视，作为一定时期内指导全社会发展进步的关键所在，战略思考一脉相承。

---

[1]《毛泽东选集》第五卷，人民出版社 1977 年版，第 340 页。
[2]《邓小平文选》第二卷，人民出版社 2002 年版，第 222 页。

战略具有整体性、长期性、基本性等特质，其分类可以依循不同的方法：如果按照社会历史时期划分，可分为古代战略、近代战略、现代战略和当代战略；如果按照其所面对的不同社会领域，可分为经济战略、政治战略、军事战略、文化战略等；具体到一个企业，它的战略包括营销战略、发展战略、品牌战略、融资战略、技术开发战略、人才开发战略、资源开发战略等。可以说，在当今竞争激烈的全球化背景下，大到一个国家地区，小到一个企业公司，都必须建立自己的战略才可以寻求长远的发展，"战略"早已成为了全球视野下最受关注的词语之一。而在战略分类内部，文化战略则越来越成为焦点。

20世纪晚期，当人类开始对21世纪展开深入思考时，世界各地的有识之士们都开始意识到未来世界国家之间的根本差别就在于文化的差别。而这一观点，迅速得到了各个国家的认同。1998年韩国总统金大中在上任伊始，即发出"在21世纪，文化就是国力"的论断。我国也早在20世纪，就对文化之于国力的重要关系做出了清晰的描述。1997年，江泽民同志在党的十五大报告中指出："有中国特色的社会主义文化，是凝聚和激励全国各族人民的重要力量，是综合国力的重要标志。"[1]综合国力是衡量一个国家国力强弱的综合标志，它主要由经济、政治、军事、外交、科技、教育、文化等因素构成。在新时期，鉴于文化对经济基础和政治上层建筑的反作用，文化被越来越多的国家视为直接关涉综合国力的重要因素，有的专家甚至断言："文化决定了这个世界的模样和前途。"[2]在我国，更是将文化建设视作中国特色社会主义事业能不能发展、会不会变质、有没有前途这项千秋大业的关键环节，是事关我国在跨世纪发展中能不能实现宏伟战略目标的根本大计，文化建设从而被赋予极高的战略地位。

---

[1] 中共中央文献研究室编：《十一届三中全会以来党的历次全国代表大会中央全会重要文件选编（下）》，中央文献出版社1997年版，第441页。

[2] 曹世潮：《文化战略——一项成为世界一流或第一的竞争战略》，上海文化出版社2001年版，第6—7页。

二、文化战略

　　上文已经解析过战略的内涵，欲探究文化战略的意指，仍需分析文化的含义。何为文化？这一问题为古今中外的很多学者所倾力探寻，但至今没有一个统一确切的结论，从这个角度讲，文化似乎高深莫测，正如人类学家爱德华·泰勒在其《原始文化》一书中说："'文化'是人类在自身的历史经验中创造的'包罗万象的复合体'。"但文化又是无处不在的，小到一个人、一个家族，大到一个团体、一个组织、一个地区、一个民族、一个国家，都可以总结出属于自己的文化，究其原因，则在于文化是因人而生的，依存于人类的存在而存在。换句说话，文化是人类社会特有的现象，没有文化就没有社会。"虽然每个个体的文化实践是独一无二的，但当我们通过社会分层的视角来考察它时，文化灿烂辉煌的多样性就变得出人意料的一致了。"[1] 本文所讨论的文化，包括文化战略的文化所指，更倾向于美国社会学家戴维·波普诺对于文化的定义："文化是人类群体或社会的共享成果，这些共有产物不仅仅包括价值观、语言、知识，而且包括物质对象。"[2] 故而文化战略，顾名思义，就是人类各种类型的群体组成，诸如一个国家、地区、民族或者团体、企业对于自身文化发展的战略。

　　文化和人息息相关，不管是一个国家还是一个民族，都是在特定的人群中滋生、认同和发展着的。但在全球化的背景下，特定的人群似乎越来越难以"特定"："由于信息技术的飞速发展，极大地推动了全球化的进程，缩短了时空距离，地球作为一个大社区已经成为一个无形的网

---

[1]〔美〕约翰·R.霍尔、玛丽·乔·尼兹:《文化：社会学的视野》，周晓虹、徐彬译，商务印书馆2004年版，第178页。

[2]〔美〕戴维·波普诺:《社会学》，李强等译，中国人民大学出版社2007年版，第72页。

络社会，而信息社会的同一性必然导致不同文化为全人类所共享，在这个基础上人们产生了文化共生共享的互动理念，认识到文化的整体性和普遍性价值。在后工业时代，文化已经为全人类所有，全人类也在共同创造新文化。"[1]全球一体化的浪潮不可避免，但注意保持世界文化的多样性、多元化则是全人类应该达成的共识。因为如果全球经济一体化同时导致了文化的单质化，人类社会就势必陷入单调、单一之中，丰富多彩的人类文化就会枯萎死亡。这正如2001年《世界文化多样性宣言》中所谈到的文化多样性问题："人类的共同遗产文化在不同的时代和不同的地方具有各种不同的表现形式。这种多样性的具体表现是构成人类的各群体和各社会的特性所具有的独特性和多样化。文化多样性是交流、革新和创作的源泉，对人类来讲就像生物多样性对维持生物平衡那样必不可少。从这个意义上讲，文化多样性是人类的共同遗产，应当从当代人和子孙后代的利益考虑予以承认和肯定。"[2]世界各个国家和不同的种族民族，都越来越深刻地认识到保持文化独特性和多样性的重要价值和意义，由此，世界各国的人们开始用战略的目光来审视文化，并逐渐进入了文化战略竞争阶段[3]。

文化战略的重要性得到了世界各国的普遍认同，进而文化战略的有效制定就成了人们更为关注的问题。正如上文所引述的，美国社会学家戴维·波普诺对于文化所规定的意义为"文化是人类群体或社会的共享成果，这些共有产物不仅仅包括价值观、语言、知识，而且包括物质对象"，于是，对于各种人类群体或社会，诸如一个国家、一个民族或者一群人所需要制定的"战略"问题，也需要对其文化背景进行更深入的探讨，也就是对于战略文化的认识。

---

[1] 王文章、陈飞龙："非物质文化遗产保护与国家文化发展战略"，《求是》2007年第17期。

[2] 2001年11月2日联合国教科文组织第31届大会在巴黎总部通过了《世界文化多样性宣言》。

[3] 参见曹世潮《文化战略———一项成为世界一流或第一的竞争战略》，第3页。

三、战略文化

战略文化，是一个国家在战略行为上所表现出来的持久性的、相对稳定的文化特征。它是一个民族与文明的历史经验、民族特性、价值追求以及文化心理在战略领域的集中反映[1]。一个国家的战略行为，既反映了它在此时此地的现实需要，同时也深深地植根于历史的、此前形成的战略文化传统之中。不管是自古至今的军事战略，还是新兴的经济战略、政治战略，抑或文化战略，其背后都深藏着不同的民族、国家和地区的文明历史，简单说来，这就是业已并终将引起更多人重视的战略文化。

对"战略文化"的关注，在国外已经走过了半个多世纪的历史，从军事领域逐渐扩展到社会经济文化等领域，也从区域研究逐渐延伸到国际安全和国际关系理论等领域，初步形成了一套较为成熟的研究体系。美国于1992年召开了名为"战略文化与中国"的研讨会，足见其对于"战略文化"的高度重视。在国内，从1997年军事学家李际均首次正式提出"战略文化"的概念，始方走过十年的道路，但学界对于战略文化的思考也早已突破了单纯的军事领域。换句话说，战略文化其本身就具有宏观的价值指向，不可能也不能够拘泥于某一学科领域，因为从广义上说，战略文化"是一种在历史发展过程中，围绕着一定的战略主题，在战略行为上所表现出来的相对稳定的文化价值取向。从根本上来说，战略文化的不同，反映的是文明的生存与发展的现实需要与价值追求的不同；战略文化的差异，反映的是文明本身的差异"[2]。

从字面上看，文化战略和战略文化这两个词语，已经彰显了其千丝万缕的联系。和军事战略、经济战略等相比，文化战略和战略文化的关

---

[1] 参见宫玉振《中国战略文化解析》，军事科学出版社2002年版，第10页。
[2] 宫玉振：《儒家思想与中国传统战略文化》，军事科学院2000年博士论文，第4页。

系似乎不容易梳理清楚,其实不然。文化战略和经济战略、军事战略等共同作为战略的一种分类体系下的组成部分,其制定的前提,同样需要战略文化作为背景的支撑。并且,鉴于文化对于社会的巨大反作用力,一个国家民族文化战略的制定与实施则更需尊重战略文化的特质。因为相比经济和军事,文化战略的成功与否,更需要长时间方能得以检验,一步走偏,至少需要数十年甚至上百年的时间和清醒的认识才有可能得以改观,而这其中所需要付出的代价,则不止表现于文化领域,而是反映在经济政治军事和社会生活的方方面面,其影响力将会甚为巨大,难以估量。

从军事学的意义上来看,战略文化对战略选择和战略行为的影响,主要通过战略目标的确定、战略环境的认知以及战略手段和战争样式的选择表现出来。将这一意义引入文化领域,我们可以做出这样的阐释:实施文化战略所处的环境,其需要达到的目标,以及这一目标得以实现所需采取的手段和样式,是一个国家或地区对于文化战略的部署必须考虑的先决条件,而这背后首先也是最为重要的一个准备工作,就是从这个国家和地区的战略文化出发,先行了解它们的战略文化。从某个角度甚至可以说,战略文化决定了文化战略。没有对战略文化清晰深刻的认识,就难以制定出明确可行的文化战略。

由此,从中国战略文化传统出发,尊重中华民族传统的战略文化,结合当今社会的时代特征,制定适合我国国情的文化战略,从而指导我国文化建设进入飞速发展阶段,实现建设中国特色社会主义社会的千秋伟业,这一基本逻辑已经建立。那么,我国的战略文化传统是什么呢?

四、中国战略文化传统

中国文化悠悠千载、博大精深。虽然在我国关于战略及其相关问题的系统关注,只有短短的十年时间,但中华民族的战略文化传统,却早已伴随着战略问题的现实存在而发展演变了数千年。鉴于"战略"最初诞生于军事领域，与此相关的研究也都缘起于军事领域，战略文化亦不例外。截止到目前，我国已有多名军事学专家对中国传统的战略文化进行了多方位的研究探索，综合几家代表观点，可以梳理出这样的脉络：

战略主题决定战略文化。天下兴衰作为中国历史一直以来的主题，决定了中国的战略文化围绕着这个中轴展开。作为民族内部矛盾的天下兴衰问题，早在周代就已确定倾向于通过道德而非武力予以解决的思路——"惟不敬厥德，乃早坠厥命"（《尚书·梓材》）——由此衍生的天下情怀与道德理性奠定了中国传统战略文化的基础。当历史的车轮驶入春秋战国时期，以孔子为代表的儒家逐渐登上历史舞台。孔子对道德理性充满乐观态度，提出了"仁"的核心价值体系；孟子基于"人性本善"的论断，提出"仁人无敌于天下"的命题；荀子虽然抛出"性恶说"，但其对于儒家的道德理性，依然占据思想的主导地位，由此，早期儒家的三位代表人物，确立了儒家思想非暴力的基本价值取向，同时也确立了儒家战略文化的基本价值内涵："以德、礼为主的周公之道，世代相传，春秋末期遂有孔子以仁、礼为内容的儒家思想。"① 此后，"秦汉间为天地一大变局"②，儒家战略文化从道德角度出发，强调将战略重心放在协调与整合内部关系上，为追求树立千秋基业的统治者提供了有利于内部平衡稳定的长远的道德准则和行为规范，因而逐渐成为中国传统战略文化的主导观念。③

承上可知，儒家思想作为中国传统文化的主流思想，同时也是中国战略文化传统的主流思想。但是，儒家思想在中国经历几千年的发展演变，

---

① 杨向奎：《宗周社会与礼乐文明》，人民出版社1997年版，第285页。
② [清] 赵翼：《廿二史札记》，中华书局1985年版，第21页。
③ 参见诸多现有研究成果，如《儒家思想与中国传统战略文化》（宫玉振著，军事科学院2000年博士论文）、《战略入门》（[法] 安德烈·博福尔著，军事科学院外国军事研究部译，军事科学出版社1989年版）、《中国战略原理解析》（洪兵著，军事科学出版社2002年版）、《孙子兵法与战略文化》（姚有志、阎启英主编，军事科学出版社2005年版）、《战略学》（军事科学院战略研究部编，军事科学出版社2001年版）等。

产生了大量的思想精华，但是近代以来，因其所积聚的很多弊端使其遭受了重重洗礼，以致很多人不禁怀疑这一论断的正确性。为此，下面将进行具体的例证分析，从政治和经济两个角度，揭示目前不同领域及其不同层面的战略行为背后所体现的战略文化。

从第一代中央领导集体倡导的和平共处五项原则，到邓小平提出的"和平与发展是当今世界两大主题"的科学论断，再到江泽民提出的"在和平共处五项原则的基础上，建立和平、稳定、公正、合理的国际新秩序"，中国政府和人民一贯坚持的政治理念都离不开一个"和"字。进入21世纪的中国，更加坚定了这一治国方略。2005年4月，胡锦涛主席参加雅加达亚非峰会，首次提出"和谐世界"的理念；5月，胡主席在会见俄罗斯老战士时，再次提及"和谐世界"的主张；7月，胡主席出访俄罗斯，"和谐世界"被写入《中俄关于21世纪国际秩序的联合声明》；9月，在联合国成立60周年首脑会议上，胡主席发表题为《努力建设持久和平、共同繁荣的和谐世界》的重要讲话，全面阐述了"和谐世界"这一主张的深刻内涵。半年之内，中国最高领导人连续四次在重大国际场合提及"和谐世界"的构建，可见中华民族对于和谐世界的尊重和渴望，也向世界昭告了中国和谐发展的政治战略。在十七大报告中，胡锦涛总书记明确提出建设和谐社会的战略要求："共同分享发展机遇，共同应对各种挑战，推进人类和平与发展的崇高事业，事关各国人民的根本利益，也是各国人民的共同心愿。我们主张，各国人民携手努力，推动建设持久和平、共同繁荣的和谐世界。"十八大报告持续这一思想，"和谐"一词总共出现31次之多。

"和谐"理念，正是源自儒家思想。《论语·子路》篇有云："君子和而不同，小人同而不和。""和而不同"这个意味深长的哲学命题，横亘千载依然焕发出勃勃生机，其所衍生出的"和谐世界"理念，作为充盈着典型东方智慧的词语，早已扎根于中华儿女的心中并逐渐得到世界各国的视野观照。本杰明·史华兹认为："儒家的正统路线认为，国家的主要目的是支持和维护道德、社会和文化的秩序,以使天下和谐太平。"[1]英国哲学家罗素说:"中国至高无上的伦理品质中的一些东西,现代世界极为需要。这些品质中我认为和气是第一位的",这种品质"若能够被全世界吸纳,地球上肯定比现在有更多的欢乐祥和"[2]。

十八大以来,以习近平为总书记的党中央领导集体,更加重视和弘扬中国传统文化,认为中华文化积淀着中华民族最深沉的精神追求,优秀的传统文化更是中华民族永远不能离别的精神家园。2014年5月15日,习近平在中国国际友好大会暨中国人民对外友好协会成立60周年纪念活动上发表讲话,指出:"中华民族历来是爱好和平的民族。中华文化崇尚和谐,中国'和'文化源远流长,蕴涵着天人合一的宇宙观、协和万邦的国际观、和而不同的社会观、人心和善的道德观。在五千多年的文明发展中,中华民族一直追求和传承着和平、和睦、和谐的坚定理念。以和为贵,与人为善,己所不欲、勿施于人等理念在中国代代相传,深深植根于中国人的精神中,深深体现在中国人的行为上。"同时反复向世界阐释中华"和"文化,郑重表达中国的"和平""和谐""合作"的外交准则。2014年3月27日,习近平在巴黎联合国教科文组织总部发表演讲时指出:"当今世界,人类生活在不同文化、种族、肤色、宗教和不同社会制度所组成的世界里,各国人民形成了你中有我、我中有你的命运共同体。中国人早就懂得了'和而不同'的道理。……我们应该推动不同文明相互尊重、和谐共处,让文明交流互鉴成为增进各国人民友谊的桥梁、推动人类社会进步的动力、维护世界和平的纽带。我们应该从不同文明中寻求智慧、汲取营养,为人们提供精神支撑和心灵慰藉,携手解决人类共同面临的各种挑战。"2014年6月28日,习近平在"和平共处五项原则"发表60周年纪念大会上发表讲话时提到:"中华民族历来崇尚'和为贵''和而不同''协和万邦''兼

---

[1] 〔美〕本杰明·史华兹:《寻求富强——严复与西方》,叶凤美译,江苏人民出版社1995年版,第9页。
[2] 〔英〕罗素:《中国问题》,秦悦译,上海学林出版社1996年版,第205页。

爱非攻'等理念……我们要尊重文明多样性，推动不同文明交流对话、和平共处、和谐共生……我们要倡导交流互鉴，注重汲取不同国家、不同民族创造的优秀文明成果，取长补短，兼收并蓄，共同绘就人类文明美好画卷。"2014年9月24日，习近平在纪念孔子诞辰2565周年国际学术研讨会暨国际儒学联合会第五届会员大会开幕会上的讲话中再次强调，世界上的一些有识之士认为，中国传统文化中包含的"关于中和、泰和、求同存异、和而不同、和谐相处的思想"，蕴藏着解决当代人类面临的难题的重要启示，"可以为人们认识和改造世界提供有益启迪，可以为治国理政提供有益启示，也可以为道德建设提供有益启发"。2015年1月21日在瑞士达沃斯召开的世界经济论坛2015年年会上，李克强发表特别致辞时也表示，"面对复杂的国际局势，我们主张要坚定维护和平稳定""面对多元的世界文明，我们主张要共同促进和谐相处"，并号召"国际社会携起手来，坚守和平稳定的底线，秉持和谐相处的理念，激活开放创新的动力，从而为我们赖以生存的世界迎接更加美好的未来"。总之，以习近平为总书记的党中央集体反复向世界阐释中华"和"文化，在国际舞台上展示"和"文化之精髓，郑重表达中国的"和平""和谐""合作"的外交准则，倡导世界不同文明的包容互鉴，促进世界各国"和平发展，和谐相处、合作共赢"。

由此可见，以"和谐"为主导的政治战略在建设中国特色社会主义进程中的重要作用，而这一战略十分恰当地体现了中国战略文化传统的基本特征：源自中国古代思想主流的儒家思想，凸显了中华民族深厚的文化底蕴和深刻的文化自觉。

社会政治领域如此，经济领域又如何呢？这里选取两家企业和一个事件作为事例进行分析。

恒源祥作为一家拥有八十多年历史的中华老字号企业，在跨越世纪的发展进程中认识到企业发展战略事关企业发展的未来，于是早在20世纪末期就开展了企业战略的制定工作，最终确立了以"衣被天下"为核心的战略思想。"衣被天下"具有两层含义：首先，"衣被天下"代表着恒源祥集团将天下世界作为服务市场以及势将在国际国内竞争中夺取领先地位的豪情壮志；其次，"衣被天下"意味着恒源祥集团始终持有强烈的社会责任感和艰巨的行业使命感，从产品设计、生产到营销、服务的各个环节，始终以满足人们的生活需求、创造健康幸福的生活为目的。"衣被天下"作为恒源祥公司的核心战略，集中体现了该公司的核心价值观念，而这"天下"的理念，正和中国战略文化传统的"天下"追求十分契合。

五粮液集团的酿酒历史可以追溯至宋代，至今已有七百余年。其正式定名为"五粮液"的时间，也已经长达百年，可谓中国酿酒行业的传奇。2007年以来，该集团将五粮液品牌的核心竞争力确定为"中庸和谐"的品质，并以此作为五粮液品牌巨大的"文化力"所在向社会进行广泛宣传。他们认为：作为中国传统文化的代表，五粮液骨子里流淌着中华民族文化的精髓。中华文化以儒家文化为核心，孔孟之道的核心在于中庸，就是追求内在与外在、传统与现代的和谐统一。中国传统文化中的"中庸"之道在五粮液中可以找到新的解释：五粮液采天地之灵气，汇江河之脉流，融五谷之精华，纳人和之风情，把天地人的完美结合酿制成醇香的美酒，是一种真正意义上的天人合一；五粮液注重感官上的色、香、味俱全，讲究酒的内在品质——醇和厚，注重饮用后的绵长回味，它的性情柔中有刚，淡中透浓，正是中国儒家文化"中庸和谐"在酒文化中的最好体现。中国酒文化的历史源远流长。五粮液集团将品味美酒与文化完美结合，体现了中华民族五千年发展历史的厚重积淀与中庸和谐的儒家风范。这一战略思想，同中国战略文化传统亦相契合。

恒源祥和五粮液作为中国传统企业的代表，在战略思路的选择上都基本遵循了中国战略文化传统，体现了儒家思想的战略表述。虽然这两家企业的蓬勃发展绝对离不开现代科技的巨大支持，但同时也印证了中国战略文化之于现代社会的重要意义。相比之下，很多进入中国发展的外国企业则因为其所具有的战略文化同中国存在差异，而遇到了难以解决的问题。

2008年5月，四川发生巨大地震灾害，引起世界各国的普遍关注，各种慈善赈灾捐款如潮水般涌来。中国普通民众对死难同胞的悲悯之情空前高涨，与此同时包括诺基亚、宝洁、雀巢、西门子、IBM、现代汽车、百胜、阿斯利康在内的知名跨国企业却因为没有及时捐款，或是捐款数额低于中国本土中小企业而遭到网络舆论的强烈抨击，它们的产品也遭到了消费者的抵制，突然陷入所谓的"捐款门"之中。地震一周后，一个"国际铁公鸡排行榜"的短信广为流传，将对跨国企业的攻击推上顶峰，其品牌形象在经济领域发生了丝毫不亚于汶川的"大地震"。这些跨国企业纷纷向商务部诉苦，商务部也号召民众保持冷静，但是，在很长一段时间内情况依然未得到缓解。对于这场纷争，相关专家解释说："在汶川这场震恸中国的巨大灾难发生之后，儒家文化中重义轻利的价值观念得以彰显，中国本土企业纷纷以巨额捐助践行'兼济天下'的传统观念。相比之下，恪守西方商业伦理的跨国企业们却难以理解这种行为，更忽略了这股力量的强大。"[1] 虽然这场纷争也从另一个角度表明，中国民众仍然"无法理解恪守西方商业伦理的跨国和本土精英们的行为，也不愿尊重全球化时代的商业游戏规则"[2]，但也正如黄仁宇所说，中国传统文化的"精神上的支柱"便是道德，而"从细微末节的局部问题，转化为道德问题，是中国人常用之手段"[3]。显然，进入新中国30年的跨国公司们，"尽管已经深深融入中国经济，对中国市场的认识、中国人消费习惯的把握有了丰富的经验，但对中国传统文化的理解还远远不够"[4]。

---

[1] 王小乔、潘晓凌："追捧打杀：震后'捐款门'始末"，《南方周末》2008年5月29日。

[2] 同上。

[3] 王小乔、潘晓凌："追捧打杀：震后'捐款门'始末"。〔美〕黄仁宇：《万历十五年》，中华书局1986年版，第51—60页。

[4] 王小乔、潘晓凌："追捧打杀：震后'捐款门'始末"。

五、结语

文化是民族的灵魂，集中体现着民族的精神和品格。文化的力量，深深熔铸在民族的生命力、创造力和凝聚力之中。当今世界综合国力的竞争，不仅包括经济实力、科技实力、国防实力等，也包括文化实力的竞争。作为维系国家统一和民族团结的精神纽带，文化战略的地位日益凸显，利用文化提高本国国际地位和影响力逐渐成为世界各国的重要抉择。为此，认真总结改革开放以来文化发展的经验教训，充分认识全面建成小康社会对文化发展提出的新任务、新要求，研究探讨重要战略机遇期加快文化发展的新途径、新办法，科学确定今后一个时期内我国文化建设的发展战略，是摆在我们面前的一项重要而又紧迫的任务。

通过上文对于战略及其所属文化战略和战略文化等问题的详尽阐释，以及对中国战略文化传统的爬梳整理和从社会政治和经济发展两个角度进行的例证分析，我们可以得出这样一个结论："战略文化"概念来自于西方，但战略文化的思想在中国历史悠久。中国战略文化的根基十分庞大，但其主线正是以儒家思想为代表。诚然，中国战略文化传统存在着一定缺陷，但并不是一个故步自封的体系，在全球化时代，中国战略文化以传统智慧为基础，也在不断地汲取新的营养，寻求有利于指导中国全面发展的科学转变。故而，以儒家思想作为中国战略文化传统主流思想的论断，在21世纪依然发挥着巨大的作用。为此，我们在制定文化发展的整体战略时，必须尊重中国这一独特的战略文化传统。

（任　慧，中国艺术研究院文化发展战略研究中心副研究员）

宗教学研究助力中国文化战略实施

卓新平

【摘要】 虽然随着国力的强大，我们有着在政治、经济等发展战略上的主动性和相应优势，但在文化精神的理解、文化自信的彰显、文化战略的制定上都还需要进一步开拓创新。从全球政治图景来看，民族宗教问题与相关国度或地区的政治局势密切关联。基于这一考虑，宗教学研究有必要将世界主要国家的宗教对其文化战略的参与及影响加以分析、比较，找出宗教在社会中的作用及外界宗教干涉或渗透的程度，从而为中国文化战略制定时应如何正确对待宗教、发挥宗教积极作用提供启迪和借鉴。

近年来，我国民族与宗教问题在理论和实践上都已成为热门话题，其问题的复杂性和观点的分歧性亦引起社会的高度关注。同样，当前世界格局尤其是我国周边地区也有一些新的发展动向，我们的国际环境趋于复杂，其中关涉的民族宗教因素逐渐显现。虽然我们随着国力的强大而有着在政治、经济等发展战略上的主动性和相应优势，但在文化精神的理解、文化自信的彰显、文化战略的制定上都出现了某种"短板"，还需要进一步开拓创新。例如，丝绸之路经济带的建立和海上丝绸之路的当代发展，都必须高度关注民族宗教问题。由于认识上的分歧、观点上的不一、理解上的差别，我们在当今文化战略的思考及构设上并没有充分注意到宗教的意义和作用，因此在发挥宗教在我国文化战略中的积极作用方面突破不多，作为不大，社会影响甚微。为此，我们有必要静下心来认真思考、冷静分析、科学探究世界宗教与文化战略的关系问题，并结合今日"世情"和中国"国情"，理论联系实际，最大限度地使宗教因素在我们文化战略的实施中起到积极作用。为此，转换思路、转变观念至关重要，我们要以思想解放来改变我们的工作进路，完善我们的政策理论。为了促进社会整体和谐共构，我们应有整全、整体、整合的大科学理论体系，形成周密、周全、周详的大安全战略举措，积极推动世界的和谐及可持续发展，巩固并加强我国的国际地位及对世界潮流的引导作用。这里，至少有如下层面值得我们去调查研究、找出有利于当前中国社会发展的最佳之途。

一、在政治上关注宗教与文化的战略意义

从全球政治图景来看，民族宗教问题与相关国度或地区的政治局势是稳定还是动荡有着密切关联。全世界大多数人信仰各种宗教乃是不争的事实，这是中国走开放之路所必须面对的世界现状。我们可以清楚地看到，一些国家用其宗教主动出击，影响相关国家或地区，使其宗教成为其"输出国"的正能量及扩展因素；而另一些国家则因其宗教问题陷入被动或动乱，甚至由此导致民族分裂、国家破败，宗教成为其负面因素和沉重负担。从世界全局来审视，这是国与国、民族与民族之间政治智慧的较量和精神实力的博弈，同时也是彼此思想文化意义上的对比与对话。

中国在这种局面中不可能选择躲避，必须直接参与、积极应对，对宗教问题的审视和处理也会反映出我们的政治智慧、国际交往和社会治理能力。基于这一考虑，宗教学研究有必要将世界主要国家的宗教对其文化战略的参与及影响加以分析、比较，找出宗教在社会中的作用及外界宗教干涉或渗透的程度，从而为中国文化战略制定时应如何正确对待宗教、发挥宗教积极作用提供启迪和借鉴。面对世界宗教普遍存在的现象，我们在以

开放社会之态全方位地参与世界事务时，恰当、正确地处理宗教问题有着重要意义。如果因对之处理不当而给人留下我们的社会氛围在根本上仍是否定宗教、排拒宗教的印象，会是极为负面的影响，对我们的改革开放也十分不利，更会由此导致我们在国际社会中被孤立，被世界上大多数有着宗教信仰传统的国家及民族漠视或抵制、防范。

中国要与世界各国广交朋友，正确对待宗教是不可回避之关，只有这样我们才能在世界上有更多真正的朋友，更好地融入整个世界。如果因境外敌对势力利用宗教对中国加以渗透就对整个宗教反感，对之实施全面抵制，则可能会陷入与全世界宗教为敌的危险境地。这种本末倒置的结果反而会使包括政治、文化在内的外来社会渗透越来越多，越来越强，使我们反渗透的能力越来越弱。所以，以任何理由或理论来否定宗教进而抵制境外利用宗教所实施的政治渗透并非上策，而且会越堵越难。

中华民族在其文化精神上是一个善于疏导、包容的民族，对宗教的疏导及包容就是其重要内容。我们今天在宗教问题上"讲政治"的正确之途也应该是理解世界宗教、团结大多数信教群众，从而使借宗教之名来搞政治渗透的人暴露出来，将他们明确地分离开和孤立起来，使之受到谴责。我们在国际政治中恰当地处理宗教问题才能优化我们"走出去"的外部环境。因此，在宗教问题上"讲政治"必须走开放、开拓、主动、积极之路，而不是消极防守、自我封闭。面对复杂的国内外环境，宗教问题能否正确处理，将在很大程度上影响到整个社会态势的发展走向。善治者胜，我们对此必须要有政治睿智和战略眼光，使宗教朝着有利于我们政治大局的方向发展。

二、关注宗教政策的文化战略意义

正确的宗教认知和宗教政策对我们实现"两个一百年"的理想、实现中华民族伟大复兴的"中国梦"至关重要。我们的宗教理解和宗教政策的指导思想应遵循十八大和十八届三中全会精神,"最大限度团结一切可以团结的力量""最大限度增加和谐因素",其落实在宗教问题上则是"使信教群众在全面建成小康社会的宏伟目标下最大限度地团结起来"。无论是在国际还是在国内,对信教群众我们都要采取"最大限度地团结"这一方略,我们的理论研究、学术导向和舆论氛围在宗教问题上也应朝这个方向努力,否则就会违背中央精神,违背十八届三中全会的指导。

当前我们的政治及政策除了应对经济、外交特别关注外,还应该特别关注民族、宗教、华侨问题。在当前社会形势下,如果过于突出宗教的负面因素,从根本上对宗教做出否定的评价或判断,实质上会把广大宗教信众推向我们的对立面,加大社会治理的难度,搞乱社会团结、民族和谐的大好局面。因此,我们必须认真思考当今中国社会对宗教的价值判断和政治定位,至少也应该从正常的、开放的视角来看待现实社会存在的宗教现象,具体问题具体分析,防止主观、人为、想当然地全盘否定宗教、简单做出负面性的价值判断。

对宗教的社会治理主要应体现法治精神,依法管理宗教,遵守宪法原则。对于宗教问题的处理也应该把握分寸,根据法律、法规、相关政策来分析、鉴别,尽量避免将其问题过于政治化或意识形态化,防止在核心价值观层面对宗教问题上纲上线,人为地使之负面化、复杂化。应分清哪些问题是政治性质的,哪些是宗教方面的,让政治的归政治、宗教的归宗教,最大限度地减少其混杂和交织,相应地采取不同的处理方式,不要让矛盾激化和恶化。可以说,在政策上对宗教的"推"或"拉"区别巨大、结果迥异。若以"推"的方式来与宗教"划清界限",则会导致宗教界的反感和"离心",人为增加对执政者的对抗和抵触情绪,扩大不和谐、不稳定因素,得不偿失。对于民族、宗教问题,我们的政策空间就在"发展是硬道理"和"稳定压倒一切"之间,即我们的处理方略应有利于社会的可持续"发展"和真正"稳定"。

因此,从政策上思考我们文化战略的有效实施,则应在宗教问题上"走群众路线""搞统一战线"、正确处理好人民内部矛盾;正如国家宗教事务局局长王作安所指出的,我们"宗教工作的本质是群众工作"。我们必须真心、真诚地爱护、团结广大信教群众,把宗教界积极地"拉"到自己一边。

三、关注宗教学术研究的文化战略意义

学术研究提倡"双百"方针,允许不同的学术思想、学术观点讨论、商榷甚至交锋。当然,宗教问题研究应以事实为依据、以科学为方法、以服务于党领导全国人民共建和谐社会为目的。科学方法的基础在于实事求是,即尊重事实、尊重客观存在;而科学精神的真髓则在于透彻地认识事实,去伪存真、去粗取精,从而能够勇于开拓、推陈出新、与时俱进。我们不能只是把"科学"作为挂在嘴上的口号、贴在纸上的标签,其关键是要使"科学"方法及精神成为我们开拓发展中的动力和灵魂。客观地、科学地、辩证地分析我国宗教的历史与现状、国内存在和境外关联,提出符合"国情""世情""时情""民情"的理论探索和政策举措建议,宗教学术研究所起的思想库、智囊团作用方能得以体现。

作为我们学术研究指导思想的马克思主义之本质核心是历史唯物主义和辩证唯物主义,这也是我们的研究方法指南。其实,马克思本人在研究唯物主义时就非常欣赏和推崇一种"和谐的唯物主义",这早已体现在他对伊壁鸠鲁与德谟克利特的唯物主义自然哲学的研究之中,他也曾在《神圣家族》中有过"物质带着诗意的感性光辉对人的全身心发出微笑"[1]等表述,这也是我们科学无神论在当前的宗教研究中应该关注和思考的。以唯物史观研究宗教,必须看到人、重视人的精神价值和意义。"马克思一直没有放弃人在唯物主义中的地位,他认同一种具有人的生命与感觉的唯物主义,认同人能获得幸福生活的唯物主义,这就是和谐的唯物主义。马克思的唯

---

[1]《马克思恩格斯全集》第2卷,人民出版社1957年版,第163页。

物主义追求一种人与世界、人与社会的和谐境界,并将其融入到社会实践与革命中。只有关注人、重视人与世界和谐关系的唯物主义才能使马克思的唯物主义拥有更强的生命力与更持久的魅力。"① 在人与世界的和谐关系构建中,我们理应对宗教这一人之精神层面的参与展开深层研究。

我们一方面应倡导学术开明、学术良心、学术正派,保持学者的公道、公正、善良和宽容之心,另一方面则必须思考我们的学术探究如何以最佳、最有效、最低成本的方式来为党和政府正确处理好宗教问题、开展好宗教工作出谋划策、建言献计。学术界内部的争论应该保持在学术层面,以理服人、求真务实、求同存异或和而不同,应该允许在探求真理之途上的各种摸索和尝试,而不要超出学术讨论的界限在政治取向层面过度诠释。对宗教的价值判断关涉现实政治,必须慎之又慎;而对宗教的基本认识则属于学术争鸣问题,会有漫长的探索过程。事实会越说越清,真理会越辩越明,学者在此应有开放、大度的胸襟,做到虚怀若谷、海纳百川。从真理探索的长期来看,宗教认知及理解是一个不断开拓、摸索和前进的过程;从现实的迫切需求而言,则应让我们的宗教研究在增加社会和谐因素、实现民族团结、争取最多的人民群众来参与社会主义伟大事业的建设上做出最好的服务和最大的贡献。

学术层面研究宗教主要关注的是知识上的认识和社会上的认识。在知识体系上,人类的认识是一个漫长、无限的发展过程,生有限、学无涯。仅从已知世界的人类认识而言,人所接触的世界有最基本的四维,一是自然世界,包括无限的宏观宇宙和无限的微观世界,这是自然科学研究的基本范畴;人对自然是可以认识的,但因自然世界的无限性及人作为认识主体在其时空存在的相对性而使这种认识不可能穷尽,对之故而只可相对而言,留有无限的认识空间和不尽的思维可能。二是人类世界,包括人的社

---

① 陈科:"试论和谐唯物主义——读马克思博士论文有感",《光明日报》2008年1月19日。

会及其族群、政治、制度、法律、经济、文明等建构,这是社会科学研究的基本范畴;人类世界乃人的创造,既具客观性,亦有主观性,人对其社会的认识也具有相对性、开放性,需要对其进行历史的回顾和未来的前瞻,有着各种不确切因素。三是人的精神世界,包括人的情感、心理、性格、信仰、理想、渴求等,这是精神科学研究的基本范畴,属于人的主体性展示,当然也包括其对外在客体的反应或回应,具有相应的神秘性、深蕴性、潜藏性,对之研究需要实验、推测、判断和梳理,其结果也只是相对的、暂时的,甚至是或然的,因此不可轻言其绝对性、必然性。四是人的知识世界,即人对前三个层面主客体之观察、研究而形成的精神创作、知识积累及其规范体系,从而可包括各种思想、文学、诗歌、艺术、音乐等创作和各种系统性"学问",如文学、哲学、历史学、艺术学等人文科学研究的基本学科,以及关涉社会研究的社会科学体系。这四维世界基于人之主体的生存与认知,而且是动态的、变化的,故此要求我们的研究不能静止、僵化,要不断突破认识的局限性、封闭性,放开视野,勇于开拓。这四维世界的研究都会关涉宗教问题,即涉及人和世界的来源、走向、其存在的命运、本质及意义问题,对之认识也只能是相对的、开放的、拓展的、不断补充和完善的。

其实,当代网络世界的发展已经给我们带来了新的启迪和思索,对多维世界的存在和探索打开了更多的窗口,或许人的认知还有更多的维度及可能,或许还有超出目前人之认识限度的存在之维,这些都是具有开放性、探索性的,我们的基本态度应是学问无禁区、探究无止境。对之绝对封闭,只能是愚昧之举。在社会意义上,研究宗教则涉及其现实意义、问题和作用,是功能性的、应急性的、解决现实问题的,因此我们的研究立意也就应该是积极引导宗教适应、服务并贡献于我们的社会。不可否认,其现实性更有着当下需求,颇为迫切,是我们现实存在中必须关注的重中之重,并且要包括对其社会作用及效果的谨慎考虑。我们应将这种长期性研究和当下性急需有机结合,相互呼应,也应对之有所区别,各有所求。

总之，关注和研究"世界宗教与文化战略"问题，应以坦诚、真挚、科学、严谨的态度来为我们的社会决策和宗教政策提供真知灼见，并要有结合人类认识之不断开拓、发现的长远眼光。我们为此而应展开启智性、互补性、开放性、前瞻性、对话性、沟通性的学术研讨。特别重要的是，现实宗教研究需要我们在破解社会难题、创造学术历史上往前走、求突破。对此，我们已没有退路，虽然面对着重重困难和复杂险境，我们对当今时代的发展仍然充满希望和信心。

（卓新平，中国社会科学院世界宗教研究所所长、研究员）

当代语境下民族文化发展性重构研究

喇明英

【摘要】 民族文化变迁是历史发展的必然趋势。当前,适逢促进民族文化发展繁荣的大好机遇,笔者通过对我国民族文化当下所处的文态环境进行分析,提出对民族文化进行发展性重构,并借助传统经典理论对"民族文化发展性重构"进行理论建构,以期对当代语境下我国民族文化工作提供具备一定指导意义的理论思路。

我国是一个拥有56个民族的多民族国家,民族文化各具特色,共同构成了绚丽多姿的中华民族文化。由于我国少数民族地区经济社会和文化发展长期相对滞后,在新的历史时期,提高各民族的文化自觉与文化自信,抓住经济社会和文化发展的历史机遇,以发展性重构方式建设既保持各民族文化特质,又适应我国社会主义现代化建设要求,符合社会主义总体价值取向的当代民族文化[1],对于保障各族群众文化权益、促进社会主义文化大发展大繁荣,建好中华民族共有精神家园,增强中华民族凝聚力和综合

---

① 本文中的"民族文化"指我国少数民族的文化。

国力，具有十分重要的意义。本文提出当代语境下民族文化发展性重构的命题，并对其进行理论建构。

一、民族文化发展性重构命题的提出

在当代世界现代化和全球化浪潮的冲击下，我国少数民族文化传统上相对封闭的文态环境正在被逐渐打破，随着"十二五"各项战略措施的推进，这种态势还将不断发展，同时，包括民族文化在内的文化发展繁荣在当前受到前所未有的高度重视，民族文化的命运正处于一个历史关键点。民族文化需要顺应时代发展进行调适才能获得良性发展，这就要求我们必须以发展的眼光看待民族文化变迁，探索能够适应文化发展的民族文化保护方式，由此也就对我国当前的民族文化保护理论提出了从文化发展视角思考文化保护理论的新要求。在这种背景之下，我们应当如何面对文化的当代变迁？如何才能实现民族文化的发展繁荣？已经成为当前民族文化工作亟待解决的重大问题。

（一）民族文化变迁是历史发展的必然趋势

变迁是文化的基本属性，文化变迁是永恒的、绝对的。文化是由人所创造的，其产生、存在和变迁皆有其特定的环境和理由，如果其存在的环境和理由改变或消失，文化亦将随之发生改变或消失。民族文化自然也无法超然于人类文化这一历史规律。

常态下，民族文化变迁较为缓慢。在当代世界现代化和全球化进程日益加快的背景下，我国广袤的民族地区传统上相对封闭的文态环境被打破，民族文化面临前所未有的巨大冲击。"十二五"期间民族地区的交通条件将进一步改善，现代化建设必将进一步加强，改善生活条件、提高生活质量、追求舒适的现代生活方式是少数民族同胞的根本权益也是绝大多数民众必然的文化选择，各民族传统文化必将进一步受到冲击，民族文化将无可避免地面临历史性变化，民族文化变迁是历史发展的必然趋势。

（二）民族文化发展正受到前所未有的高度重视

文化的根本意义与生命活力在于创新和发展。优秀的文化传统需要得到传承与弘扬，不适应时代发展需要的文化则应当抛弃或加以改变，同时不断创造新的时代文化，使民族的文化能够得到健康发展，并保持活力。

当今世界正处于文化不断创新的时代，文化多元化与文化融合相伴而行，文化竞争与文化同化日益加剧，如何在文化竞争中赢得话语权、在文化同化中保持自己的文化特质，已经成为当下各种文化必须面对的严峻现实，我国的民族文化更是如此。文化在经济社会中的作用和地位不断凸显，文化发展对于保障人民群众文化权益、促进经济社会发展、增强国家综合竞争力的重要作用，日益受到党和国家的高度重视，大力推动社会主义文化大发展大繁荣被提到前所未有的高度，成为当前最重要的国家战略，这其中当然也包括各民族的文化发展。

（三）发展性重构是我国民族文化发展的必由之路

文化变迁是不可回避的必然趋势，如何变迁却是可以选择的，变迁的主动权是可以把握的。纵观人类文化发展史，文化变迁包括无意识变迁与有意识变迁。在文态环境发生变化时，文化的无意识变迁往往导致文化的灭失，以积极主动的方式对传统文化进行调适，原有文化才能形成新的文态平衡，获得发展。世界上富有生机活力的文化无不是在历史沉淀的基础上不断赋予时代内涵，适应当下的文态环境，因此传统文化的当下重构一直是客观的文化实践。

我国的民族文化要在新的历史时期实现传承、弘扬与发展的目标，必须主动适应经济社会变化，增强民族文化对经济社会发展的适应性。通过把握文化变化趋势和发展规律，把握文化变迁的主动权，积极引导文化变迁，积极引导我国民族文化在变化发展过程中传承好优秀文化传统，有选择性地进行文化创新、采借及整合其他文化的优秀因素，促进优秀文化传统在文化发展中得到有效传承，同时推动民族文化在传承优秀文化的基础上更好地发展，在保持民族文化特质相对稳定的前提下，对传统民族文化进行革新与重组，实现民族文化新的文态平衡并发展成为新的文化传统。这种发展性重构，无疑是我国民族文化发展的必由之路。

二、民族文化发展性重构的理论建构

上文通过对民族文化当下所处的大文态环境进行分析，提出发展性重构是我国民族文化发展的必由之路。下面就"民族文化发展性重构"所涉及的相关理论体系进行初步探讨。

（一）"民族文化发展性重构"概念界定

"民族文化发展性重构"是在"文化重构"概念的基础上提出的。文化重构属于文化变迁的范畴。目前，国内外关于文化重构没有统一的定义，相关研究在涉及文化重构概念时，有些将文化变迁与文化重构混用，凡是文化变迁就等同于文化重构，有些则认为文化的功能、结构、运动发生重组与革新才能称之为文化重构，也有学者认为文化重构是在有意识的文化再生产过程中发生的文化的重组与革新。[1]

本文在分析其他学者对文化重构相关研究的基础上，结合自己的思考，

---

[1] 目前国内对文化重构概念引用最多的是罗康隆教授在《族际关系论》（贵州民族出版社 1998 年版）中提出的"……将其中有用的内容有机地植入固有文化之中，导致了该种文化的结构重组和运作功能的革新，这种文化适应性更替就是我们说的文化重构"。其他有一定影响的相关研究还对文化重构的基础、动力、形式、机理等方面进行了分析。

将"文化重构"概念界定为：在原有文化因种种原因受到冲击时，为增强文化在当下的适应性，通过有意识地指导和再生产，有选择性地对原有文化进行创新、对外来文化因子进行采借和整合，在不改变主体文化的基本规范和取向的前提下，使原有文化发生一系列变化，导致文化功能、文化结构和文化运动发生适应性改变，这种对原有文化进行的革新与重组就是文化重构。

"民族文化发展性重构"是对"文化重构"概念的发展，其指向为民族文化，强调文化重构中的发展特性。本文将"民族文化发展性重构"在"文化重构"的基础上界定为：在原有民族文化因种种原因受到冲击时，为增强民族文化在当下的适应性，通过有意识地指导和再生产，有选择性地对原有民族文化进行创新、对外来文化因子进行采借和整合，在不改变民族文化相对稳定的规范系统的要求下，让原有民族文化发生一系列变化，导致文化功能、文化结构和文化运动发生改变，使民族文化形成新的文态平衡、获得发展，这种对原有民族文化以文化调适性发展为目的进行的革新与重组就是民族文化发展性重构。

本文定义的"民族文化发展性重构"主要是对重构结果或者说重构目标进行了明确要求，力求将文化保护与文化变迁置于同一个变化发展的环境中，通过把握文化变迁的发展趋势，以积极主动的方式去引导文化的变化发展，通过积极引导传统文化如何在变化发展过程中传承好优秀文化传统，将文化保护与文化发展融合起来，促进优秀文化传统在文化发展中得到有效传承，同时推动文化在传承优秀文化的基础上更好地发展，最终实现保护与发展互动双赢。

（二）"民族文化发展性重构"的理论解构

在上述概念界定的基础上，本文对"民族文化发展性重构"进一步进行理论解构：

```
要素解构                 实现条件                  相关理论

                        变化变迁  →  文化变迁理论
                           ↓
         常态变迁 ←N—  突变
                           ↓Y  →  文化突变理论
① 重构前提 ——  非常态变迁
                           ↓
         无意识变迁 ←N— 主动指导变迁
                           ↓Y  →  文化指导变迁理论
② 重构类型 ——  有意识变迁
                           ↓
         冲突 ←N—  调适
                           ↓Y  →  文化适应理论
③ 重构目的 ——  适应
                           ↓
④ 重构动力 ——  文化自觉  →  文化自觉理论
                           ↓
         简单重组 ←N— 文化再生产
                           ↓Y  →  变化再生产理论
⑤ 重构途径 ——  创新、整合
                           ↓
         熵变 ←N—  文化体系改变
                           ↓Y  →  文化的熵变与嬗变
⑥ 重构性质 ——  嬗变
                           ↓
         同化 ←Y—  突破阈值
                           ↓N  →  文化的阈值
⑦ 重构结果 ——  发展
```

民族文化发展性重构逻辑结构图

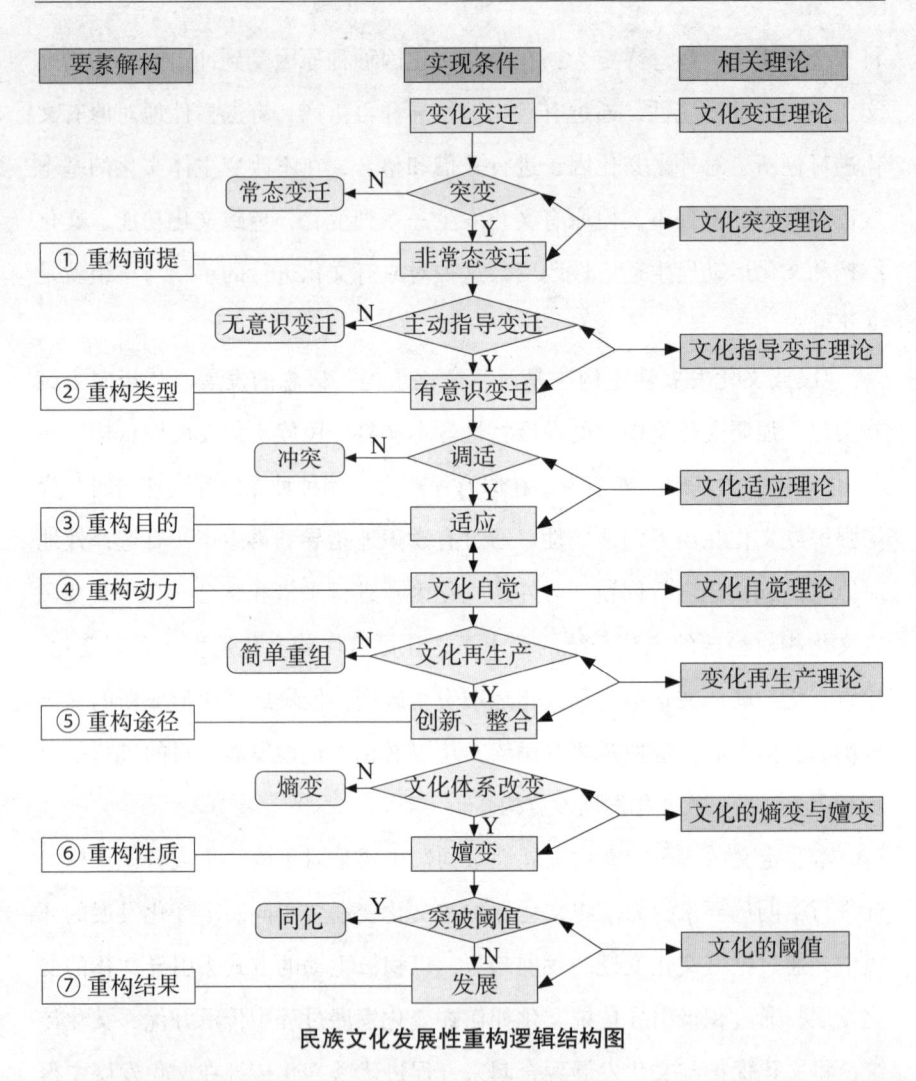

1. 重构前提：原有文化因种种原因受到外力冲击。文化是变迁的，文化的变迁是永恒的、绝对的。在常态下的文化变迁是文化生态熵值的变动，处于相对稳定的状态和过程，在短期内不会导致文化结构、功能和运动的革新与重组，只有当原有文化的内部场域和外部场域发生巨大变化（例如自然灾害、大规模搬迁等因素导致的社会断裂，现代化、全球化浪潮导致原本处于相对封闭文态的民族文化面临巨大的冲击等），原有文化受到强力冲击，面临剧烈变迁的可能性时，才是民族文化发展性重构的前提。由此，文化重构属于文化变迁的范畴，是文化的非常态变迁，属于文化突变的范畴。

2. 重构类型：文化的有意识变迁。文化变迁分为有意识变迁与无意识变迁。文化的无意识变迁往往容易导致文化的灭失，只有在指导下主动进行的文化的有意识变迁才能实现文化的重新构造。

3. 重构目的：增强原有文化的适应性。斯图尔德等人类学家创立的文化生态学的主体观念认为文化是适应环境的体系。原有文化受到冲击时，其所处的文态环境发生了变化，原有文化只有进行调适，才能获得良性持续的发展，文化重构的目的就是为了实现文化的这种调适。由此，文化重构源于美国人类学家斯图尔德的"文化适应"概念。[1]民族文化最根本的存在价值在于文化主体在文化网络中与当下环境的协调，而非对文化多样性的责任，同时也只有在各种文化尽可能地实现文化适应时，文化多样性才有现实保障和生命活力。

4. 重构动力：文化认同与文化自觉。在原有文化受到冲击时有意识地进行调适，是缘于对原有文化或部分原有文化的认同，认为有其存续发展的必要和价值，这种认同是文化重构的动力，其中来自于文化主体内部的认同是主要动力。在文化重构中如何更有利于原有文化中优秀文化因子的保护、传承与发展，这就需要文化重构在文化自觉的状态下进行。

5. 重构途径：对原有文化进行创新与整合。文化重构不是对各种文化要素的简单大组合，而是在文化自觉状态下，通过对文化变迁进行有意识的指导，对原有文化进行再生产，有选择性地对原有文化进行创新、对外来文化因子进行采借和整合。

6. 重构性质：文化功能、结构和运动的革新。经过文化重构，使原有文化发生一系列变化，不仅是文化组成要素的熵变，文化功能、文化结构和文化运动都发生了一定的变化，原有文化实现嬗变。

---

[1] 参见刘星明"民族文化在旅游开发中的变迁与重构——以西双版纳傣族园为例"，《云南民族大学学报》2008年第4期。

7. 重构结果（目标）：主体文化形成新的文态平衡，获得发展。通过有意识指导下的文化再生产，创新和整合是有限度、有条件、有原则的，新文化元素真正被吸收下来稳定地进入该种文化体系的部分相对是有限的，重构后的文化保存了区别于其他文化的特质，主体文化相对稳定的规范系统没有受到破坏，这是文化重构的阈值，区别于文化同化的重要指标。虽然原有文化的功能、结构和运动都发生了一定的变化，文化体系实现革新，但原有文化中的优秀核心的文化因子被保护、传承下来，主体文化形成新的文态平衡，获得发展。

（三）基于"文化变迁策略"的民族文化发展性重构策略解析

通过上文对民族文化发展性重构的理论解构可以看出，民族文化要实现发展性重构的目标，达到文化适应的目的，关键在于如何在有意识指导下进行文化再生产，也即对文化重构策略的选择。

萨尔特曼与邓肯在《有计划变迁的策略》中将指导变迁分为个体、中介、宏观三个层面，划分短期与长期两个时段，强制、劝说与教育三种方式，提出变迁代理人的概念，以及指导变迁通过变迁代理人——领导者与支持者进行组织来实现[①]。根据萨尔特曼与邓肯提出的变迁策略，结合我国民族地区文化保护的实际，对"民族文化发展性重构"的具体策略进行如下解析：

1. 相关政策法规的完善——具有长效的宏观层面的强制保障

我国目前已有许多与民族文化保护、传承、发展相关的政策法规，在民族文化保护工作中发挥了重要作用，例如汶川地震后针对文化保护传承发展出台了一系列针对性的条例、方案，为羌族文化重构提供了强有力的保障。但是，我国目前现有的关于民族文化保护的相关法律法规还未能充分考虑我国民族文化保护工作的特性以及当下的特点和突出矛盾，亟待完善。民族文化发展重构在宏观目标层面上，主要通过调整、完善相关国家

---

① 参见 Gerald Zaltman, Robert Duncan, *Strategies for Planned Change*, New York: Wiley, 1977.

政策、法律法规，为民族文化的发展性重构创造适宜的宏观环境。

2.文化认同的培育，文化自觉的启蒙——对文化主体及相关群体的宣传教育，修正个体行为

认同作为一种识别象征体系用于界定自我特征、表示与他者的不同。美国威廉·康纳利指出："差异需要认同，认同需要差异……解决对自我认同怀疑的办法，在于通过构建与自我对立的他者，由此来建构自我认同。"[1]对我国民族地区的广大普通民众而言，长期在一个相对封闭的环境下生活，受教育程度也很低下，无法通过对他者的比较而形成文化认同，更不用说达到文化自觉的境界。在以前封闭的环境下，民族文化沿着固有的轨迹无意识地传承发展，在现代化、全球化的时代背景下，面对外来强势的主流文化冲击，只能对各民族文化的优秀因子进行挖掘梳理，对文化主体民众进行宣传教育，树立他们的民族自豪感，培育文化认同，进行"各美其美，美人之美，美美与共"的文化自觉的启蒙。同时也要对文化重构代理人（领导者和支持者）进行个体行为的修正，避免在对民族文化的态度上走极端。唯有如此，我国丰富多样的民族文化才能得以保护、传承、发展。

3.科学规划的制定与实施——指导重构中介的选择

在具体执行中，要根据现实问题确定指导原则，制定发展规划，具体指导文化重构。以灾后的羌族文化重构为例：灾后重建过程中，在相同的重建背景条件之下，有的羌寨重建及其文化重构坚持规划指导、文化先行的科学原则，取得了很好的成绩，获得当地民众和外界的一致好评，有些主张民族村寨的建设和民族文化的保护在自发的状态下进行，认为那是对传统的本体文化的尊重，却导致那些羌寨重建重安居轻文化，导致传统文化的流失。通过对灾后羌寨重建与羌族文化重构大量案例的跟踪调研发现，在融合了本土知识和现代知识的规划指导下进行的羌寨重建和文化重构其结果普遍获得了认可。当然，在现实中也存在许多不科学、不具备操作性

---

[1] William E. Connolly, *Identity/Difference: Democratic Negotiations of Political Paradox*, Ithaca, New York: Cornell University Press, 1991, p.23.

的规划误导建设工作，但这毕竟是操作层面的问题，是可以采取措施对其进行控制的，不能因噎废食。所以，在民族文化重构中一定要坚持规划先行，制定科学的规划，科学地实施规划，对民族文化重构的具体工作予以科学的指导。

4. 政府主导、群众主体——重构代理人的选择

根据萨尔特曼与邓肯的观点，变迁代理人能够用组织、群体期望的方式影响、促进和实施创新决策，因此要实现变迁目标，变迁代理人——领导者与支持者十分重要。民族文化的发展性重构是有选择性地对原有文化中有益因子的保护传承并进行创新，对外来文化因子进行采借和整合，吸收下来稳定地进入该种文化体系，需要必要的信息、技术、人力、物力、财力的介入，但民族地区相对落后的社会经济文化发育程度很难实现这些要素的自给，需要政府发挥主导作用。而群众主体作为民族文化的所有者，是本民族文化最为密切的相关群体，也应该充分尊重他们的主体地位。由此，明确地方政府的主导地位和责任，提升地方民众的主体地位是当前民族文化实现发展性重构必须坚持的战略原则。

5. 延伸援建政策、尊重专家话语——扩大重构支持者群体

基于我国的战略布局，对口支援政策是我国民族地区当前非常重要的政策之一，由于民族文化保护发展的重要性，应将常态下的对口支援领域扩大并延伸，让文化事业也进入支援方的关注视域，但需要激发对口支援方的积极性，不能仅限于政治责任感，而应该探索实现双赢的机制。另外，当前在重大社会建设项目中，文化专家被边缘化（往往没有文化专家介入或只是被作为表面形式上的介入）、专业力量介入少的现象是非常普遍的，应当得到纠正，政府领导应充分尊重专家学者的话语权。民族文化要实现发展性重构必须巩固并延伸扩大对口支援政策、尊重专家话语，甚至调动社会群体的积极性，扩大重构支持者群体。

6. 文化资源向文化资本转化——发展性重构的重要战略

文化资源向文化资本转化是传统文化现代适应性的体现，符合当地群

众的需求与愿望，也能带动相关群体的积极性，为文化保护、传承与发展提供可持续的动力。挖掘资源、文旅融合、发展经济等宝贵经验是由我国一些成功的民族文化重构工作总结而来的。当然，在文化资源的开发利用过程中也存在对民族文化的破坏，但这同样是技术层面的问题，需要规范监督引导，但不能因此否定这个战略定位。

（四）民族文化发展性重构的重要理论基础

通过前文的理论解构可以看出，民族文化发展性重构涉及文化变迁理论、文化突变理论、文化指导变迁理论、文化适应理论、文化自觉理论、文化再生产理论、文化的熵变与嬗变理论、文化阈值理论等一系列经典理论，这些经典理论都是"民族文化发展性重构"的重要理论基础，在分析框架中占据重要地位。由于文化自觉在民族文化发展性重构中具有非常重要的意义，不仅需要文化主体的文化自觉，同时要求外部社会对民族文化形成相当的文化认同，在此，就文化自觉进行阐述，也以此说明对这些经典理论引入的必要性，上述其他理论本文就不再一一赘述。

费孝通先生晚年提出的"文化自觉"思想，主张认识自我群体的传统文化的形成历史、特色与发展趋向，加强对文化转型的自主能力，在文化适应中找到自己的文化位置、自主进行文化选择。费先生认为，当一个民族群体形成了"文化自觉"，就会对自己的传统文化产生集体自豪感，产生出对自己传统文化的认同，同时主动选择文化更新，在多元文化中找到自己的文化坐标。[①]

进行文化重构，不是对各种文化要素的简单大组合，而是有意识地对文化变迁进行指导，有选择性地对传统文化进行创新、对其他文化的优秀文化因素进行合理采借与整合，将健康向上的新文化元素吸收进新文化体系中[②]。

---

① 参见费孝通"反思·对话·文化自觉"，《北京大学学报（哲学社会科学版）》1997年第3期。

② 参见明跃玲"文化重构与民族传统文化的保护"，《中央民族大学学报》2007年第1期。

重构后的文化，传统文化的功能、结构和运动虽然发生了一定变化，文化体系实现了革新，但传统文化中优秀的核心文化因素被传承下来、传统文化中相对稳定的规范系统继续保持，新的文化体系仍然具备自身原有的传统文化特质而非被别的文化所同化。为此，进行文化重构需要我国各族群众形成高度的文化自觉，既需要对自身民族文化进行科学、客观地认识，也需要对其他文化进行客观审视。正确认识自身民族文化的形成历史、文化特色与文化发展趋势，正确认识本民族文化与中华文化的关系，提高文化自信，增强对中华文化的认同，传承优秀民族文化传统，发展社会主义的先进文化，形成既保持本民族文化优秀传统与文化特质，又包括社会主义先进文化的具有时代精神的新的民族文化体系。然而，受社会发育程度所限，受自身文化素养影响，总体而言，我国少数民族同胞不可能达到"文化自觉"的这个境界，文化主体对本民族文化也缺乏科学的认识，所以民族文化的发展性重构需要培育各民族同胞的文化自觉。

同时，经过重构的各民族文化，不仅自身得到发展繁荣，能更好地满足我国各族人民群众的文化需求，还可有力促进我国经济社会的发展，有利于增强各民族的文化归属感，提升我国文化软实力与综合国力。虽然我国各民族的文化皆有其优长，但总体而言，民族文化目前还处于弱势、边缘的地位，特别是一些人口较少民族的传统文化很难受到外界的关注与认同。为此，需要引导主流社会以"各美其美，美人之美，美美与共"的文化自觉精神对待不同文化，培育外部社会对我国民族文化中优秀传统文化的文化认同，为我国丰富多样的优秀民族文化得到保护、传承与发展创造良好的社会氛围，进而推动整个中华民族文化的发展繁荣。

三、对"民族文化发展性重构"的研究展望

长期以来，我国民族文化保护是一项艰难而又纠结的工作，针对民族传统文化应该如何保护存在较大争议，或者说以什么理念指导民族文化工作没

有明确的答案，导致民族文化保护工作存在很大的盲目性。通过上文对"民族文化发展性重构"进行的概念界定、对概念的理论解构以及重构策略解析，对"民族文化发展性重构"进行了初步建构。笔者认为"民族文化发展性重构"对民族文化工作具有一定的理论指导意义和实践操作意义。

民族文化保护工作不仅在基本理念上存在各种冲突，就是相同理念下也存在很多分歧，归根结底在于如何把握民族文化保护、发展、创新的这个"度"。很难厘清哪些是需要传承的优秀的传统文化因子，更难辨别什么是该民族文化的核心文化，如果无法量化，对文化重构的结果也不可能存在一个评判标准，不同的视角也会得出不同的结论。上文在对"民族文化发展性重构"解构中明确提出"重构后的文化保存了区别于其他文化的特质，主体文化相对稳定的规范系统没有受到破坏，这是文化重构的阈值，是区别于文化同化的重要指标。"虽然原有文化的功能、结构和运动都发生了一定的变化，文化体系实现革新，"但原有文化中的优秀核心的文化因子被保护、传承下来，主体文化形成新的文态平衡，获得发展"。本文对重构目标只进行了定性说明，如果能设计一定的评价指标，设定不同的权重，对重构结果进行量化考核，这一模式将更加具备操作性。这一问题只有在以后的研究工作中借助其他学科的理论和研究工具来进一步完善了。

（喇明英，四川省社会科学院民族与宗教研究所副所长、副研究员）

略述首都文化对国家文化战略的担当

沈望舒

【摘要】 国家发展的本质是文明进步，首都文化则是贯彻执行国家文明进步战略的一个主导主体力量。古今国都多因是一时一域的优秀思想文化的代表，引领并带动了国家文化的发展；诸多现代国都更是通过与时俱进的文化战略，追求文化"首善"的思想境界，努力用精神价值、形象示范、行为影响等方式促进国家文明水准的提升。所以首都文化对国家文化战略承载着重要使命。北京应有对自身文化地位、性质、价值的深刻把握，明确首都文化建设的"想、知、能"，从而坚定地朝建设先进文化之都而奋斗，不断改善和优化国家文化中心的传播效能，为中华民族在新时期的文化强国战略做出应有贡献。

十七届六中全会、十八大及十八届三中、四中全会以来，党和国家的新时期文化建设发展战略，既提出了社会主义文化强国的总体目标，又含有中国特色先进文化之都的具象要求，还包括了"首都发挥全国文化中心示范作用"[①]的明确任务。北京的文化位势、时代责任、国家使命从而被凸

[①] "中共中央关于深化文化体制改革推动社会主义文化大发展大繁荣若干重大问题的决定"，《人民日报》2011年10月26日。

显出来——当代京师之地肩负着对民族卓越文化的传继、新塑、展示、引领、带动之职，对国家优秀思想文化、制度文化、物质文化、行为文化、形象文化的锻造传播之责，对体现文化的自觉也应有足够认识。

首都城市须当国家战略的排头兵、民族文化生产力的主导与主体。其文化功能，关键在于能否发挥用文明感召、魅力吸引、科学动员、幸福召唤、时尚激励等当"头"为"首"的领军作用，通过令市民和国民自信自豪的文化成果和东方与世界羡慕向往的发展方式，展示特有的文化品质，并在国家中心的基础上彰显政治、法律、政策的文化影响力。

一、古今中外首都追求成为国家文化之首善、先进文化之代表

首都学研究表明，中国历史上的大小王朝有273个都城、当今世界各地约200个国都（有国家实行多都制），凡称都之地均有以其城市文化来代表、影响国家文化的用心和努力；凡达一定历史长度的国都多有一时一域的文化中心和优秀文化生产传播示范者的地位与功效。

文献也留下涉及首都文化对国家进步和社会发展意义的片断。两千年前的《史记·儒林列传》："建首善自京师始，由内及外。"反映千余年前情形的《金史·礼志八》："况京师为首善之地，四方之所观仰。"近百年前孙科为南京《首都计划》序："良以首都之于一国，固不唯发号施令之中枢，实亦文化精神所荟萃。"①

另有仁者智者言论：恩格斯赞巴黎为"汇聚了整个欧洲历史文明纤维的世界的心脏和头脑"②，列宁誉首都是国家政权神经中枢、心脏和"人民

---

① 孙科：《首都计划序》，国都设计技术专员办事处编：《首都计划》，南京出版社2006年版，第2页。
② 《马克思恩格斯全集》第5卷，人民出版社1972年版，第550—552页。

精神生活的中心"[1],美国社会学家理查德·帕克视首都城市为"文明的工厂"[2],等等。

更多是史学或文学的贡献:国内有西晋《洛阳纪》、唐《长安古意》、宋《东京梦华录》、清《日下旧文考》等,国外有8卷本《莫斯科史》、多版本的《巴黎史》《罗马史》《东京史》等,大量记录首都文化与时代国风的情形。

新世纪初,日本东京提出"文化立国"方针和延至2050年的"文化重建"规划;因文化重建基于人的素质,所以其重要部分《东京心灵革命行动计划》认定"东京人心灵得以改善的话,将带动整个日本民族心灵的改善";细致描述"新东京人"20方面的文化品质,将对它的建设视作东京和日本的希望所在。[3]

伦敦两任市长分别于2003年和2008年推出"市长文化战略",包括多样性、卓越性、创造性、参与性、价值性五大文化内涵标准,公平城市、人性城市、绿色城市、便捷城市、繁荣城市的整体发展五大文化品质形象,以及"模范的可持续发展世界级城市""卓越的创新文化国际中心"的战略定位。[4]

梳理人类历史长河中首都文明被国民期盼的应然,不同时代中谋划建设者达到的实然,可见主观心境上有不约而同地对文化"首善"的特质追求。所以,北京发展参照系,当超越"国际"的宽泛和"城际"的模糊,于古今中外"都际"中探寻,与有相近功能、相似难题的首都互鉴,实现文明意义上城市精神的腾飞。

---

[1]《列宁全集》第30卷,人民出版社1955年版,第234页。
[2] 彭兴业:《首都城市功能研究》,北京大学出版社2000年版,第24页。
[3] 参见尹继佐主编《2004年上海文化发展蓝皮书》,上海社会科学院出版社2004年版,第214—221页。
[4] 参见上海科技情报研究所"伦敦市长第二个文化战略草案,继续高举建设'文化大都市'的旗帜",http://www.istis.sh.cn/list/list.aspx?id=5393。

二、国家文化发展本质是文明进步，
　首都文化则为旗帜与灵魂

　　16世纪欧洲宗教革命倡导者德国人马丁·路德有关于国家进步标志的名言："一个国家的前途，不取决于它的国库之殷实，不取决于它的城堡之坚固，也不取决于它的公共设施之华丽，而在于它的公民的文明素养，即人们所接受的教育、人们的学识、开明和品格的高下，这才是利害攸关的力量所在。"① 以独特的"现代人理论"享誉思想界的美国斯坦福大学教授亚力克斯·英克尔斯，有关于国家现代性水准的论断："一个现代社会要有效地发挥作用，必须要求公民具备某种品质、态度、价值观念、习惯和意向"，没有其居民在心理、行为上的根本性变化，它只是"一个部门发达的国家，而不是真正的发达国家，更不是现代社会"。② 文化内容、文明水准日益被世界视为长远的战略力量。

　　十七届六中全会强调："文化是民族的血脉，是人民的精神家园"，党和国家"历来高度重视运用文化引领前进方向、凝聚奋斗力量"，"文化工作在革命、建设、改革各个历史时期都发挥了不可替代的重大作用"，并提出社会主义文化强国的奋斗目标。③ 十八大报告明确文化建设新要求："文化软实力显著增强。社会主义核心价值体系深入人心，公民文明素质和社会文明程度明显提高。文化产品更加丰富，公共文化服务体系基本建成，文化产业成为国民经济支柱性产业，中华文化走出去迈出更大步伐，社会主

---

　　① 尹继佐主编：《2004年上海文化发展蓝皮书》，第18页。
　　② 上引见〔美〕西里尔·E.布莱尔编《比较现代化》，杨豫译，上海译文出版社1996年版，第171页。
　　③ 参见"中共中央关于深化文化体制改革推动社会主义文化大发展大繁荣若干重大问题的决定"，《人民日报》2011年10月26日。

义文化强国建设基础更加坚实。"①

承载国家责任与时代使命的首都北京,被赋予了"建设社会主义先进文化之都""发挥首都全国文化中心示范作用"的重担,因此须努力自高位着眼、从创新着力,通过凝聚价值的奋斗,率先擎起民族伟大复兴的文化旗帜,做国家文化战略中的冲锋陷阵者,在高度文化自觉的基础上,显示并代表中国特色先进文化,并拥有对道路、理论、制度的自信与自觉。

为此,中国的首都文化必先体现高于地域文化的国家性、先进性、代表性,展示民族时代文化的内核并服务于国家文化战略,进而筹措支撑如此品质所需要的一流物质基础、制度保障、领域资源……故对其文化形象可作如下描述:"首都文化以历史悠久的北京地域文化为基础,反映着与时俱进的城市文明。因而是荟萃全国各地各民族精华的中国特色社会主义文化;是传承往昔、面向未来、面向世界的,兼收并蓄人类社会精神营养的文化;是体现首都地位、发挥首都功能,通过首都价值服务全国的文化;是经典文化和社会文化、公益文化和产业文化相得益彰的文化;是高质量的文化创新生产力队伍,凭借厚重的文化内容、宏大的文化消费、现代科技的载体形式、显著的中心市场功能、突出的辐射和影响能力,向国家与世界提供精神产品和精神服务的文化;是用政治文明、科学力量、人文思想和文化经济的品质,不断向时代与社会注入进步活力的文化。"②

全球迎来空前的城市化冲击,经历着转型期的严峻考验;选择怎样的城市文明来引导发展、减少冲突、降低代价,是国际社会要直面的共同难题。北京唯有在使市民以思想文化为灵魂、制度文化为骨架、物质文化为血肉、行为文化为载体的建设中有所作为,方可释放中国首都对国家进步的价值、对世界文明的贡献。

---

① "在中国共产党第十八次全国代表大会上的报告",《人民日报》2012年11月18日。
② 沈望舒:"首都文化与首都文化建设",朱明德主编:《北京文化发展报告2004》,中国文联出版社2004年版,第3—8页。

三、首都文化履行国家使命，须改善"想、知、能"状况

杰出的首都文化始终在为国家营造着"近者悦，远者来"的魅力境界。林语堂曾述及北京在文化、力量上的优势："世界上没有一座城市像北京一样近于思想，注意自然、文化和生活方式。"[①]因此，揭示近于思想与文化、近于真理与规律，是首都文化当"头"为"首"的重要脉象。

再以当今一霸美国为例，表面上是纽约财界为代表的超级经济力，不时掀起世界波澜，背后是华盛顿政界为代表的复杂政治力，试图把持国际事务；但实质则是其首都思想界通过使用超过英伦全国百余个的、总量393个智库[②]的系统思想智慧力，左右着白宫、国会山、华尔街的战略走向，以其对不同领域状况的分析判断、对发展趋势等的研究预测，影响美国乃至世界在不同范畴的兴趣、思想与活动。

不过回顾新中国60多年发展历程，围绕"文化首都"建设方向，北京在"想不想""知不知""能不能"等基本点上长期存在不确定性，它们直接制约着首都城市发展目标与道路的清晰稳定和资源配置与投入重点的科学性。

（一）对成为头脑城市还是躯干城市的举棋不定，影响首都文化价值的凝聚升华

"想不想"，侧重于是否承认头脑型文化首都的性质和主要以文化中心安身立命的价值取向，它事关北京城市的信仰和内生动力，是相关知行的前提。

迄今为止，北京前后经历过6个"城市总体规划"。前三个提出北京不

[①] 王春元：《蛋壳里的北京人》，中国青年出版社2013年版，第7页。
[②] 参见于大波、王晓群"美国智库的全球化发展"，《瞭望》2010年第34期。

仅应是政治文化中心，还应是工业和经济等中心的主张[①]；党中央自1980年起明确北京的"三个中心"（政治、文化、国际交往中心）地位[②]，虽然国务院2005年在对《天津市城市总体规划》的批复中明确了该市的"北方经济中心"性质[③]，却仍无法抑制某些想使北京成为经济中心、"肌肉型躯干城市"的冲动。在公布"世界城市"目标后的又一轮GDP主义和以经济中心城市为偶像的倾向更是谬误，其中居然列出"讲容器""重家具""唯器物"的数十项指标，全然无视错误的战略选择已经使北京环境恶化、严重缺水、资源匮乏，甚至不可持续、不够宜居。

倘若北京放弃自身文化优势与核心价值，不顾及思想文化上的国家使命，以短击长去挑战经济性质与经济能力更为突出的上海、人均GDP早已超过5万美元的纽约和7万美元的东京等强势经济中心，就背离了国家与国民对首都文化应然的期待，也将会被客观规律和人文科学所支配的实然所击败。

因此，促使决策者与广大市民心怀以首都文化的首善境界塑造北京的愿望，是履行北京对国家文化战略使命的条件。反之在城市价值支点上的迷茫纠结，将干扰对首都文化功能的专注，造成对城市与国家服务的品质的下降。

（二）顶层设计不足的领域发展碎片化，影响首都文化品牌的科学成长

"知不知"，侧重于明确工作对象、内容选择和流程安排，事关从系统论角度出发的对任务的科学梳理，力求使文化团队、资源与发展道路相融合。

改革开放的30多年里，围绕首都文化建设曾经有过5个市级层面战略性文案，公共文化服务和文化创意产业因此凝聚意志、集中力量，取得了

[①] 参见李国平"京津冀北地区协调发展的目标定位及其战略构想"，《北京规划建设》2009年第5期。
[②] 参见董光器"从北京城市性质提法的演变看首都60年的发展"，《北京规划建设》2009年第5期。
[③] 参见潘泰民"讲述——首都不能搬家，首钢可以到外部发展"，《北京规划建设》2009年第5期。

巨大的发展成就。

但也毋庸讳言，不以有效需求为出发点和落脚点，损伤文化整体性与规律性的做法具有不可持续性。如简单地按意识形态、按明显滞后于时代的国民经济分类方式来对部门或行业进行区划，违背了顶层设计思想和流程管理科学，导致了文化设计的分散与建设的缺陷，干扰了全面增强首都文化价值的努力。

已度过规划期的前四个文案暴露出实施不力的问题——热衷微观项目，淡化宏观基础，重点建设不重点，深层次问题未能解决：如文化强势发展的要务——文化供应链、产业链、价值链的完善和优化步履蹒跚；如缺少围绕总体战略目标进行统筹协调的机制安排，资源不能在项目推进中适时准确足量到位；如文化生产力与生产资源间的人为阻隔，不当的行业管理令文化消费需求与文化生产应有的连贯遭受梗塞断裂；如对文明价值金字塔层级结构重视不足：首都文化顶端的吸引物（符号体系），中层的提供物（价值体系），作为梁柱主体的生产力团队（组织体系），未能在分类指导政策下按需发展；如首都文化产品、服务、项目、企业思想内容与科技含量尚低，品牌价值有限，尚不具国际竞争力。

因此，统筹协调的有效性关系到文化建设的成功率。即便拥有履行国家使命的热情，还需要相关内容知识和建设规则的保障；需从环境、条件、资源结构，到主导、主体、组织流程，尽量明晰"谁来干、干什么、怎样干"。

（三）加快文化发展方式转变进程，关系首都文化要素的集聚功效

"能不能"，侧重于想干且知道应该干什么之后能否实现的能力，讲求从方法论层面，实现首都文化发展目标、发展方式与实现路径的统一。

迄今为止，首都文化建设的辉煌，多为传统的文化发展方式的产物——长期以政府为单一主体、财政为主要投入、国有文化机构担任基本运作力量；即便在改革开放后的相当时期，党政领导机关依然维持着在文化领域集设计、策划、发起、建设、运营、管理等多重角色于一身的局面，党政不分、管办一体、政事政企交织的痕迹大量留存；那种以掌权者的兴趣经验、

模糊判断为依据、主观盲动的行为方式，靠官员带动、投入拉动、资源推动的粗放发展，靠机构个体、个人能力的单打独斗，靠生产制作、物化硬件、大轰大嗡的模仿跟进等现象普遍存在。旧的文化发展方式的惯性运转，使业绩中数量规模型增长优于质量效益型成果，形式大于价值的项目多于具有思想文化魅力和社会传播性能的产品。这与首都文化的真正辉煌所需要的全面解放文化生产力、广泛汇聚社会资源的目标，有着相当距离。

制度模式学的一切对象，都有来自人、为了人、服务人的性质；首都文化对市内外人们头脑中首善品质的影响，主要通过科学有力的文化发展方式所形成的相关要素的高度荟萃来反复施加。其中包括战略决策方足够的文化见识、文化自信、文化自觉，战略运管方因拥有文明发展、科学发展的悟性与能力而积极构筑的"良田沃土"和"风调雨顺"的生存发展环境，文化置业方与时俱进的文明认同感、文化创意心、资源配置力；以及多元、专业、浩大的文化生产服务团队，文化业内部互为生产性服务业的生态，外部与社会相关产业如智库、金融、装备、科技、流通等互补支撑的形态，政府、领域、社会三大板块有机互动的业态。

习近平总书记述及建设，总强调要解决好"我是谁，为了谁，依靠谁"这三个根本问题。他在2014年2月26日视察北京时，就北京发展和管理工作提出5点要求，又彰显了首都价值的"应然"：把"明确城市战略定位，坚持和强化首都全国政治中心、文化中心、国际交往中心、科技创新中心的核心功能，深入实施人文北京、科技北京、绿色北京战略，努力把北京建设成为国际一流的和谐宜居之都"[1]摆在首位。既将北京城市的国家意义表述变为"四个中心"，增加了"科技创新中心"；又把北京城市的建设目标锁定为五方面，即"四个中心"和"国际一流的和谐宜居之都"。它们都属于首都工作须"明确、坚持和强化"的重点。而后，才是疏解非首都

---

[1] "立足优势　深化改革　勇于开拓在建设首善之区上不断取得新成绩"，《人民日报》2014年2月27日。

核心功能等任务——它们是更好地坚持和提升文化中心等首都核心功能所要解决的问题，是对强化核心功能扩大空间、排除干扰、减轻负担的服务。所以，坚持和提升文化中心等首都核心功能，才是北京当前及长远战略的重中之重，关系到国家战略目标的实现。

综上所述，北京于国家战略的责任在于首都核心功能的强势化，首都文化担当的关键在于核心功能强势化的能量源建设——为此须立场鲜明地高举党的思想路线旗帜，积极打造国家政治、法治、政策、行政中心基础上的首都文化升级版：以具象成果向世界传播最深刻的中国思想、最感人的中国故事、最有效的中国经验、最具说服力的中国实践、最富人文魅力的中国精神价值……通过迈向东方文化中心，乃至新型多极化世界中的文化一极的努力，为现代文明的进步做出贡献。

（沈望舒，北京市社会科学院首都文化发展研究中心副主任、研究员）

关于西部文化发展观的思考

肖怀德

【摘要】 西部地区是中华民族重要的文化资源宝库,是当前中国文化建设回归传统的重要支点,必须从推进区域文化平衡发展、建设社会主义文化强国的需求出发重新认识和定位西部文化发展的战略意义。正确面对在认识水平、文化基因、发展倾向和文化转型等方面制约当前西部文化发展的因素和问题,树立正确的西部文化发展观,提升西部地区文化发展水平,构建西部文化创新体系。

一、从建设社会主义文化强国的现实需求出发重新认识西部文化发展的战略意义

党的十八大提出建设社会主义文化强国的伟大目标,增强我国整体文化实力和竞争力。社会主义文化强国的内涵和外延非常丰富,既包括文化创造活力、国家文化软实力,也包括核心价值观等诸多内容,有学者总结为"具有自觉的文化体系设计能力,树立社会共同体的核心价值观念,形成创造文化魅力的巨大活力,发挥创新驱动的强大能量,壮大推动文化交

流和国际文化贸易的实力"[①]。要实现社会主义文化强国目标,必须立足中国文化特色和实现区域均衡发展,中国西部覆盖西南、西北等12个省市及自治区,总面积约686万平方公里,约占全国总面积的71%,这里文化资源丰富、文化类型多样、文化特色明显,被誉为"中国人的精神家园",其文化发展的质量和水平直接影响着社会主义文化强国建设的进程。

(一)回归传统——中国文化发展面临一次重要转向

近年来,为响应国家实施的文化强国战略,各地纷纷以文化强省、文化强市为目标推进文化建设步伐,在文化内容生产和文化产业发展等领域都呈现出强势增长的势头。根据国家统计局官方公布的数据,2005年至2011年间,我国文化及相关产业法人单位增加值现价的年平均增速为23%,2012年增速为16.5%,2011年我国已成为全世界第一大电视剧生产国和第三大电影生产国,东部发达地区围绕北京、上海、广州,逐渐形成京津塘城市群、长三角城市群、珠三角三大城市文化产业集聚区,主要发展影视传媒、新闻出版、创意设计、文化科技、游戏动漫等现代都市文化产业类型。这种发展模式很大程度上是借鉴西方娱乐工业、创意经济发展经验,在提升文化产业增加值比重、培育文化产业市场上发挥了积极作用,但是在数字繁荣的背后,暴露出一些显著的问题,主要表现在:一是文化内容生产的"泛娱乐化"。充斥在文化消费市场的文化产品整体原创能力不足,价值观导向出现了一些偏差,有些文艺作品过度揭露社会的阴暗面,传递焦虑、急躁、不安的社会心态,弘扬信仰缺失、历史虚无、宫廷争斗、活在当下、及时行乐等负面价值观,全社会出现了严重的道德危机和人心危机。二是文化产业发展的"空心化"。由于过分强调文化GDP的政绩观和受到商业利益驱动,很多地产商钻国家政策的空子,各地纷纷兴起了一股新的文化圈地运动,以文化之名,行地产之实,各种不同类型的硬体化、空心化的文化产业园区如雨后春笋般兴起。三是国际文化传播的"失

---

① 花建:"树立迈向世界文化强国的新文化观",《探索与争鸣》2014年第4期。

语化"。面对西方以电影、电视剧、舞台剧等为载体的价值观渗透,我们缺乏相应的应对措施,大量的文化产品走不出去,传不开来,只能孤芳自赏,引不起西方观众的兴趣,进入不了西方的主流文化消费市场。

因此,我们既要看到近年来我国文化建设取得的显著成效,也要正视存在的问题。产生这些问题的原因是多方面的,既有全社会的社会文化心理和文化心态的原因,也有过分强调文化 GDP 的评价体系原因,还有社会大众整体的审美水平和审美自觉的原因,但其中非常重要的一点是充分借鉴吸收中国优秀传统文化、讲好中国故事、突出中国特色的文化内容产品的原创能力严重不足。要解决这个问题,我们需要重新回归传统,从优秀的中华传统文化中汲取营养。习近平总书记近期多次就传承弘扬中国传统文化发表讲话,他指出:"不忘历史才能开辟未来,善于继承才能更好创新,要使中华民族最基本的文化基因与当代文化相适应、与现代社会相协调,以人们喜闻乐见、具有广泛参与性的方式推广开来,把跨越时空、超越国度、富有永恒魅力、具有当代价值的文化精神弘扬起来,把继承传统优秀文化又弘扬时代精神、立足本国又面向世界的当代中国文化创新成果传播出去。"[①] 中国文化发展只有重新回归传统,提炼出有价值的文化要素、基因、故事,完成现代转化,才能创造出具有中国特色、国际表达的文化产品,找到与世界各国对话的语境和空间,向世界传播中华文化、东方智慧和东方价值观。而中国西部文化是中国传统文化的重要分支,西部地区丰厚的历史、民族文化资源是中华民族文化创造力的重要动力源泉。

(二)西部——一个需要重新审视的文化坐标

中国西部,从地理上看,覆盖西南五省区市(四川、云南、贵州、西藏、重庆)、西北五省区(陕西、甘肃、青海、新疆、宁夏)和内蒙古、广西共计 12 个省市及自治区,包括了"大西北"和"大西南"两个地理

---

① 习近平总书记在 2013 年 12 月 30 日中共中央政治局就提高国家文化软实力研究进行第十二次集体学习时的讲话。

单元。它已经成为一个与现代化程度较快较高的东部相应的经济文化概念：一方面，它是指经济上农业为主的欠发达状态，另一方面，它也是指文化上的传统价值观念为核心的多元互动状态[①]。在漫长的历史文化积淀和演变过程中，西部逐步形成了新疆伊斯兰文化圈、青藏吐蕃文化圈、秦陇儒释道文化圈、蒙宁西夏文化圈、巴蜀儒释道文化圈、滇黔桂多神崇拜文化圈等六大文化圈。这些地域特色的文化既衬托了原始文化、游牧文化、农耕文化对西部的决定性影响，又清晰地反映出波斯文化、印度文化、蒙古文化、地中海文化和中国中原文化在西部地区不同程度的组合和交融。[②]

中国西部是中华民族重要的文化资源宝库，是华夏文明重要的发祥地。中国西部文化资源的丰度、密集度极高。西部的文化遗产数、国家级文物保护单位数在全国都首屈一指，从最新公布的中国世界文化遗产分布统计来看，中国西部省份陕西省有8处世遗点与河南并列全国第一，甘肃省有7处与北京并列第二，新疆维吾尔自治区以6处排名第三。中国西部文化形态丰富多元多样。有代表性的文化形态主要包括：1. 华夏文明的源头文化。人文始祖伏羲、女娲、黄帝等都诞生在此，伏羲易、周易奠定了中国人的思维方式，中华民族的母亲河——黄河发源于此，距今8000年的大地湾文化都坐落在此，先周文化奠定了中国农耕文化的基础，先秦文化为秦汉时期中国古代政治制度的正式形成打下了基础。2. 东西方交流文化。贯穿亚欧大陆的古丝绸之路，延绵7000多公里，是古代中外经贸文化交流的大通道、大动脉，而古丝绸之路经过的主要省份在我国的西部地区，伴随着中外经贸文化交流，佛教东渐传入中原，也留下了敦煌莫高窟世界级文化遗产，张骞出使西域，玄奘西天取经都发生在这里。茶马古道

---

① 参见李宏斌、王启明"刍议西部文化的现状及其创新之路"，《延安大学学报（社会科学版）》2002年第4期。

② 参见彭岚嘉"西部文化生态保护与文化资源开发的关系"，《新华文摘》2012年第1期。

是佛教东传之路，是世界文明的主要通道。3. 多民族交融交汇文化。西部地区是多民族聚集区，全国56个民族都能在这里找到，这里既有不同民族之间的战争，也有不同民族的融合，留下了宝贵的民族文化遗产，藏族文化、回族文化、羌族文化、彝族文化、白族文化等少数民族文化交相辉映。4. 见证中华民族辉煌历史的都城文化。中华民族辉煌的朝代秦朝定都咸阳，西汉、唐朝的都城长安，创造了中华民族鼎盛时期的都城文化，中华民族的辉煌历史都能在这里找到印记。中国西部文化特性包容开放，兼收并蓄。世界四大文明体系在中国的敦煌和吐鲁番地区交融汇聚，中国西部文化作为中国文化的有机组成部分，西部文化天人合一的文化精神、兼容并蓄的文化气度、多元并存的文化格局、神秘奥妙的文化内质在新世纪将对世界文化产生重要影响。[1] 中国西部文化资源保存完好。中国西部自古以来是中国文化的中心，西部文化之所以保存得要比内地好，一是气候干燥，文物容易保存，二是交通不便，地处偏远，受现代文明冲击较少，传统文化资源保存完整。[2]

中国西部文化发展的战略意义在于：一是为中国文化内容生产与创作提供了丰富的"基因库"。通过梳理西部文化脉络和文明体系，进行要素和故事提取，可以构建起强大的西部文化基因库，为中国文化内容生产和创作提供源源不断的创意和故事源泉，塑造具有中国特色和中国气派的文化内容生产体系，解决当前文化内容生产的深度问题和特色问题。二是为构建社会主义核心价值观提供价值源泉。深入挖掘西部中华优秀传统文化的精神内涵，包括开疆拓土的英雄主义行为文化，包容开放、向善守正的交流文化，团结友爱互助的民族交融文化，天人合一、人与自然和谐共处的文化观，各美其美、美美与共的和合文化等，将这

---

[1] 参见彭岚嘉"中国西部文化的世界意义"，《西北师大学报（社会科学版）》2004年第5期。

[2] 参见费孝通"有关保护、开发西部人文资源的思考"，《广西民族学院学报（哲学社会科学版）》2005年第3期。

些文化内涵加以提炼，彰显出讲仁爱、重民本、守诚信、崇正义、尚和合、求大同的时代价值，融入到弘扬社会主义核心价值观的具体行动中，融入到国民教育体系中，将为构建当代主流价值提供重要支撑。三是为各民族团结稳定构建了重要的精神纽带。深入挖掘西部各少数民族融合、发展历史，传承各民族丰富的文化传统，寻求各民族共同的文化基因，增强各民族之间的文化认同和文化互信，将为我国解决民族团结、边疆稳定问题提供重要的文化基础，切实维护国家文化安全。四是为中国文化走出去构筑了民心基础。国之交在于民之亲，深入挖掘以丝绸之路为代表的中西文化交流历史，重新构建文化交流对话的平台，充分尊重文明的多样性和共同认同的文化基础，以文化交流推动中国文化走出去，以文化交流推动经贸往来和政治互信，增进友谊，将为我国当前文化走出去的现实问题寻求到有效的解决路径。五是为全面小康社会的实现提供了重要支撑。全面小康社会既包含经济上的小康，更包括文化上的小康，在于全体民众自身文化素养的提升。西部文化发展有利于维护西部老百姓的文化权益，实现文化公平，增强他们的幸福感，推动西部整体民众素养的提升，进而保障全面小康社会的顺利实现。六是为实现全国经济结构战略性调整增强了动力。2013年9月，李克强总理出席中国-东盟博览会时指出："特别要做好内陆开发开放这篇大文章。这也是我国未来发展的最大回旋余地，要促进西北地区增强实力，在向西开放中形成新优势，为中国经济长期持续健康发展提供支撑。"西部文化发展将有利于推动西部传统文化转型升级，提高产业附加值，同时带动文化产业、旅游产业等战略性新兴产业的发展，为全国调整产业结构，转变经济发展方式做出应有的贡献。

所以说，正确应对当前中国文化发展过程中所面临的困境，在中国西部丰富的传统文化资源中汲取营养、发现价值，重新审视中国西部文化发展在推进社会主义文化强国建设、全面建成小康社会、实现中华民族伟大复兴的中国梦进程中的战略意义，成为了当前的一项紧迫任务。

二、当前中国西部文化发展面临的主要制约因素

中国西部尽管文化资源丰富，但文化发展水平与东部发达省份还有较大差距，这里既有客观上的制约因素，也有主观上的原因，概括起来主要表现在：

（一）**群体性文化认识水平较低**。认识水平决定思想高度，思想高度决定行动方向。当前中国西部无论是领导干部还是普通民众，对中华传统文化的认识水平还有待提高。由于历史人文教育、审美教育上的不足，广大的西部干部群众对身边的历史文化资源的认知水平和鉴赏水平还非常有限，对这些文化资源的人文价值、精神价值和审美价值的认识还远远不够，这自然会影响他们对资源的保护、利用的具体行动。受传统的政绩观影响，广大的领导干部重经济轻文化的观念普遍存在，真正懂文化的较少，抓文化的办法不多，必然形不成浓厚的文化发展的群体意识和群体氛围，自然也形不成群体的文化自觉和文化自信。

（二）**落后的文化基因制约**。西部地区曾经的辉煌早已成为历史，在数千年的深厚传统和久远盛名之下，日益显出僵化保守和停滞不前，渐渐失去进取精神，失去竞争意识，失去了大气磅礴的创造力，遗留下很多落后腐朽的文化基因。学界将西部落后的文化基因归纳为贫困文化、惰性文化、孤岛文化和非理性文化。笔者认为西部文化中保守僵化的山头文化，以群体饮酒、玩牌等为主要表现形式的自娱自乐文化，以"等、靠、要"为主要特征的依存文化，以小圈子意识为主要特征的排外文化等文化基因长期在西部地区扎根，使得西部地区整体逐渐丧失了创新精神、开拓进取精神和开放精神，这些无形中严重制约了西部文化的发展。

（三）**错误的文化发展倾向**。西部地区由于经济发展水平较低，城镇化、城市化步伐较为缓慢，文化生态的保存、保护状况相对较为完好。但

是，目前也出现了一些错误的文化发展倾向，需要引起高度警惕。一是文化建设的行政化色彩太浓。长期以来"大政府"的观念主导了自上而下的行政化、命令式的工作推动方式，政府的手伸得太长，文化企业的"等、靠、要"思想极其严重，文化建设的市场化程度很低，市场活力没有得到充分的释放。二是政府的衙门意识强，服务意识弱。很多文化投资商抱着很高的热情进入西部投资，却因为基层政府过高地抬高底价，以及缺乏基础设施配套和政府服务，最后不得不失望而归。三是各自为政的错误观念长期制约。针对具体的文化资源的保护利用开发，文物保护部门、当地政府、林业部门、旅游部门等都有各自的立足点和诉求，相互掣肘，很多好的想法难以推行，大量时间都耗费在互相扯皮上，形不成推动合力。四是在文化开发上有"文化大跃进"倾向。近年来，国家层面鼓励文化产业发展，为西部地区发展文化产业注入了一股强心剂。西部地方政府并没有结合自身实际进行差异化分析，在上级政府的政绩考核压力下，急功近利的心态明显，过于强调文化 GDP 增长，在条件不配套、市场发育不成熟的前提下，仓促上项目，对招商引资的文化项目把关不严、审核不够，出现了大量的文化地产项目、烂尾项目。五是上演了一幕幕"文化空城记"。西部地区创意型人才严重不足，文化内容建设是明显的短板，很多地方出现了"重硬轻软"的倾向，大量的文化项目要么以政府投入为主，缺乏商业模式设计，经营困难；要么是创意含量、科技含量低的文化地产类项目为主，给当地政府带来了巨大的财政负担，也对西部丰富的人文资源造成了严重的破坏，需要引起高度警觉。

（四）艰难的社会文化转型。西部社会总体上还处在一种农业社会，从主流来看并未摆脱中国传统文化的农业性、血缘性、封建性和伦理性等特点，[①]在全球化和现代化的进程中面临着艰难的转型。首先全世界已经逐渐从工业化向后工业化社会过渡，而西部传统的农耕文明在向工业文明、后工业文明转型的过程中，必然面临着乡土文化的流失、生态文化的破坏和

---

① 参见李宏斌、王启明"刍议西部文化的现状及其创新之路"。

现代文明的冲击。各少数民族长期以来保护和坚守的民族特色文化在面对全球化文化浪潮时，面临着民族文化主体精神失落的危险。国家新型城镇化战略的实施，也进一步将西部地区社会文化的转型推到了风口浪尖，这种转型的阵痛在所难免，但必然需要一个长期的过程。

三、西部需要树立怎样的文化发展观

总体上，西部文化发展的诸多问题很大程度上是思想观念的偏差造成的，树立正确的文化发展观，对于西部文化的崛起，推进西部现代化进程至关重要。随着丝绸之路经济带，内陆沿边开放的一系列重大国家战略的提出，西部崛起成为当前中国解决区域发展平衡、维护国家安全、调整经济结构的重要命题。在这样的背景下，西部文化发展战略要充分认识自身人文资源丰厚和经济社会发展水平滞后的现实，在全面融合国家文化发展战略的大局中，突破传统的"小文化"思维，避免过分保守的为保护而保护或急功近利的文化开发的错误倾向，走出一条立足西部实际、着眼民族文化复兴大业的科学化文化发展道路。

（一）**进一步提高对西部文化发展的认识高度**。西部文化发展关乎西部民众的文化权益和幸福指数，关乎社会主义文化强国目标的实现，关乎中华民族伟大复兴的大业，要将西部文化发展提升到推进全社会现代化进程的高度来认识，提升到维护社会公平正义的高度来认识，提升到留住中华民族文化血脉的高度来认识，提升到整体"国民性"的高度来认识。美学家叶朗先生指出，当前同样存在鲁迅先生提出的提升国民性问题，使我们的国家具有更高的精神追求可以理解为提升"国民性"，我们需要重铸民族精神，加强青年一代的创新精神，改造和提升国民性很重要。[1]西部落后的根源与群体意识的落后密不可分，培养西部人对自身人文资源的文化自觉，提升他们的传统文化素养，提升对传统文化的认知水平，提升西

---

[1] 参见叶朗"振兴文化产业，提升中国形象"，《中国社会科学报》2012年3月22日。

部地区整体的"国民性",是西部文化建设的重大使命。只有将文化发展作为与西部腐朽落后的观念思路斗争的武器,改变西部人整体的群体意识和群体观念,重新激发西部人开拓创新、奋发有为、你追我赶的创业热情,才能从根本上解决西部发展和西部落后的问题,真正实现西部的再度崛起。

(二)**实现文化保护、传承、发展的有机统一**。西部地区受特殊的政治环境、社会形态、经济发展状况、文化资源禀赋、自然生态条件等多重因素的制约,在文化发展过程中要特别处理好资源与市场、保护与开发、经济与文化、全球化与民族化、城市与乡土、保守与开放、传承与创新、开放与稳定等多重关系,在保护资源和生态的前提下进行有效开发,在现代化和新型城镇化过程中守住那一份乡愁,在维护民族稳定和国家文化安全的基础上促进开放,真正做到保护、传承、发展的有效统一,实现可持续性发展。费孝通先生指出:"在开发西部的热潮下,我们一方面要发展它的经济,繁荣它的市场,使大西北的发展和内地趋于平衡,甚至超过内地。同时,还要保护其自然生态和文化艺术生态的平衡。不仅如此,对于一些已经遭到了破坏的自然生态和文化艺术生态,还要加以修复和再造,甚至重新发掘。"[①]《国家主体功能区规划》中西部的大部分地区属于限制开发区域,在发展西部文化的过程中,要特别重视文化生态保护和文化资源利用的关系,打破人类从生态系统中无度索取资源的惯性,努力寻求经济和生态之间的平衡点,在生态经济、文化产业、生态文化的协同发展中催生出一个更加美好和谐的生态社会。[②]

在保护上,遵守"保护为主、抢救第一、合理利用、加强管理"的文化遗产保护工作方针,始终坚持保护第一原则,守住保护的红线,严格保

---

① 费孝通:"关于'多元化的西部文化'和'文化生态失衡问题'的谈话",《费孝通文集》第 15 卷,群言出版社 2001 年版,第 344 页。

② 参见任海军、曹盘龙、王国富"生态经济与文化产业协同发展机理探究——以甘肃省为例",《甘肃社会科学》2012 年第 3 期。

护遗产资源的真实性和完整性，最大限度地减少人文因素的干扰和破坏。同时，要创新保护理念和方式方法，加强文化遗产保护技术的研发和应用，加强环境监测和预防性保护相关技术研发，加强文化遗产承载力研究，通过文化遗产数字化保护、展示，文化遗产数据云平台建设，实现创新性保护和永久性保护的目标。

在传承上，要系统梳理传统文化资源，让收藏在禁宫里的文物、陈列在广阔土地上的遗产、书写在古籍里的文字活起来。一是解决好当代阐释和现代转化。用当代人听得懂、看得懂、喜闻乐见的表达方式完成对传统文化的现代述说，完成从膜拜价值到体验价值、消费价值的转变，通过产品附着的方式影响当代人的生活方式，让传统文化走出书斋，走近大众。二是创新传播方式和手段。充分利用互联网、移动网络等新兴媒体和信息技术，充分适应年轻一代的文化消费习惯和需求，借助新兴传媒方式让传统文化走入当代人的消费圈层，让当代人逐渐认知、认同。三是融入国民教育体系。将优秀传统文化融入到基础教育、高等教育、职业教育等教育体系，开展课程教育、通识讲座、课外实践等多种教学形式，运用博物馆教学、体验教学和活动教学等多种先进教育手段，培育年轻一代的文化自觉和文化自信。四是启动一批中华文化传承工程和项目。将理念和使命融入到具体的项目和活动中，做到项目化、工程化和可评估化，实现虚功实做，让老百姓在鉴赏文艺精品、体验文化项目、参与文化活动中潜移默化地接受和亲近传统文化。

在发展上，注重人流涌入和品牌输出相结合。在人流涌入上，注重中高端和特色文化旅游线路和产品研发，开拓旅游淡季市场，开发修学度假、禅修养生、高端商务等中高端旅游产品，打造旱极体验、极限挑战、沙疗养生、沙漠越野、观光农业等特色文化旅游项目，注重文化旅游演艺、节庆、会展等配套产品和衍生产品的研发，延长文化旅游产业链条，提升文化旅游消费水平。在品牌输出上，构建西部文化资源的版权授权体系、产品设计研发体系、品牌传播体系、市场营销体系，搭建数据云存储、电子商务、博览交易、金融支撑平台，形成中外和东西互动，运用东部乃至全世界高端人才、资金、技术，探索资源品牌化、品牌市场化、市场资本化、资本国际化的有效路径，实现西部文化品牌的价值输出，传递东方智慧和价值观。

（三）推动文化发展的跨界融合与协同创新。随着知识经济的潮流，文化产业集聚区从集聚企业、扩大规模、注重产能、注重增长速度的"1.0版"，发展到打造平台、快速成长、注重效益、注重研发成果产业化的"2.0版"，再进一步提升到跨界融合、协同创新、虚实结合、注重培育创新型企业，并且与全球化网络相结合的"3.0版"。[①]《国务院关于推进文化创意和设计服务与相关产业融合发展的若干意见》明确提出，推进文化创意和设计服务等新型、高端服务业发展，促进与实体经济深度融合，是培育国民经济新的增长点、提升国家文化软实力和产业竞争力的重大举措，是发展创新型经济、促进经济结构调整和发展方式转变、加快实现由"中国制造"向"中国创造"转变的内在要求。西部地区自身经济对文化发展支撑乏力，文化要素市场发育不全，现代文化产业发展相对滞后，要顺应知识经济、全球化、信息化的大潮，走跨界融合和协同创新之路。一方面应将文化与相关产业融合发展作为调整产业结构的重点，将文化全面融入各行各业的生产、营销、消费等各个环节，提升传统产业的附加值。依托文化，借助创意、设计等手段，提升传统农业、工业的附加值，大力发展观光农业、创意农业，发展高附加值的工业产品研发，将文化与旅游、体育、金融、商贸等现代服务业深度融合，提升这些产业的附加价值。另一方面要推进文化传承与新型城镇化的融合。《国家新型城镇化规划（2014—2020年）》明确提出要发掘城市文化资源，强化文化传承创新，把城市建设成历史底蕴厚重、时代特色鲜明的人文魅力空间。在新型城镇化发展过程中要特别注重文化的传承保护，保存城市文化记忆，留住文化根脉，守住中华民族的精神家园。最后，要积极搭

---

① 参见花建"建设文化产业园区'3.0版'"，《中国社会科学报》2014年7月7日。

建西部地区文化发展的产学研协同创新平台，充分利用西方国家和东部地区的资本、技术、人才等要素成果，推动学术科研、创意设计、现代科技、金融资本、政策创新之间的有效对接和良性互动。

（四）以文化交流与文化贸易为双翼，促进文化全面开放。 历史上的西部地区因古丝绸之路、茶马古道等国际通道的开辟成为中国对外经贸文化交流合作的重要窗口和平台。随着海上交通的兴盛，中国政治经济重心向东南转移，西部地区失去原有的开放前沿的地位，变得日益保守、封闭和落后。随着丝绸之路经济带、东盟区域经济一体化、孟中印缅经济走廊等设想的提出，西部地区又迎来了对外开放的战略机遇。西部地区首先要抓住历史机遇，面向国际国内两个市场，以全面开放来推动西部文化的崛起。一方面广泛开展与东部沿海地区的文化交流和产业合作，承接东部产业转移，吸收借鉴东部成功经验，利用东部发展要素，为东部文化发展提供丰富的中国元素、中国故事和中国表达，提升中国文化产品的整体软实力和传播力。另一方面广泛开展与丝绸之路沿线国家、东盟国家等之间的人文交流与对话，以丝绸之路文化等为纽带，弘扬丝绸之路文化的包容、开放的文化精神，为政治互信、经贸合作打下民心基础和提供软支撑。其次，广泛开展与这些国家的文化贸易与产业合作，搭建文化资源共享、博览会、自贸区、旅游共同体等国际文化商贸平台，为中国文化走出去探索有效路径和宝贵经验。

（五）因地制宜，制定区域性文化发展战略规划，构建区域性文化创新体系。 近年来，西部地区不同区域的文化发展也呈现出不平衡的趋势，以成都、重庆、陕西等省市为代表的相对发达西部省份在现代都市文化产业上已经走在了前列，成都的田园城市战略、西安的曲江模式成绩显著，以云南、广西、贵州为代表的西南省份立足特色民族文化资源，在民族文化演艺、民间民俗手工艺加工生产、民族特色文化休闲旅游等领域进行了宝贵的探索，甚至出现了西部文化产业的"云南现象"。西北各省份在华夏文明传承创新、丝绸之路文化旅游上也在积极探索，例如甘肃省近年来依托华夏文明传承创新区这一国家级文化发展战略平台，在区域文化发展布局、敦煌文化旅游名城建设、文化品牌打造等领域成绩突出。

西部各省份经济社会发展水平、资源禀赋、发展模式都不尽相同，必须针对不同地域特点制定符合自身发展的区域文化发展战略。一方面积极立足自身特色，明确自身发展定位，制定科学可行的区域文化发展规划，指导区域文化的健康可持续性发展。另一方面要积极依托国家整体的藏羌彝文化产业走廊、丝绸之路文化产业带、丝绸之路影视桥、丝路书香等区域文化发展规划，积极融入国家大战略中，实现区域之间的联动、合作与共赢。最后，还要积极构建区域文化创新体系。区域创新体系是指在一国内的一定地域范围内，将新的区域经济发展要素或这些要素的新组合引入区域经济系统，创造一种新的更为有效的资源配置方式，实现新的系统功能，使区域内经济资源得到更有效利用，从而提高区域创新能力，推动产业结构升级，形成区域竞争优势，促进区域经济跨越式发展。区域创新体系是在特定的经济区域内和特定的社会经济文化背景下，各种与创新相关联的主体要素（实施创新的机构和组织）和非主体要素（创新所需要的物质条件）以及协调各要素之间关系的制度和政策所构成的网络。[1]西部各省份要积极创新与文化发展相关的要素，构建区域文化创新体系，促进区域文化发展。

总之，西部文化发展不能追求短期的经济效益和文化GDP的飞速增长，而应放到中华民族文化传承和民族文化复兴的高度，综合处理好保护、传承和发展的关系，处理好文化生态、文化民生和文化经济的关系，处理好政府、企业和民间的关系，探索出一条科学可持续发展的路径，为国家文化战略的整体实施，为优秀中华传统文化的保护传承贡献力量，守住中国人的精神家园，留住中华民族的文化之脉。

（肖怀德，北京大学政府管理学院区域经济学博士后）

---

[1] 参见陈柳钦"产业集群和总部经济发展"，《光明日报》2008年6月25日。

第五编　文化发展战略与文化产业

文化产业规划：重建人与社会和自然的精神关系和精神秩序

胡惠林

【摘要】 文化产业发展规划是一门社会科学。任何规划的本质都是重建人与对象的关系，规划是一个体系，是一个人与社会和自然相互关系的体系。关于在怎样的意义上再建人、社会和自然的合理关系就显得极其重要。文化产业发展规划与其他产业发展规划最本质的区别是它的精神性和精神的关系性：重建人与社会和自然的精神关系和精神秩序。"文化生态"的规划思维，是一种与以 GDP 为导向的规划思维相反的文化产业可持续发展思维。建立与国土空间规划布局的合理关系是这种秩序关系的必然要求。"胡焕庸线"应当成为我国文化产业发展国土空间布局必须遵守的原则。文化产业科学规划的关键，就是建立这样一种协调和统一的文化生态关系。

通过制定文化产业发展规划，指导文化产业发展，是近十年来我国文化产业的重要经验。推进国家文化治理体系和国家治理能力的现代化建设，是我国文化产业发展的新目标和新任务。这应当是规划和制定我国未来文化产业发展的总体战略思想。可持续发展是我国国家总体战略的重要组成部分，从这样一个总体战略出发，思考我国文化可持续发展的关键，实现文化产业发展与人、社会和自然的精神关系的协调统一,应当成为我们思考我国文化产业发展战略问题的重要出发点。

一

中国的第一个文化产业发展规划是文化部制定的,也是中国第一部文化产业发展规划,简称"十五"规划。但是,这一部文化产业发展规划从严格意义上说,还只是一部关于发展文化产业的政策性规划,但对于中国文化产业的发展,却具有里程碑的意义。因为,正是有了这一部规划,才有了后来中国文化产业发展的"十一五"和"十二五"规划。不仅有了文化部的规划,而且还有了国家规划和全国各地的文化产业发展规划,甚至还有了国务院的专项规划《文化产业振兴规划》。

从中国各地的"十一五"和"十二五"文化产业发展规划的实际来看,在中国有三种文化产业规划。一种是政治类规划,这一类规划的特点是"规划、规划,墙上挂挂",仅仅是完成了一项工作,因为上面有任务布置,不做个样子不行,但是,从没想过要执行,属于表态性质的。第二种是经济类规划,也就是说把文化产业发展规划作为实现GDP的指标来规划。这一类规划的好处是政府会比较重视投入,包括一系列政策投入和资金投入。不少政府积极投资的文化大项目大工程多属于这一类,属于对经济发展规划的补充。第三种是文化规划,就是把文化产业发展看作是实现文化发展目标、提高文化建设水平、增加文化资源积累、提高文化创造能力的重要载体,为社会提供可持续发展的精神和文明体系。后两种文化产业规划当然也包含着深刻的政治意识和政治觉悟,但是战略选择路径迥然不同。第二种文化产业发展规划往往见效比较快,一般地符合资本投资见效快的性质,但容易带有不可抗拒的短期行为,甚至为了实现短期效益而不惜以牺牲资源和环境为代价,从而使之不可持续。为舆论所批评的为数不少的"文化创意产业园区"就是最典型的。由于这一类规划本身的动机和目的就是为了"文化地产",因此,为了资本可以不惜牺牲文化,遭受批评也就不可避免。第三种文化产业规划见效周期较长,它以文化资源的积累增长为发展目标,着力于提高社会的文化创造性活力和文化的文明建设与发展水平。"文化软实力"是它的一个重要价值指标,在以 GDP 为价值考核尺度的影响下,这一类规划总体表现与国家和社会的要求存在不少差距。

文化产业发展规划有总体规划和专项规划之分。在国家层面上的出版规划、电影发展规划、旅游发展规划等都属于专项规划,即便是文化部的"十二五倍增计划"也属于专项规划。"十一五""十二五"是我国实现文化产业大发展大繁荣的两个五年规划。十年的发展,我国的文化产业发展在 GDP 的占比迅速提高,文化产品和服务日益丰富和多样化,在满足人们精神文化消费需求多样化的同时,对于促进我国经济结构的战略性调整与转型发挥了重要作用,这在近 10 年来的中国文化产业统计数据中已经有了充分反映;但同时也留下了不少"文化产业发展规划后遗症"。其中最典型和最突出、社会批评最多的就是"文化产业园区后遗症"和"动漫后遗症"。这既严重影响了文化产业发展的社会形象,也严重挫伤了人们发展文化产业的积极性。不少大力发展文化产业的地方,似乎已经找不到自己发展文化产业与历史和社会的文化关系,无论是在江河之滨,还是在田园山林,几乎已经发展到了凡是有人群的地方就有"文化创意产业园区",到处都是车水马龙、激情四射、无比亢奋的"创意阶层";到处都是"文化与资本"的"对接",到处都是"文化与地产相融合"。文化创意产业园区的遍地开花和文化地产模式的扩张,除了增加了一些可计量的货币资本(如果从投入产出比来分析,这可能依然还是一个问题),真不知道给我们要发展的文化和文化软实力增加了多少。其实,没有所谓"文化创意产业"的"资本运作",其他产业通过资本运作也能创造出同样的产值。资本在"文化产业"这里通过"运作"拐了个弯,于是,便把增值的那一部分留下来了,成为了"文化产业增加值"。而比起我们各级政府的政策投入和专项资金投入,真正的增加值又是多少呢?据《中国文化产业发展指数报告》(CCIDI)

揭示,仅以"十一五"文化产业发展规划为例,实现和完成规划目标的不到全国 31 个省区市的三分之一。甚至连像上海这样的中国文化产业发展重镇,也没有能够完成它自己制定的规划目标。而这还仅仅是"硬指标"。"软实力"就更难说了。

二

　　文化产业发展规划是一门科学。综合中国各地文化产业发展规划和文化产业园区发展规划,以及介于文化产业与旅游产业之间的文化旅游产业发展规划等,文化产业规划是一个同时包括城市与乡村发展,政治与社会发展、文化与经济发展的具有高度综合性的新兴规划种类。因此,规划内容广泛地涉及人、社会与自然的关系。中国以前没有文化产业规划,当然也就没有关于文化产业的规划理论。国家层面上的规划主要是政策性规划,由于规划在本质上是对资源的重新分配,因此,任何规划的本质都是重建人与对象的关系,不论这一对象是社会的还是自然的,是经济的还是文化的,抑或是政治的。从这个意义上说,规划能否和在怎样的意义上再建人、社会和自然的合理关系就显得极其重要。因此,规划是一个体系,是一个人与社会和自然相互关系的体系。既然是这样一个体系,就必须处理好这个体系各部分之间的关系,新的体系与原来的体系之间的关系,这样的关系间的合理性与合法性关系等。文化产业发展规划与其他产业发展规划最本质的区别是它的精神性和精神的关系性:即文化产业发展规划就其本质而言是重建人与社会和自然精神关系和精神秩序。

　　文化产业是人们的精神生产系统和文化表达系统。文化产业作为人们精神的栖居方式,它所反映和表达的也应该是系统整体性。作为人类自然与文化遗产的西递、宏村徽州明清民居建筑群,虽然并不是为了文化产业建造的,但是,它所体现的关于人与自然的合理性关系,以及在这个关系中建立的人们的社会关系是可以给我们研究和制定文化产业发展规划以深刻启示的。这种关系是理念的、精神的。一种没有规划的规划：建什么和为什么这么建所体现的人居理念；人与自然关系的系统性理念。在这里，所谓风水的背后其实包含着对人与自然和人与社会关系的深刻理解；基于对生活认知、理解和希望的物质和精神表达。一座民居就是一个人家的物质和精神世界的象征，就是其空间存在的价值理解与表达。人们对其的认知与判断首先是通过其居住形式来认知的。这就是生活方式，一种精神生活方式。一个精神世界，一种精神秩序，一种通过个体精神世界的表达建构精神秩序的结构性与系统整体性的方式。难道我们的文化产业规划不也应该是这样的吗？

在现实中，有许多文化产业发展并不是规划出来的，而是由人与社会和自然的关系性的演变发展而来的，带有很强的自发选择性。文化产业园区在中国的出现就具有这种特征。例如上海的田子坊和北京的"798"，在原先的两市文化产业发展规划中都没有，是因为已经有了田子坊和"798"，而且这样的文化产业发展新形式对于正确处理城市工业文明发展与现代城市文明的关系具有创造性价值和启迪，后来才被纳入文化产业规划的。这是政府对市场创造的接受。作为新兴文化产业的网络游戏产业事先也不是规划出来的，而是像盛大网络"吃螃蟹"吃出来的，也是后来才进入国家规划并且加以重点扶持的。从这个意义上说，文化产业发展有其自身的规律。文化产业发展规划的制定就应当遵循这种规律和反映这种规律。

"创意"和"创新"在文化产业发展中具有特别重要的价值。科学意义上的"创意"和"创新"应该是事物发展合乎规律的反映，是重建和再建人与社会和自然的精神关系的合理性所需要的，而这种需要恰恰是关于"众里寻他千百度，蓦然回首，那人却在灯火阑珊处"的发现。而在中国各地"十一五"的文化产业发展规划中却充满着大量的"似曾相识""创意策划"和"运作模式"，造成和导致中国地区发展文化产业规划中的种种"复制品"，究其原因，很大程度上是对关于什么是文化产业规划缺乏应有的科学认识。正是在这一点上，"文化产业发展规划"被其他产业规划部门看轻了，也被从事文化产业规划的专家们看轻了。制定"文化产业规划"的"产业化"，使得文化产业规划的研究编制从科学转变成为一个纯粹的赚钱的工具。

"文化产业规划是什么？"是去建立人与社会和自然一切文化关系的合理的精神秩序。从西方发达国家和我国创意产业园区实践历程来看，最普遍的就是对工业文明遗产的空间功能再造，从而通过这种再造，重建人与工业文明的新型关系：传承与创新。德国鲁尔创意产业园区、上海的田子坊和北京的"798"都是最典型的案例，饱含着人们对过往历史的理解与尊重，同时又饱含着对过往实践的批判与反思，从而在建构新的人与历史文明关系的同时，寻找和发现新的推进历史文明进步的方法与动力，在反思历史文明的进程中推进和创造新的文明形态，以重建人与文明的相互关系。这应该是发展文化创意产业园区最本质的文明选择。而不是凭空地去圈一块地，挂一块牌子叫"文化创意产业园区"，这样的文化产业规划和文化产业园区建设是和人与文明的相互关系背道而驰的，甚至在某种程度上是反文明的。一些地方，圈了地，挂了牌子，也举行了揭牌仪式，招商引资，还举行了项目签字仪式，最终，不仅荒了地，而且毁了文化产业的形象。不仅没有建立起人与社会和自然合理的精神秩序和精神关系，甚至在某种程度上制造了它们之间的紧张关系，这不是反文明的又是什么呢？

从政府的层面上来说，文化产业规划是一项最重要的公共文化政策，具有最大和最持久的外部约束性，应该拥有最坚定的可执行性。文化生态建设应该是文化产业发展规划的"红线"。无论是文化产业发展规划，还是专项文化创意产业园区规划，都不应是事后诸葛亮，而应该是总体规划实现的具体保障。所谓"文化生态建设"就是要营造最符合人与社会和自然合理性精神关系需求与文化资源再造的环境。文化发展的生态规划应当优先于文化发展的建设规划。只有先将文化发展与人与社会和自然相互之间合理的精神关系规划好了，才能使得每一个项目建设规划的功能定位与规划目标相符合，也才能从根本上改善在我国文化产业发展规划中普遍存在的设施建设比重过高、文化产业园区比重过高、项目密度过高而文化生态环境建设投入过低、文化内容创新要求过低的局面。应该把提高创造性文化生产能力置于全部文化产业发展规划的核心,把提高每个人的文化创造活力作为文化产业发展规划的战略重点,把实现这样的文化产业发展规划目标的文化生态环境营造,作为文化产业发展规划的基本制度要求。

三

"文化生态"的规划思维,是一种与 GDP 为导向的规划思维相反的文化产业可持续发展思维,优先强调和突出人的、社会的和自然的精神秩序和相互关系的完整性和有机性,优先和突出三者之间的可持续发展和文化生态整体的安全性,优先强调以国土空间健康与国民精神健康、安全和持久的公共文化利益的协调性,而不是从短期的、眼前的"政绩利益"出发做规划,把文化产业发展规划只看作是个人政绩实现的路线图和时间表;强调通过优先进行"不发展文化产业区域"的控制来进行文化产业的国土空间规划和文化产业的产业内结构规划。这是文化产业发展的两张清单:正面清单和负面清单。在这里,"文化生态利益"是负的,体现的是"强制性的不发展区域及其类型和控制的强度":哪些是禁止进入的、哪些是限制进入的、哪些是有条件进入的。这是中国文化产业发展规划的一种"底线思维",亦即不能突破的"规划红线"。这样的规划红线应当是与国家所颁布的国土主体功能区规划红线相吻合的,与人口地理学的空间分布规律相一致的。生态脆弱、人口稀少的地方怎么能大规模地规划发展文化产业呢?这不违背"使市场在资源配置中起决定性作用"的原则吗?文化产业发展规划不能也不应该突破这样的规划红线。

文化产业发展规划是重要的。不规划也是重要的。发展和繁荣是重要的,让后代发展和繁荣更重要。可持续发展的原则就是既要满足当代人的需求,又要给子孙后代留下足够的生存与发展空间。这不仅仅是指物质上物理上的，更是指精神上的。也就是说，我们这一代人应该给子孙后代留下足够的文化创造空间。无论如何，我们今天还可以拥有唐诗宋词，并且以此来确认自己的文化来历和文化身份，那么，我们今天的文化产业建设能留给我们子孙后代怎样的文化来历和文化身份让他们得以确认自己呢？唐诗宋词是中国人的文化身份和文化来历，是我们走到哪里都不会迷失自我的文化之路。这就是前人留给我们今天的文化认同，文化身份的认同。无论是文化创作还是文化生产，都应当建立这种认同。我们的后代子孙要问：我的文化来历是什么？我的父辈留给我了什么？有什么是值得我自豪的，让我自信的？因此，我们能在多大程度上让我们的子孙引以为自豪，并且在我们留给他们的文化资源的空间基础上实现继续创造，完全取决于我们今天发展文化的思维和理念。我们能不能在发展文化产业、满足今天的文化发展和文化增长需求的同时，留下一些文化空间的不发展、不规划，尤其是在文化产业发展的国土空间规划选择上。"留白"是中国人处理人与自然和社会文化关系的文化智慧。这是中国古人关于人与自然和社会关系的生态文明观。文化产业发展规划的项目建设如果破坏了山水格局的连续性和文化生态的丰富多样性，切断了风、水、物种和文化形成的流动与停留的足迹，文化生态资源的系统性和完整性、文化物种的多样性也就被破坏了。被破坏了的文化生态环境还是我们需要的文化生活环境吗？被破坏了的文化资源还能为我们创造和带来我们所需要的精神和物质财富吗？没有了这些，我们还有家——精神吗？

　　在发展和规划文化产业的过程中，我们应该对自然与文化遗产无条件地尊重。城市给行人留有足够的人行道。但是，太宽和太窄的人行道都是违背城市生活文化规律的。在这一点上，加拿大学者雅各布斯的《美国大城市的死与生》留给我们足够多的启发。我们这一代人都有这样的记忆：远行回家，见到村头的老樟树、大槐树以及弄堂口那家小摊，都会让我们情不自禁地激动：到家了。这些东西消失了，也许我们都找不到回家的路。《美国大城市的死与生》对此有着极为深刻的研究，成为现代城市空间生态规划的经典。那么，我们怎样给后人留些文化再创造的想象空间和文化资源的储备呢？在这里，我们是否也应该思考一下：那些试图改善我们的文化产业发展状况的规划项目是如何失败的？这样一个属于文化产业发展规划制定的问题，必须引起足够重视，以使我们免遭失败的厄运。文化是一种稀缺性战略资源。文化产业规划也是一种稀缺性资源，稀缺性资源经不起我们随心所欲地消耗。

四

"功能区"是我国基于国土空间规划布局的一个概念，旨在既突破现有的行政区划在区域发展进程中的局限，又能确保未来国家可持续发展的国土预留。在现有的我国有关国土区域发展空间布局发布的文件中，其政府行政层级主要是国务院及其下属行政部门国家发改委。本文所指的"功能区"实际上包含了"长江三角洲发展规划""经济带"和"经济区"等不同的区域发展国土规划概念。"经济功能区"和"国土功能区"是两个既互相联系，又互相区别的概念。我们把这样两个有着不同定义的概念应用到对文化产业发展空间秩序和空间布局的分析中，一个最重要的设想，就是在这二者之间建立一个共同的链接，那就是"可持续发展"，从而为我们的分析提供一个有解释力的概念。据《2014：中国文化产业发展指数报告》统计，这17个功能区涵盖了我国19.5%的国土面积（187.3万平方公里），60.8%的人口（7.9亿），大中小城市159个，集中了全国72%的出版社（263家），72.5%的电影制片厂（29个），85%的全国印刷企业100强（85家），80.6%的2011—2012年国家文化出口重点企业。2012年17个主体功能区文化产业增加值高达17417亿元，占当年我国文化及相关产业法人单位增加值的96.4%。可以说，这17个主体功能区是我国文化产业在国土空间布局上的主要形态，集中反映了现阶段我国文化产业的能力。但是，这17个功能区，显然都不是关于文化产业的功能区，现在也还很难把这17个功能区在文化产业上做一个功能上的区分。我们通过分析和借助于"功能区"这一概念，提出我国文化产业国土布局和分工的问题，提出优化文化产业国土空间布局、推进我国文化产业分工体系现代化、建设国家文化产业功能区的新文化产业发展战略布局理论。

分割的小而全，是现阶段制约我国文化产业发展最主要的"行政文化产业形态"。什么文化产业都要发展，结果什么都没有形成核心竞争力。这不仅造成了文化投资的浪费，而且也造成了国土文化产业空间布局的浪费：单位面积文化产值不高。这也许就是为什么中国迄今为止没有在文化产业发展区域功能上形成明显的可识别形态的重要原因。而这恰是世界上一些文化产业大国成功的重要原因。我国文化国土幅员辽阔，文化资源形态极其丰富又差异很大，文明发展的先后序列和环境与气候之间的巨大差异，不仅使得在人口分布的空间形态上形成了地理上的"胡焕庸线"，而且形成了以"胡焕庸线"为分界线的区域经济发展东南和西北带，以及在这个基础上形成的城市群和城市带，形成了我国最核心的国家行政区划图。现有的17个国家经济功能区全都集中于"胡焕庸线"东线，这绝对不是什么巧合，而正是依据我国人口空间布局的国土特征的这一客观规律做出的。"胡焕庸线"应当成为我国文化产业发展国土空间布局必须遵守的原则。社会经济文化发展总量因人口的空间分布和城市的空间分布而呈现出发展的阶段性差异。我国的文化产业国土空间分布几乎全部集中在"胡焕庸线"以东地区，而以西地区则因为人口稀少和气候环境的制约，其文化产业在全国的分布中几乎可以忽略不计。一定数量的人口是文化生产、文化消费和文化市场的战略基础。没有人口何来文化产业发展所需要的生态能量系统。即便这个地区有着为其他地区所没有的独特的文化资源优势，也并不一定能够建设一个完备的文化产业体系。相反，一个有限的文化资源空间经常被无限的和无节制的文化产业发展所破坏而变得不可持续。这样令人担忧的案例已经每每被媒体公之于众。也许正是由于这个原因，不丹这样一个喜马拉雅山的小国做出了一个限制旅游人数进入的"国家限制"，并从而在全球创建了一个"幸福指数"。

人口与环境是制约文化产业发展的重要因素,不考虑这一因素,不加区分地在这些地区发展任何一种形态的文化产业,其失败是不可避免的。从这个意义上说,藏羌彝文化产业走廊发展规划就是一个需要重新论证的我国文化产业发展的国土空间布局问题。同理,丝绸之路经济带是一个既有历史依据又有国土空间分布规律的科学概念,而"丝绸之路文化产业带"就需要科学论证。与其说是"丝绸之路文化产业带",还不如从实际出发,把它称为"丝绸之路文化旅游带"更切合实际。独特的不可替代的文化旅游资源是丝绸之路独一无二的文化产品。正是这样的文化产品构成和满足了现代人独特的文化消费需求。倘若以此来建立和规划具有广泛国际知名度的、主体功能鲜明的"文化产业功能区",就不仅能够与国家的国土空间功能区相吻合,而且突出了这一地区文化产业国土空间规划的主体功能。这一功能区恰好位于"胡焕庸线"以西,倘若我们能把这一功能区建设起来,则不仅可以形成东西互动、市场互补的良好效应,甚至还可能以此带动整个丝绸之路经济带的"黄金文化旅游业"。这是一个包括宁夏回族自治区在内的一直延伸到中亚和西亚的广大地区。其所带来的新的不同文明地区和不同文明带之间的互鉴和交流,将为整个功能区带来不可估量的文化和文明效益。

文化产业空间功能的互相区别是建构人们文化消费习性、培育文化市场、提高文化消费能量、集聚文化产业空间能级的重要机制。而正是这样的文化产业分工的功能机制,才能最大限度地实现以较小的资源消耗获得最大的文化能源再生与积累,从而在为实现当代人提升社会生活质量和国家文化软实力需求的同时,为后代提供文化可持续发展的资源储备。因此,规划和建设基于国土空间功能布局的原则,优化文化产业国土空间布局结构,调整国家文化产业区域发展战略,规划和建设国家文化产业功能区,实现文化产业发展的"功能集聚",也就成为本文提出的一项最重要的战略建议。

五

  鉴于已经造成的文化生态破坏的现实，我们应当实施积极的"文化复耕"规划。为了保持土地的休养生息和再生产能力，农民往往采用复耕的办法，让土壤回复肥力，而不是为了短期利益而耗尽其地力而使产量和质量都下降。轮种是最常应用的一种耕作方式。这就是一种朴素的文化生态观。所谓文化复耕就是通过大力倡导和推行一种与中华传统的文化生活习性相一致的办法，最大限度地降低对现代文化生活发展无节制的消费主义追求，而保持我们今天的人们对于过往人们创造的一种文化历史的尊重，以获得文化产业可持续发展所必不可少的合理性的价值支持。对于一个城市来说，应该淡化对所谓"创意之都"或"创意联盟城市"不切实际的追求。一个城市的文化特质和文化品行应当是这个城市人们的文化生活方式的自然流露。他的城市就是他的生活，是居住在这座城市中的人们精神文化生活的一种自然表露和自然表达，而不是某种贴在这个城市上的招贴。"文化复耕"不是简单的复古，尤其不是居住空间的简单复古。为了文化产业的假古董已经遭到社会的否定。让人们回到原本属于他们的自然与社会相融洽的生活生态系统中去，这就是"文化复耕"。那种为了文化产业而不惜把原来居住在古镇和古村落的人们赶出他们的家园的做法，是一种最违背"文化生态精神"的做法。没有人了，那个古镇还是活的吗？古镇不是影视剧的外景基地，而是人们活生生的家。城市不也同样是如此的吗？城市里创意产业园区的最初出现，就是用我们的精神再生产我们的"家"：一个留有和载有无数人集体记忆的"家"。把创意产业园区做成"文化地产"，也就毁掉了人们最后一点对"家"的集体记忆。因此，我们留给子孙后代的文化空间，不仅有我们的痕迹，更重要的，是要有自然和文明的传承脉络，同时给他们一片继续想象和创造的园地。

生活总是要变化的。无论怎样的变化，它都应该是天造地设的生态整体，无论哪种文化的地形地貌，只要是我们人类选择了那里，就都赋予了它某种合理性。这种合理性是人与自然构造的内在默契。是天人合一创造了社会，进而造成了天、地、人的社会生态的有机统一。这就是文化，这就是文明，只有人类这样的物种才能创造的文明。这是我们今天一切发展的基础和铁律。无论什么样的发展规划都不应该违背和违反这样一个最基本的规律。

（胡惠林，上海交通大学国家文化产业创新与发展研究基地副主任、教授）

中国文化产业发展战略研究

范玉刚

【摘要】 当今时代，战略已成为国家发展中最具活力和决定意义的主题词。能够明确提出文化战略是一个国家在文化建设上成熟和自觉的表征。文化产业发展上升到国家战略高度，离不开中国经济崛起的语境和中国经济社会发展的全面转型及其变革。发展文化产业不仅是满足经济文化建设的需要，更是对一种新的战略资源的掌握，对一种新的文化主导权的争夺。必须全面深刻理解中国文化产业发展战略的定位，不断明晰中国文化产业发展战略的理念、原则和目标。

为什么要发展文化产业？中国究竟应以什么样的理念和价值导向来发展文化产业？这个问题不仅关乎发展文化产业的目的与国家需求之间的战略关系，而且是中国文化产业发展战略最重要的理论基础和出发点。

一、导言

明确提出文化战略是一个国家在文化建设上成熟和自觉的表征，世界上任何一个国家的文化战略，可以说在理念上都确立了以国家利益为最高利益的文化发展观。只是基于不同的国情、文化传统、现代化发达程度以及文化产业发展实际，有着不同的文化战略。当前国际上主要有三种比较典型的文化战略观，分别是美国的自由发展战略、法国和加拿大的文化保护战略、日本和韩国的文化"新赶超"战略。美国的自由发展战略与其文化产业在全球的强势地位和绝对优势布局密不可分，它占据全球文化市场的制高点，主导着国际文化产业分工体系。与美国不同，无论英法加，还是日韩澳，基本上都主张文化产业具有特殊性，为保障本国的文化主权和捍卫文化安全，政府必须采取一定措施保护本国文化产业的发展。以法国和加拿大为代表的基于"文化例外"采取文化保护战略的国家，一定程度上为本国文化产业发展赢得了时间，保护了文化的传承和高雅文化的发展，但难以从根本上抵御美国文化的入侵。日、韩主要基于"国家竞争优势"实行文化产业的赶超发展战略，它通过政府主导型的文化产业政策，以政策和资金来培育本国优势文化产业，通过设立海外文化中心，实施奖励措施来激励文化出口，在国际文化市场取得竞争优势，有效地提升了本国文化产品在国际市场的竞争力以及国家的文化软实力。

中国作为正在崛起的新兴发展中国家，虽然是文化资源大国，但因创意和创新不足，资源转化能力较弱，文化产业发展水平不高，亟需在战略上明确文化产业发展的理念和方式，尽快落实中央提出的"文化强国"战略目标。相应于国家发展战略，新世纪以来中央政府通过调整文化政策，试图建立一种新的文化价值体系，经由计划经济时期一体化的文化发展观转向市场经济条件下"五位一体"的现代化事业总体布局，以多元和谐的文化发展观引领现代化强国建设。通过政策调整旨在解决两大问题：一是如何适应建立市场经济体制的要求和文化转型，不断完善文化政策体系；二是如何适应转变经济发展方式的要求，通过政策导向把文化产业培育为经济支柱产业，以文化促进社会融合，实现文化的经济价值。这种调整契合了新的历史语境下文化发展的新趋势新特点，保证了中央政府始终掌握国家文化安全和产业发展的主动权；同时，把对国家文化安全的维护纳入到一种广阔的、充满活力和竞争的文化产业体系中，在积极的文化竞争中实现国家的战略诉求。

二、战略与文化战略辨析

当今时代,战略已成为一个国家发展中最有活力和决定意义的主题词。处于伟大历史复兴进程拐点的中国正处在这样一个战略时代,这是一个全球化语境中文化思潮空前激荡的时代,也是一个国家文化战略博弈不断加剧的时代。面对复杂的国际国内形势的风云变幻,中国的崛起不能缺失国家文化战略的支撑。

所谓国家战略是指一个国家总体性的根本战略,它广泛涉及一个国家的政治、经济、军事、外交、文化、科技、教育等诸多领域,是一定时期内国家战略利益的现实反映,是一个国家根据当前国内外形势与发展格局变化做出的一种战略选择,在不同的发展阶段,国家战略会以某种具体形态或方式来凸显战略利益诉求。国家战略,不仅事关全局,还具有整体性和前瞻性。随着文化的地位和作用的全球凸显,文化发展进入国家战略视野,文化战略成为国家战略系统中的一个重要构成部分。在全球化时代,"文化战略"更多地指涉着文化间的竞争策略。所谓文化战略是一个国家在全球化语境下,从文化视角对本国发展与世界战略的一种长远考虑和谋划,集中反映了一个国家的文化意志和对于世界的文化意图;是一个国家和民族在文化竞争、博弈日益激烈的语境下,为强化民族文化认同、增强凝聚力和有效价值传播及其文化形象建构,所主动采取或实施的一种具有战略性意义的立场或者国家行为。文化战略的制定要有效协调国家硬实力和软实力的均衡发展,"一个国家的国家潜力取决于该国现有的政治、经济和军事能力的总量、相关性、效果、不可抵抗性和持久性,取决于可用于加强和扩大这些能力的人力、自然资源的数量和质量",[①] 更取决于该国的文化能

---

① 傅立民:《论实力——治国方略与外交艺术》,清华大学出版社2004年版,第15页。

力。中国文化战略的实质是提升国家的"软实力",旨在形成与中国经济崛起同样的影响世界文化增长的力量,在使世界尊重五千年中华文化的同时,更尊重和倾听当代中国文化发展的态度和声音,建构当代中国的国家形象。当下,发展文化产业成为全球化时代日益凸显的国家文化战略命题。美国战略学家约翰·柯林斯在《大战略》中指出:所谓大战略"是在各种情况下运用国家力量的一门艺术和科学,以便通过威胁、物力、间接压力、外交、诡计以及其他可以想到的手段,对敌方实施所需要的各种程度和各种样式的控制,以实现国家安全的利益和目标"[①]。因文化战略融入国家战略体系,使文化发展被赋予更多的内涵和价值,从而引发全球性文化竞争下的秩序重构。而文化竞争越发不能脱离文化产业这种主导方式和形态,因此,文化产业的竞争和博弈就成为文化战略的重要内容和领域。一定意义上,文化产业发展的现代化程度成为衡量大国文化地位和国际文化影响力的重要标志。

从国际视野看,无论是"文化例外"的提出,还是《保护文化及其艺术表现形式多样化的国际公约》的宣言,都离不开文化产业的背景。正是基于保护文化产业发展和最低市场份额,使文化保护的国际公约有了实质性内容,而不再空洞和抽象。后冷战时代,一些西方国家把向发展中国家输出文化价值观视作实现其外部利益的一种国家战略,向全球倾销文化产品,成为国家战略利益的延伸,"文化热战"开始升温。文化产业发展作为一种国家战略形态和国家意志的体现,在其经济利益背后关乎着国家文化安全和文化主权。20世纪90年代以来的美国历届政府都把文化问题纳入《美国国家安全战略》框架中,在全球范围内,从推行美国的价值观和文化贸易自由化两个层面实施其文化战略。全球化语境下,文化产业不仅体现国家的文化利益,还包含重大的国家政治和经济利益与国家安全利益,

---

① 〔美〕约翰·柯林斯:《大战略》,中国人民解放军军事科学院译,中国人民解放军战士出版社1978年版,第412页。

文化产业的竞争，说到底是一国文化实力的竞争，文化产业之间的竞争本质上是不同文化体系的博弈。因此，制定和实施怎样的文化产业战略与文化产业的空间布局，就不单是战略取舍问题，还关涉国家战略的价值诉求，以及核心竞争力的培育。

在国家"五位一体"的现代化事业总体布局中，发展文化产业的价值，在于它不仅构成国家文化战略的重要内容，还为国家"软实力"的提升提供有效路径和载体，以及由此在全球化舞台上形成民族生活方式和价值观传播的竞争体系。在此进程中，中国文化产业要发展出维护国家文化安全的能力和实力，能有效地配合国家经济、政治、军事战略的实施，成为中华民族伟大复兴的积极支撑力量。文化发展不仅在民族凝聚力和国家认同上关乎国家安全，在价值观的建构上是民族的血脉和精神家园，而且是综合国力的重要标志；就经济价值而言，发展文化产业之于当下的中国不仅是克服和消除"经济结构战略性调整中的结构性矛盾和体制性障碍"的重要政策选择，还是拉动内需、落实大众文化权益和转变经济发展方式的生力军。文化产业发展战略是国家战略的核心内容之一，是国家文化战略的落地生根和操作性实践。随着社会文明程度的提高，人们越来越认识到，物质财富的增加、GDP的增长，并不是社会发展的终极目标，文化发展才是人类社会更深层次、更高境界的追求。说到底，发展最终要以文化、文明来定义，发展竞争的背后是文化的竞争，文化的繁荣是发展的最高目标。文化价值在国家战略层面被重新估量，文化繁荣被理解为社会全面均衡发展的重要基础。文化的繁荣是一个国家在世界上真正崛起的标志，是一个国家融入国际主流社会，其文化和价值观被普遍认可的标志，是一个国家已经形成并具有核心竞争力的标志。

三、文化产业发展战略出场的历史语境

伴随全球化进程的日益深入，文化及文化产业成为理解全球化的一个

基本维度。一些发达国家如美国率先提出"文化走向国家发展政策的中心",发展应放在人类整个文明/文化框架内来考虑,发展最终可以用文化来解释或用文化概念来界定的观点逐渐获得广泛共识。就当下历史语境而言,发展文化产业已经成为各级政府、社会舆论的普遍共识,文化产业成为吸引人才、技术、资金等经济要素的最具活力的领域,民间对文化产业投资有着强烈的冲动,可以说文化产业迎来了大发展的重要机遇期。

从全球视野来看,发展文化产业是21世纪的时代命题。未来世界的竞争将是文化生产力的竞争,随着文化的地位和作用的全球凸显,文化领域的扩张和反扩张、渗透和反渗透作为国际政治经济竞争的内容之一,大多是经由文化产业来实现的。文化产业越来越成为全球政治、经济、文化战略格局重组,各种力量博弈的一条中轴线。特别是金融危机期间文化产业的逆势飘红,深化了人们对文化产业特殊性的认知,文化产业发展日益受到发达国家及其政要的倚重,纷纷出台政策,甚至提出"文化立国"战略,引导和推动文化产业发展。可以说,文化产业已成为许多发达国家的支柱产业。当前,美国、英国、德国、日本、韩国等文化产业发达国家,正引领着国际经济贸易、产业结构升级以及文化思潮的全球流动,占据国际经济、文化、政治等重要而有利的位置,制约着发展中国家国际地位与作用的提升。

从国内来看,随着社会主义市场经济体制的不断完善,中央赋予文化产业的地位和使命越来越重要,文化产业发展被纳入经济社会发展总体规划,纳入科学发展考核评价体系,摆在党委和政府全局工作重要位置,加快发展文化产业已成为各级党委政府的广泛共识,文化产业发展的组织保障和政策措施都很到位。党的十八大报告指出:以科学发展为主题,以加快转变经济发展方式为主线,是关系我国发展全局的战略抉择。文化产业代表先进生产力,承担着参与经济结构调整和转变发展方式的历史性使命,必须保持快速增长的基本态势。从理论上讲,加快转变经济发展方式要解决三个问题:一是推动产业升级解决我国在全球产业分工处于中低端的困境。中国作为世界加工厂处于全球产业链和价值链的中低端，根本原因在于原创能力不强、文化创意创新不足，许多基础性、原理性问题没有解决。只有通过科技创新、文化创新和创意，解决关键性重大技术问题和开发重大技术装备，形成新的技术体系，推动创新链和产业链互动，提升产业附加值，形成优势产业集群，才能实现从"中国制造"走向"中国创造"。二是发展战略性新兴产业，包括新能源、大数据库及其人工智能机器人，以及数字化技术引领下的新兴文化产业，通过创新驱动深度融入国际产业分工体系，向中高端产业链趋近。三是解决可持续发展的瓶颈制约问题。当前我国正处于加快工业化、城镇化进程中，资源环境的压力巨大，必须走新型文明发展道路，避免坠入高投入、高能耗、高污染的陷阱，通过文化价值的融入、新兴产业的发展来实现"美丽中国"的诉求。在此过程中，拉动有效消费需求，是促使经济转型的必由之路。

我国之所以在相当长一个时期没有把文化产业发展放在国家战略视野中，主要是对文化的理解局限在意识形态功能上，对于文化内涵的丰富性和多重属性以及发展方式的多样性缺乏科学完整的认识，狭隘的文化观制约了人的观念。文化产业发展水平的不平衡，一方面是各种现实力量和历史运动的结果，一方面是思想观念在文化产业发展问题上先进性程度的差异。当前文化产业规划中存在的突出问题是，不能在一个开放的视野和宽广领域中思考文化产业与本地区国民经济和社会发展的关系，而局限于本地区和本系统范围内的既得利益，这是妨碍文化体制改革深化的最大障碍。视野的开阔取决于观念的更新和思想解放的程度，取决于开放性的胸襟，否则指导思想的封闭狭隘就会导致地方和部门保护主义，会对文化产业的认知流于肤浅，从而错失发展机遇。"当文化产业的出现以一种全新的文化方式打破了原有的生产力所构成的社会生产力结构的时候，并且日益表现出它在这个变化过程中的不可抗拒的作用的时候，即没有它现代社会生产力的进步就会失去它的前进动力的时候，文化产业的发展就成为社会生产力进步的一种动力项和现代国力形态的重要存在被置于社会发展的重要位置,列入国家的发展战略。"① 可以说,文化生产力作为社会生产力结构的重要组成部分,表现了文化产业以全新的文化方式打破了原有的生产力所构成的社会生产力结构,日益显现出不可抗拒的发展趋势,文化产业成为社会生产力进步的一种驱动力和现代国力形态的重要存在,从而由边缘化的社会存在走向社会发展中心,进入国家战略视野。就此而言,我们需要不断缩小与国际上对文化产业认知的差距,在文化观念上进一步解放思想。

文化产业是文化发展到现代工业文明阶段涌现的一种全新的文化生产方式和发展形态,是契合文化社会化大生产与消费产生的新的业态和生成方式。文化,作为日益强大的产业,已成为发达国家国民经济的重要支柱性产业。文化产业作为世界经济中最具活力的经济部门,具有创造财富、扩大就业和增加出口收益的潜力,同时有利于促进社会包容、文化多样性和人类社会的良性发展,有利于提升城市形象和知名度,是发展中国家新的选择路径,有利于经济发展模式的调整和增长方式朝着内生驱动型转变。今天,发展文化产业已不仅是满足经济文化建设的需要,更是对一种新的战略资源的掌握,是对战略市场的一种争夺,对一种新的文化存在的主导权的争夺,发展文化产业已成为培育和形成新的国家力量的战略需求。这在发展文化产业和国家整体利益之间建立了一种逻辑关系:文化产业的发展将影响国家战略利益全局。在发展中不能缺失全球视野的世界参照系,否则就无法选择自己在世界文化产业发展格局中的战略定位和在本国国民经济和社会发展中的战略定位。因此,必须全面领会中央提出的积极推动文化产业成为国民经济的支柱性产业的多维意义,充分发挥文化产业的多重溢出效应。对文化产业的深刻理解和定位,必须放在文化强国战略视野中。

---

① 胡惠林:《中国国家文化安全论》,上海人民出版社 2011 年版,第 159 页。

四、中国文化产业发展战略定位的思考

当前文化产业已步入初级发展阶段，正处于新的战略性成长周期，如何把握历史机遇，根据文化产业发展实际和建立创新型国家的总体战略要求，基于文化产业发展的态势和国内外环境，制定恰当的文化产业发展战略，对于深度参与全球文化产业竞争的中国文化产业具有特别重要的意义和价值。

对文化产业上升到国家战略的前理解。当今社会，人类文明和文化的发展与传播，已经到了不能脱离文化产业这样具体的文化存在方式去抽象地谈论文化繁荣与发展的历史新阶段。文化产业作为现代文化生产和传播的载体，不仅一般地改变了人类社会的生产力结构，还深刻地改变了人们的精神存在方式，改变了整个现代社会精神世界的空间结构，具有物质创造所不具有的一种深刻结构和建构人与社会一切文化关系的无形力量。正是这种力量改变了国家间文化和精神空间的原有格局，影响和改变了人、社会与国家发展的走向与秩序建构。一定意义上，文化产业不仅成为当前国家现代化发达程度的重要尺度，还是理解社会文化结构变迁的重要视角。它不仅使得时间和空间作为阻隔文化传播的自然力量失去意义，而且使零时空跨越成为现代文化传播的战略性资源力量，这就决定了发展文化产业不是一般地满足社会的文化消费需求，也不是单纯地成为文化经济的新形态和驱动经济发展的新引擎，而是一种对新的战略资源的掌握。这在发展理念上是一种突破，即文化是社会经济发展的一种重要资源，文化产业是对这种资源的主要掌握方式。

文化的地位和作用的全球凸显愈发显现出，文化产业发展战略和国家发展道路、国家战略密切关联，某种程度上说，一个国家和地区选择什么样的政策和战略发展文化产业，往往关乎国家发展道路和发展模式的战略

选择（为何中央一再强调社会主义核心价值观的贯彻和弘扬），这不难理解文化产业为何已成为国际政治博弈的"焦点"。因为文化产业日益作为一种重要的国家战略力量，被推到了世界经济、政治、文化竞争的前沿，成为国家"软实力"提升的核心载体。在全球化背景下，任何精神文化力量的传播不借助文化产业都难以达到目的。不仅如此，文化产业在全球化时代成为意识形态传播的基础，而且还进一步强化了意识形态的时效性和影响的广延性（如20世纪美国的电视剧《豪门恩怨》在非洲热播，以及近年来中国电视剧《媳妇的美好时代》同样在非洲热播，对于沟通增进文化互信都是最好的例证），同时，文化产业的发展还加强了意识形态传播的隐蔽性，在一种悄无声息中输入了价值观和生活方式。

从文化产业发展的宏观视野看：文化观念和发展逻辑变化的背后体现了文化领导权的变更。从文化逻辑上讲，马克思的艺术生产理论深刻阐释了资本主义条件下（市场经济）文化生产的特征和趋势；法兰克福学派对大众文化（文化工业）的批判，作为美学政治批判，预示着文化逻辑的变更和文化领导权转变的可能。作为美国本土的地道的大众文化随着资产阶级经济领导权、政治领导权的相继获得，不断觊觎并最终掌握文化领导权，特别是以经济搭桥和作为后盾（建立当代艺术博物馆和参与策划世界艺术展、进入大学校园和文化理论阐释等）率先掌握了"当代艺术"的领导权。这些作为文化产业发展的理论基础，丰富了其作为一个门类的产业群概念，其现实性基础是，随着资本主义的崛起和民族国家的建立，文化在分化中随着市场经济逐渐发展起来，并不存在"天命性"的事业与产业之分，只是有着现实考量的赢利与不赢利之别。只有当人们深刻认识到文化的经济价值和创造财富的能力与冲动，改善区域性经济发展状况，并带动就业和激发城市发展活力时，文化产业才作为一门产业，受到国家经济政策的鼓励。伴随资本主义国家步入消费社会，在文化发展上呈现出诸多后现代特点，尤其在金融危机中逆势上扬的"反经济周期"特点，使人们对文化产业有了新的认知，在走出危机阴影和实现产业升级中，文化产业发挥了特殊作用，使人们意识到文化产业作为拉动新经济可能发挥的引擎功能，而纷纷通过政策调整使之上升为新兴战略产业。文化观念和文化逻辑变更的直接后果——使美国从一个没有"文化"的国家，成为国际文化市场上的"教父"。所谓美国文化、美国精神以及由此形成的文化霸权，正是美国以版权产业为核心的文化产业以无可比拟的竞争力在全球的胜出，并以其强势的霸权实力对国际文化秩序的重构。

美国战略学家约瑟夫·奈在《软实力：世界政治成功之道》中指出：大众文化不乏浅薄和追求时髦的因素，但一个支配着大众交往渠道的国家有着更多的机会传递自己的信息，影响其他国家的倾向，却是不争的事实。在全球化舞台上，只有提升中华民族文化的位态，使之成为影响全球化进程的几种文化主导形态中的一元时，中国才能成为名副其实的文化大国。有学者指出："中国文化输出将使得中国现代经验逐渐成为世界经验，中国文化的世界化将使得东西方共同形成'世界新秩序'，不仅能优化全球性的资源配置，而且还将取代以前的民族国家体制中的话语运作结构。"[1] 中国要成为一个对国际事务负责任的大国，不仅要在经济、政治上，而且要在文化上，担负起相应的责任，积极有效地参与世界战略格局的重组。"文化大国战略的目标，是实现与经济增长同步的发展，拥有与经济增长同样的影响世界文化增长的力量。在让世界尊重五千年中华文化的同时，也要尊重并倾听当今中国文化发展的态度和声音，使文化成为中国和平崛起为一个负责任大国进程中的重要力量和重要标志。"[2] 可见，中国要实现和平崛起的战略目标，就不能缺失文化产业在国内和国际市场上的战略崛起，否则就难以发挥中国文化在世界上的影响力、渗透力和辐射力！所谓话语权的增强和提升就无从谈起。就中国而言，实现民族复兴的伟大目标，最大的可能是经由基于国家"硬实力"之上的"软实力"提升的方式实现。因此，文化强国战略的目标是多向度的，战略价值是多维的，只有"软实力"与

---

[1] 王岳川："在文化创新中建立强国文化战略"，《探索与争鸣》2012年第6期。
[2] 胡惠林：《中国国家文化安全论》，第12页。

"硬实力"相匹配，才能真正发挥作为世界大国的影响力!

因此，对"中国文化产业发展战略"定位的理解：不仅要放在国家经济战略（新兴战略性产业）层面、文化战略（文化强国）层面和政策调整中心去理解，这些还不够，还要在视野上往后退，以便获得一个可以回望的历史基点。基于当前全球化日益深化的视野，全球几大文明愈发交融和相互跃升并趋向太空文明的语境下，文化和文化产业发展必须放在文明之间的竞争博弈的高度来理解和领悟。在党的文化自觉中，文化不仅是推动社会发展的重要手段，更是社会文明进步的重要目标。这种文化认知把文化建设置于"五位一体"的现代化事业格局中，提到"文化强国"的战略高度，更是把文化发展上升到引领文明进步的世界高度。文化发展旨在激发全民族的文化活力、文化创造力和想象力，焕发全民族的文化激情，文化建设需要各领域、各民族和每个人的参与，以全民族文化素质和文化意识的提升释放实现伟大复兴的能量，这样的文化观念才能担负起建设文化强国的使命！处于伟大历史复兴中的中国，应站在人类思想的制高点上思考人类的未来，文化创新和超越应成为正在来临的文化时代的人类精神坐标。同时，对文化产业发展战略定位的理解还要往前移，以便使其获得现实操作的基点，能够有效落地，实实在在地担负起全面提升国家文化整体实力和综合竞争力的责任。聚焦到一点，就是文化产业要支撑起大幅度提升中国文化软实力、建构中国国际话语权的重任！

当下，作为世界大国崛起和实现伟大民族复兴的前提，需要合力打造提升大国文化影响力和国际话语权的基础和平台。就此而言，中国文化产业发展战略必然是国家战略的核心内容之一。无疑，遥遥领先的美国文化产业是我们强有力的竞争者，以"新赶超战略"后来居上的日、韩是我们的参照系。如何与美国的霸权话语进行沟通和对话？如何借助国际经验依托后发优势实现"弯道超车"？使文化产业发展方式的跨越性与文化内容的积累和价值的传承与弘扬相协调？可以说，中国的经济崛起改写了"现代性"的原初内涵，使之成为复数结构。当前，中国文化复兴引领的中国的崛起正在改写人类历史。中国式现代性证明：在经济发展方式、文化观、价值观、道德观和体制性等方面，中国都植根于自己悠久的历史文化和现代性的创新文化。大国形象需要文化建构、阐释、传播和展示，并在全球战略格局和秩序重构中发挥文化影响力和涵摄力。遗憾的是，中国经济的崛起并未带来与之相匹配的文化复兴，民族文化还不是居于全球的高位态，国家的文化形象还模糊不清。日本的动漫、韩国的"韩流"都是文化产业支撑下的国家文化形象输出的载体，在其背后都有国家战略意义上的有意为之！日、韩、新加坡的"文化立国"战略是以文化创意产业为核心的国家战略，整合了国家与全民族的力量。

中国文化产业发展在战略层面势必关乎：中国文化产业"走出去"的真正使命和价值是什么？什么是当代中国在全球的文化身份和地位？中国文化可以为世界文明做什么贡献？作为最具中国文化精神的"和谐"文化理念如何成为世界发展的主导词之一？何为中国文化"走出去"的价值取向？什么是我们普遍认同的核心价值观——文化自强的标志，文化强国必然有自己的核心价值观（对内获得广泛的民族认同，对外普遍受到认可并能够展示清晰的国家形象）？如何摆脱时代的文化困境（在西化思潮强势压境下成功突围）走向文化发展的盛景？首先是对内增强民族文化的凝聚力；其次是拓展文化的传播力和辐射力。其前提是警惕中国文化核心价值虚无化，以及文化发展的空心化现象。正如有学者指出的："如果中国没有找出一种代表性的文化编码，西方就会丧失对中国文化身份的识别和差异性文化价值区分。""内部的虚空与外部的游移不定是中国最大的文化安全问题。"[①]一定意义上，在中国的文化发展甚至文化产业发展中都弥漫着一种焦虑感和紧迫感。政府正在通过政策创新和理论突破进行文化价值重构，试图突出西方强势文化的合围。其实，通过历史的今昔对照，不难发现韩、日自大的"岛国心态"背后是对西方文化的依傍。对此，有学者提出：亟

[①] 上引见王岳川"在文化创新中建立强国文化战略"。

需重建"汉字文化圈"的文化感召力和辐射力，[①]问题是沉湎于过去显然无效。在历史的螺旋式上升中，我们必须坚定地建设现代化强国，但不是西方化，更不是回到前现代的某个"时空"，而是在文化交汇融合中实现文明程度的跃升。中国文化战略的价值取向应成为对西方单边主义、霸权主义文化的纠偏和启示，是守护自身文化立场和文化自主发展的典范。"中国崛起将不再是中国越来越像西方，而可能是西方世界开始吸收中国经验和智慧。一个明智的领导集团在'中国威胁论'、'中国崩溃论'的噪音中，应该有魄力和眼光来参与调整世界文明进程。"[②]有着五千年文明史的中国，应自觉担当起文明跃升的领跑者的角色。文化产业竞争的结果表明，产业链的高端不仅是经济效益的高利润区，同时也占据了主导文化影响力的制高点。只要中国的文化产业能够融入世界文化经济体系中，成为国际文化产业分工体系的有效组成部分，并不断向中高端产业趋近，就没有国家能够封堵和阻遏中国文化力量的增长，就能够有效提升中国的国际话语权。

五、文化产业发展战略的理念、原则和目标

各种历史机缘使发展文化产业上升到国家战略高度，在国家战略视野中规划产业布局，不能为了眼前利益牺牲质量和效益。要在国家层面做到胸有全局、全国一盘棋，不断提升宏观调控的能力和政策引导的水平，不能各自为政、恶性竞争。因此，文化产业发展战略在指导思想上必须明确国家的战略主体地位，中央政府不能缺位，要体现鲜明的国家意志和政策主导方向，还要充分调动战略实施主体的积极性，发挥地方政府、企业和民间以及个人的主动性、创造性，尊重其首创精神和创造成果。在产业发展的政策导向上，不能单纯考虑经济效益，还要考虑其对意识形态、社会

[①] 参见王岳川："在文化创新中建立强国文化战略"。
[②] 同上。

思潮、风俗习惯、道德水平、价值观念等方面的影响,在推动文化产业发展的同时,确保文化产品内容的健康积极——符合主流价值观和社会道德标准;同时,在产业布局上要形成社会合力、凸显不同省市的主导行业优势,通过差异化竞争重构文化产业地形图,在统一的广阔的国内市场化程度提高的基础上形成"拳头"产品;在文化市场的结构布局上,文化产品的生产和服务要兼顾大众需求和小众趣味,谨防为了小众丢了大众,损害大多数人消费权益事件的发生,既考虑消费者当前的感受和产品生产者眼前的利益,更要考虑文化产品长期的社会影响。因此,文化产业战略的制定要符合长远利益,融入前瞻性的综合判断,也要提出现实可行的量化目标,通过科学评估激励文化产业发展。

说到底,文化产业是一个产业群的概念,不仅是文化现象和经济现象,还是政治现象和社会现象,对文化产业的研究必须有"学科群"的支持。文化产业发展战略的制定必须服从并服务于所处的制度环境,必须与所处的制度环境相吻合。文化产业战略规划必须遵循文化生产力主导原则、差别化发展原则、产业结构优化原则和与社会发展相协调原则。只有建立在充分发挥自己的文化比较优势上,才能实现文化软实力的提升。在深度融入现代世界国际产业分工体系的过程中,积极参与现代国际文化秩序的重组,并在这个过程中实现中国文化产业体系的全面创新,这是中国文化产业发展的价值取向。此外,相对于一般产业的发展战略,它还要遵循一些特殊原则:

第一,体现正确导向的原则,不能逾越主流价值和社会道德底线。

第二,社会效益优先,社会效益和经济效益相统一的原则。对国家倡导的具有较好社会效益和较高文化内涵的产品进行奖励;对文化产品的内容进行审查,对不良文化产品及其市场乱象进行规制;不断完善企业违法行为处罚、退出机制。

第三,民族优秀文化遗产及其少数民族文化生态保护的原则,通过政策调节,鼓励和引导文化企业深入挖掘、积极弘扬、自觉传承优秀的民族文化。

第四，维护国家文化安全的原则，牢牢掌握文化领导权，把握社会舆论导向。

第五，扩大本国文化影响力的原则，建构积极有为、刚健清新、包容和谐的中华民族的国际形象，提升中华文化的国际话语权。

从文化战略诉求来看，文化产业发展战略要有利于推进文化产业结构调整，这对于提高文化产业发展质量和效益，促进文化产业又好又快发展具有决定性意义；要有利于转变文化产业自身的发展方式，通过鼓励文化产业的集约化发展，通过加快培育骨干文化企业，发挥辐射、带动、示范作用，以及通过文化产业园区内的知识和技术共享，发挥孵化功能，促使中小企业的产业集聚，形成具有影响力的特色产业集群；要有利于推动文化产业管理体制机制创新——大部门制的管理方式，新的管理体制的建构和完善要具有解放文化生产力和重建文化生产关系的重要价值；要有利于发挥政策的引导作用，文化产业政策的制定既要遵循产业发展的一般规律，也要考虑产业自身的特殊性，既要立足于本国经济与社会发展的客观实际，又要符合世界文化产业的发展趋势。在文化产业政策目标的制定上，要协调好文化产业政策主体、文化产业政策客体、文化产业政策实施手段三者之间的关系，形成有效的文化产业政策实施机制。因此，为实现文化产业发展战略的价值诉求，必须在文化产业发展战略中融入必要的文化理念：应确立文化发展是社会政治经济发展的最终目的的理念，用文化去评价整个社会的进步；应确立文化竞争力是国家核心竞争力的理念，把文化的大发展大繁荣上升为国家战略；应确立文化可以创造永久性财富的理念，推动我国的文化积淀、文化资源和文化创意转化为更多财富；确立文化是重要无形资产的理念，使文化和文化创意发挥比货币资本更大的渗透力；确立文化具有独特规律的理念，不能像搞运动和发展制造业那样去发展文化产业；确立大力发展文化贸易是优化贸易结构战略的理念，加快转变文化的贸易增长方式；确立文化发展是推动产业升级的理念，用文化产业的大发展带动现代服务业的发展；明确文化产业的发展必须是开放的、国际的，需要不断提高开放度的理念；明确文化产业是一个产业群的概念，需要大部制的管理体制；更要明白文化产业是当今时代文化传承、发展、生成的主导方式的理念，其核心是价值观的传播和弘扬。文化建设不只是推动文化产业跨越式发展而成为我国新的经济增长点，更在于构建现代文化生产方式并实现文化内容生产的现代化。

发展文化产业不但是传播和弘扬社会主义核心价值的有效路径和载体，还是以文化的现代价值体系重构推进整个社会现代化进程的方式，能够促进科技文明与民主文明的同步发展，促进中华传统文化精神的复兴与道德体系的重构，使中华文化在新的历史语境下，重新实现说法与活法的统一。文化产业发展的逻辑起点是经济活动，是经济事件，其最终的归宿点则是文化价值，是文化事件。文化产业发展的重心是问道文化发展，而非单纯的产业——经济效益的追逐。因此，不能狭隘地把文化产业的发展集中在一般经济学意义上的投入产出上，以 GDP 为衡量标准，以经济发展的指标要求制定文化产业发展战略，而是必须赋予投入和产出新的内涵和价值，以多维价值建设为导向，以复合的文明发展指标为衡量标准，明白文化产业是当代文化发展的主导形态，以市场经济的方式发展文化产业，旨在利用市场的活力解放文化生产力，来满足人们精神文化消费需求的多样性。应确立以文化消费为主导来发展文化产业这一基本战略准则，并以此来选择和制定中国文化产业发展战略的方向和道路。因文化产业具有改变现存文化秩序与建构精神世界的价值与功能，因此，当文化产业发展的成熟度及其在国家国民经济和社会发展中所处地位以及所发挥的作用与影响的程度，将直接构成一个国家国民文化精神和国家文化形象关键要素时，文化产业的现代发展就具有了战略意义和战略价值，从而具有战略资源价值。开发这种战略资源、控制这种战略资源并且在全球垄断这种战略资源就成为国际战略竞争的重要内容。

党的十八大报告首次提出了提高文化产业的规模化、集约化、专业化的要求，表明文化产业发展不能走粗放式追求 GDP 的老路，体现了中央政府对文化产业发展趋势和模式的新认识。规模化指在规模上做大，重在"健骨"，即文化产业要有一些跨区域、跨行业、跨所有制、跨国界、以多种技术手段为支撑的骨干企业，鼓励通过兼并重组形成核心竞争力；集约化是指做强，重在"强筋"，即通过提高发展质量与效率，增加科技含量、自主创新能力、知识产权含量来提高产业的集中度；专业化意味着在专业上做专做特做精，通过政策扶持和资金支持使中小文化企业活力四射，提高专业化水平，进而推动产品和服务创新。就近期目标而言，文化产业发展战略的目标是清晰的，那就是在"十二五"末把文化产业培育成为国民经济支柱性产业。文化产业成为国民经济支柱性产业有多项指标，既有定量的数据支撑，也要有定性的人文尺度的评估。文化产业增加值占 GDP 的 5% 仅是作为支柱产业的一项经济指标，成为支柱产业不单是量的增长，而且是质量和效益的提升，它具有多重意义和价值。[①] 支柱产业不单是规模扩张，更是经济发展水平和现代化程度的提高，是文化影响力和国家软实力的提升。

当前文化产业发展进入拐点和新的发展周期，即从"政策红利期（政策效应开始减退）"走向"制度红利期（制度建构愈发迫切）"，必须把握当前产业发展所面临的内外部机遇。基于中国现实，文化产业应采取在先进理念引导、夯实产业发展根基、保护文化传统基础上实现"弯道超车"的跨越式发展战略。具体说，只有在国家战略高度上对内容产业发展实施强力推动和政策引导，才能抓住文化产业发展的实质；文化产业"走出去"的核心问题是文化价值的传播和相互沟通，由对中国文化的了解到认可乃至认同；所谓"文化强国"不仅通过发展文化产业强经济，更是强文化，使经济发展融入文化品格，推动经济的可持续发展，以文化和经济的相互融合促进社会主义现代化强国建设。

（范玉刚，中央党校文史部文学室副主任、教授）

[①] 参见范玉刚"文化产业价值新论"，《探索与争鸣》2013 年第 3 期。

我国生产性文化服务业的经济效应与发展思路研究

杜传忠　王　飞

【摘要】 随着我国文化产业的不断发展与繁荣，新兴文化产业大量涌现，生产性文化服务业即是近年来在我国快速成长起来的新兴文化服务业态，它具有较强的产业关联性、融合性、创新性和区域差异性，在促进我国经济增长、产业结构优化升级以及企业国际竞争力的提升等方面发挥着越来越大的作用。近年来，该产业规模持续扩大，产业门类逐步增多，所发挥的经济效应不断增强。但与此同时，该产业发展也受到体制、技术、人才、政策等诸多因素的制约和影响。应进一步创新体制机制和产业发展模式，强化产业创新能力和专业人才培养，注重打造产业品牌，推动其与制造业的互动融合发展。

近年来，随着我国产业结构的不断调整和优化，特别是随着生产性服务业和文化产业的快速发展和融合，一种新型文化服务业业态——生产性文化服务业在我国许多地区特别是在发达城市迅速发展起来，并在拉动区域经济增长、推动产业结构优化升级和提升企业国际竞争力等方面发挥着越来越明显的作用。明确这种新型文化服务业的内涵与特征，把握其对我国经济发展与转型升级的重要促进作用,揭示其发展过程中存在的问题和制约因素,并在此基础上提出有针对性的发展思路及对策,是现阶段我国文化产业研究的重要课题。

一、生产性文化服务业的基本内涵与特征

从内涵来看,生产性文化服务业与文化产业、生产性服务业之间存在着密切的联系。首先,生产性文化服务业着重体现文化产业的生产性功能。文化产业包括多种类型,但从所提供产品(或服务)的功能角度来看,文化产业可以分为两类:一类是消费性文化产业,如娱乐业、消费性媒体行业、电影电视行业等,主要满足人们的最终消费需求;另一类产业提供的产品(或服务)则主要是以中间性产品、要素投入的形态,满足社会生产性需求,或为生产活动提供辅助性服务,体现出文化的生产性功能和特征,如工业设计、广告会展、文化信息传输服务等,这类文化产业可称为生产性文化服务业。

其次,生产性文化服务业体现了生产性服务业的"文化"元素。加拿大学者格鲁伯和沃克认为,生产性服务是指"那些为其他商品和服务的生产者用作中间投入的服务",因而也称为"中间投入服务",它与那些用来直接满足最终消费需求的消费性服务相对应,用来满足商品和服务的生产者对服务的中间性使用需求。[1] 因此,从满足生产性消费需求的角度看,生产性服务业与生产性文化服务业存在明显的相似之处,二者的功能取向基本相同,均用来满足中间性生产需求而非最终消费需求。但就所提供的服务内容来看,生产性服务业与生产性文化服务业仍存在一定区别。生产性文化服务业直接以"文化"为要素参与生产,或通过在其产品(或服务)渗入大量"文化"或"创意"元素的方式来实现其生产功能。当然,这里

---

[1] 参见樊文静《中国生产性服务业发展悖论及其形成机理——基于需求视角的研究》,浙江大学2013年博士论文。

的"文化"可以有多种表现形式。

与一般文化服务业相比，生产性文化服务业主要具有以下特征：

第一，广泛的产业融合性。生产性文化服务业不是文化产业和生产性服务业的简单叠加，而是两者功能和内容的有机交叉、高度融合。以工业设计为例，它跨越了IT产业、文化产业、现代服务业、高端制造业等多个行业，内容延伸到通信技术、文学、艺术、金融等众多领域，具有广泛的行业融合性和领域交叉性。特别是随着信息、数字技术的快速发展和广泛应用，各产业间的边界越来越模糊，生产性文化服务业表现出突出的产业融合特征，既包括有形产品和无形产品之间的交叉融合，更有传统产业与新兴产业之间的跨产业融合。

第二，密切的产业关联性。生产性文化服务业包括研发设计、咨询、培训、广告及会展等多种行业，几乎覆盖了产业价值链上游、中游和下游的全部环节，具有明显的产业前向关联、后向关联及旁侧关联特征，并通过这种产业关联，进一步发展为产业集群，关联性与集聚性逐渐成为生产性文化服务业发展的基本形态。以北京市制造业为例，早在2002年，北京制造业文化服务化指数（即制造业文化服务化程度，用以测度制造业与生产性文化服务业的关联程度）就已达到21.7%，而上海市这一指数在2007年也达到了20.6%。[①] 可见，生产性文化服务业具有较强的产业关联带动能力。

第三，突出的产业创新、创意性。生产性文化服务业主要以"文化"要素实现自身功能，其中包含着文学、艺术、科学、技术、知识、智力等要素的作用，特别是随着信息、网络技术的应用，科技创新因素在生产性文化服务业中的作用越来越突出。生产性文化服务业的发展以先进的科学技术为支撑，如信息服务业离不开先进的计算机、网络技术和软件知识，工业设计离不开科学设计理论。创新、创意对生产性文化服务业的作用越来越明显，以创意产业为例，创意的新颖性、奇特性和实用性是决定创意

---

① 参见邱灵、申玉铭、任旺兵"北京生产性服务业与制造业的关联及空间分布"，《地理学报》2008年第6期。

产业功能大小的主要因素。甚至可以说,只有通过创新才能维持生产性文化服务业的发展,更好地实现其自身的功能。

第四,明显的区域差异性。生产性文化服务业的功能主要通过文化要素来实现,而文化植根于特定地域的经济发展水平、社会习俗、历史传统等众多因素之中,呈现出明显的地域性,由此也使生产性文化服务业表现出明显的地域性特征。不同地区的生产性文化服务业体系具体构成区别明显,同一类生产性文化服务业,在不同的区域也往往体现出不同的特征。以创意设计业为例,北京市创意设计业主要包括时装设计、平面广告设计、集成电路设计、工艺美术设计等;上海创意设计业则侧重于研发、工业设计、建筑设计;而深圳则更加注重IC设计、平面设计和建筑设计。

二、生产性文化服务业促进我国经济发展与转型升级的作用机理分析

现阶段,我国经济发展面临的国内外环境条件发生了巨大而深刻的变化,在新的环境条件下实现经济的稳定增长、促进经济转型升级成为我国面临的艰巨任务,在这一方面生产性文化服务业将发挥十分独特而重要的作用(如图1所示)。第一,生产性文化服务业是拉动我国经济持续快速增长的新引擎。国家统计局的最新数据表明,文化产业不仅发展速度保持较快增长,而且在国民经济中的份额也稳步提高,正稳步向国民经济的支柱产业迈进。但需要指出的是,除非出现新的重大消费业态,否则只从满足最终消费角度发展文化产业,对文化产业乃至整个经济增长的拉动只能是一个逐渐和线性的过程。而基于我国现阶段工业化进程和产业升级的现实,从满足生产消费角度发展文化产业,则易于出现爆发式、跨越式发展态势。早在2003年,伦敦的创意产业对经济发展的重要性即已超过了金融业。我国艺术授权产业2010年的产值即高达2.5万亿元,2011年,以该年国内艺术品拍卖总成交金额968.46亿元人民币推算,中国艺术授权所带来的生产

总值可达近 3000 亿元。① 可见，生产性文化服务业在我国的发展前景十分广阔，正成为拉动我国经济又好又快发展的新引擎。

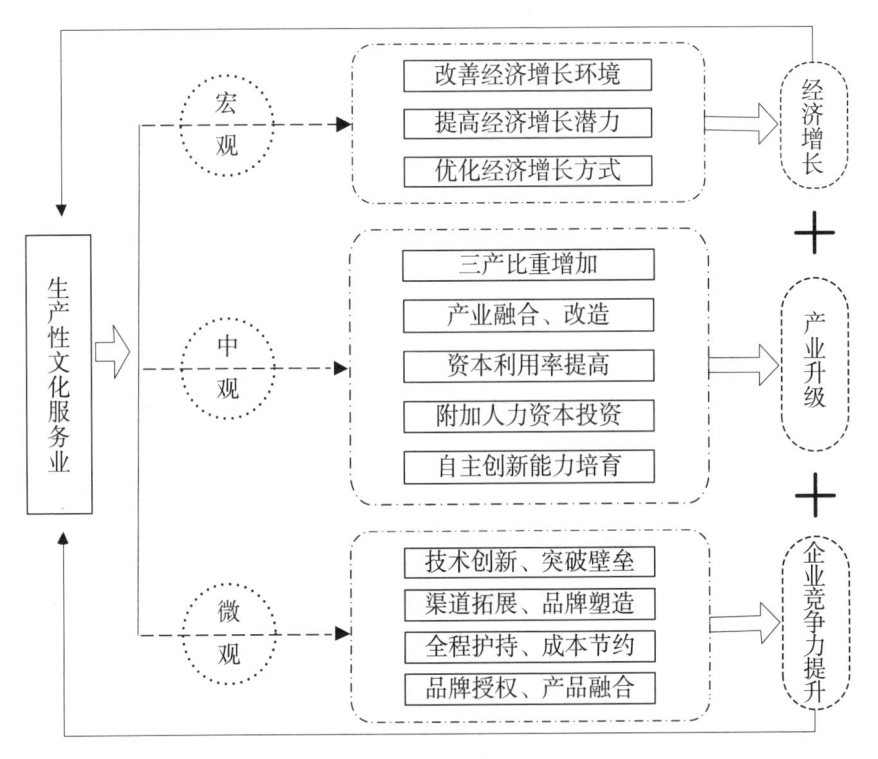

图 1　生产性文化服务业促进经济发展的作用机理

宏观层面：改善经济增长环境、提高经济增长潜力、优化经济增长方式 → 经济增长

中观层面：三产比重增加、产业融合改造、资本利用率提高、附加人力资本投资、自主创新能力培育 → 产业升级

微观层面：技术创新、突破壁垒、渠道拓展、品牌塑造、全程护持、成本节约、品牌授权、产品融合 → 企业竞争力提升

第二，生产性文化服务业正成为撬动我国产业结构优化升级的有力杠杆。② 生产性文化服务业具有明显的高增长性、高附加值和低碳环保等特征，是典型的"无烟产业""绿色产业""朝阳产业"，对促进我国经济转型升级、加快产业结构优化升级具有重要的推动作用。现阶段，我国产业结构优化升

---

① 参见中国行业研究网"我国文化产业发展现状及导向探讨分析"，2012 年 8 月 9 日，http://www.chinairn.com。

② 一般来说，产业升级包括四种含义，一是第一、二、三产业依次转移；二是国民经济各产业部门的升级；三是行业（产品）结构升级；四是产业内部企业升级。此处产业升级主要指第一、二、三种情形。

级主要有三大重点：一是大力发展服务业，特别是提升现代服务业的比重；二是重点发展战略性新兴产业，积极应对新产业革命的冲击；三是大力发展先进制造业，着力提升产业国际竞争力。生产性文化服务业在以上三个方面都大有可为。首先，生产性文化服务业本身即为现代服务业的重要组成部分。同时还是现代服务业中创新创意性较强、附加价值较高、文化艺术特质突出的新兴服务业。其发展不但有利于提升现代服务业比重，更有利于优化现代服务业内部结构，提升现代服务业整体素质和竞争力。其次，生产性文化服务业是一种重要的战略性新兴产业。虽然我国前几年已确定了重点发展的七大战略性新兴产业，但这并不意味着不再发展其他新兴产业，因为战略性新兴产业是一个动态范畴，其内容和要求会随着国内外产业、技术竞争环境的变化而变化。在我国，生产性文化服务业完全具备战略性新兴产业的特质与要求，是一种重要的战略性新兴产业。特别重要的是，它还具有现有战略性新兴产业难以具备的文化、创意内的特质与内容。再次，生产性文化服务业通过融通文化产业与传统制造业，成为我国先进制造业发展的有效途径。一般认为，现代国际制造业发展呈现出明显的智能化、绿色化和网络化趋势，实际上还应加上一个"创意化"。创意、文化、设计等要素越来越多地融入现代制造业，成为创立知名品牌的上佳要素。早在1996年，美国的软件和娱乐产品在世界上的销售额高达602亿美元，首次超过其他产业，成为出口的支柱产业。[1]事实证明，通过融入文化、创意要素形成的品牌，往往具有更为持续和久远的影响力。企业从产品竞争到服务竞争，再到品牌竞争，最终实际上归结为文化、创意的竞争。制造业产品的创意性正成为现代制造业发展的重要方向，也是先进制造业的重要内容。目前，我国正在快速发展的文化产业，存量规模巨大的传统制造业，无疑是当前中国经济生活中较为受人关注的两大领域。前者已被确定发展为国民经济的支柱产业，而后者正面临着转型升级的严峻挑战。如果能将两大产业内容打通，形成相互融合、互动

---

[1] 参见魏恩政、张锦"关于文化软实力的几点认识和思考"，《理论学刊》2009年第3期。

发展的良性循环，那么，我国产业结构优化升级将因此注入新的强大驱动力，而大力发展生产性文化服务业，即是打通文化产业和传统制造业，实现二者互动、融合发展的有效通道。

第三，生产性文化服务业是提升我国企业国际竞争力的强力催化剂。现阶段，我国企业国际竞争力不高的突出表现是在全球价值链中仍处于中低端位置，从价值链分工中分得的利益较少。一项研究表明，每台 iPhone4 的生产线上，掌握产品设计、软件开发、产品管理和销售等高利润环节的苹果公司攫取了绝大部分利润，而负责制造与装配的中国公司获得的利润仅占到整机利润的1.8%，[1] 面临着被长期锁定在价值链低端的危险。面对新的国际产业分工，中国必须着力提升研发和设计能力，加快培育自主品牌，推动全球价值链的利益再分配。而研发、设计、品牌建立等高端环节无不与文化、创意要素息息相关，借助特定文化、创意要素形成的品牌，其影响力往往更为持久。在当今国际竞争中，如果说技术曾是超越资本、劳动、土地等传统要素的企业制胜法宝，那么，文化、创意、设计等则逐渐成为超越技术竞争之上的新的制胜利器。生产性文化服务业的发展，能够将更多的中国先进文化要素和创意理念融入制造业，创立出更多在国际上具有独特优势和文化特质的中国知名品牌，是提升企业国际竞争力、尽快攀升到国际价值链中高端的有效途径。

从微观层面来看，生产性文化服务业对企业国际竞争力的提升作用体现在其微笑曲线上位置的变动（见图2）。其一，技术创新成为我国企业获得长足发展的关键，最终决定了其在国际产业链上的位置，研发和设计处于产业链条的初始端，对下游制造和行销环节具有决定性的作用，是企业获得技术创新和产品创新的关键。而产品设计、工业设计、包装设计等研发设计产业的发展，有利于企业实现技术积累，突破其在工艺、产品种类及功能上的壁垒，是企业优先获取高附加值的重要途径，表现为原附加值

---

[1] 参见"全球价值链固化，中国国际贸易如何突围"，2013年7月23日，http://finance.people.com.cn/n/2013/0723/c1004-22285292.html。

曲线向曲线1的移动。[①] 其二，在技术更新加快、产品生命周期和盈利周期大大缩短的背景下，广告设计、广告策划及产品展览能够将产品特性快速、有效地展示给消费者，成为企业发掘市场潜在需求，拓展渠道，塑造品牌，提高企业获利能力的有效途径，表现为原附加值曲线向曲线2的移动。其三，与研发设计和广告会展作用具有明显的业务边界和周期限制不同，咨询、策划、教育、培训、软件开发等生产性文化服务业则对企业生产和获利的全过程和全周期提供支持和保障作用。以职业培训为代表的培训业除了对企业员工提供基础岗位培训，以保证产品或服务生产和提供的连续性外，还通过知识溢出和"干中学"效应提高员工队伍素质，降低企业人力成本。而以计算机维护、软件开发等为代表的信息服务业则为企业业务环节提供了技术支持和信息支撑，对提高企业运行效率，扩大利润空间具有重要作用。此外，随着动漫游戏为代表的授权经济的崛起，企业产品边界趋向模糊，开始出现融合，产品创新层出不穷，集实用性、观赏性、技术性、艺术感于一体，且文化作为垄断性竞争要素的注入，显著提升了企业的获利能力和国际竞争力，表现为原附加值曲线向曲线3的移动。

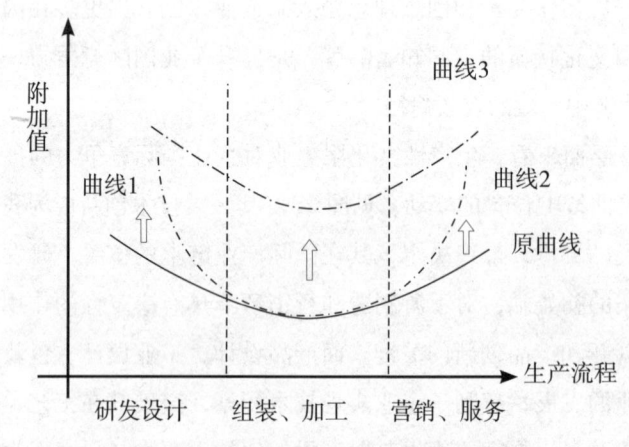

图2 生产性文化服务业与企业竞争力变化

[①] 参见毛蕴诗、郑奇志"基于微笑曲线的企业升级路径选择模型——理论框架的构建与案例研究"，《中山大学学报（社会科学版）》2012年第3期。

在欧美日等经济发达国家，生产性文化服务业随着经济、技术和文化的提高与进步得到快速发展，在经济发展和升级过程中曾发挥了十分突出的作用，并已形成了各具特色的发展模式。在我国，生产性文化服务业的发展正方兴未艾，对我国经济转型发展、产业结构优化升级和国际竞争力的提升作用正逐渐体现。正是由于生产性文化服务业所表现出来的重要作用和远大的发展前景，2012年国家在对2004年文化产业分类所作的调整和补充中，增加了文化创意、软件设计服务等产业门类，而新增加的这些产业门类主要属于生产性文化服务业。

三、我国生产性文化服务业发展的基本现状

为全面客观地把握我国生产性文化服务业发展的现状，有必要对我国生产性文化服务业的发展进行实证分析，为此，首先需要对我国生产性文化服务业包含的主要门类进行划分。目前，我国已经颁布的有关文化产业和服务业的分类中，都还没有专门划分出生产性文化服务业及其门类。这里我们根据生产性文化服务的内涵、特征，以联合国教科文组织颁布的《文化统计框架—2009》、我国国家统计局颁布的《国民经济行业分类（GB/T4754—2011）》及《文化及相关产业分类（2012）》等为标准和依据，对生产性文化服务业行业及门类进行初步划分（见表1）。

表1 生产性文化服务业主要行业类别及行业代码

类别名称	国民经济行业代码
一、文化信息传输服务	
互联网信息服务	6420
其他电信服务——增值电信服务（文化部分）	6319
二、文化创意和设计服务	
广告业	7240
集成电路设计	6550
建筑设计服务——工程勘察设计*	7482

续表

类别名称	国民经济行业代码
专业化设计服务 *	7491
三、软件和信息技术服务业	
软件开发 *	6510
信息系统集成服务 *	6520
数字内容服务 *	6591
四、会展服务	
会议及展览服务	7292
五、教育及培训	
职业初中教育	8232
中等职业学校教育	8236
职业技能培训	8291
六、咨询服务	
社会经济咨询	7233
信息技术咨询 *	6530
其他专业咨询	7239

注：* 表示该行业具有延伸层。其中专业化设计服务主要指除建筑设计、集成电路设计、软件设计之外的专业化设计服务，如工业设计、模型设计、服装设计等创意设计服务；工程勘察设计指房屋建筑工程设计、室内装饰设计和风景园林工程专项设计；软件开发指工业软件、支撑软件、多媒体、动漫游戏软件开发；信息系统集成服务指信息系统设计、集成实施、运行维护等；数字内容服务指数字动漫、游戏设计制作；信息技术咨询指信息技术管理咨询、信息化规划、信息技术培训等。

我国生产性文化服务业主要包括文化信息传输服务、文化创意和设计服务、会展、教育培训等六大行业，各行业又可进一步划分为相应的子类。由于生产性文化服务业是一种知识、技术含量相对较高的行业，主要在我国经济、技术相对发达的城市得到较快发展，并体现出较为明显的作用。因此，这里对生产性文化服务业发展状况的实证分析主要以北京、上海等主要大城市作为考察对象。总体上看，目前我国生产性文化服务业表现出以下发展特征及态势。

第一，产业规模持续扩大，增长迅速。国际金融危机之后，我国经济增长速度整体呈下行趋势，但生产性文化服务业规模实现持续扩大，增长迅速，增速显著高于同期地区GDP增长率，呈现出明显的逆经济周期特征。以北京为例，2011年北京市广告会展、设计服务、咨询服务等主要生产性文化服务业增加值约1291.8亿元，同比增长22.02%，[①]高出同期GDP增速（8.1%）13.92个百分点。同样地，上海市2012年生产性文化服务业增加值达1605.42亿元，较上年增长20.05%，超出当期GDP增速（7.5%）12.55个百分点（见表2）。可见，与欧美、日、韩等发达国家相比，我国生产性文化服务业起步较晚，但在国际经济金融危机冲击后仍保持了高速增长，显示出良好的成长性。这可能与近年来我国居民文化需求不断上涨，文化体制改革逐渐深化，政府各项扶持政策日趋完善等有较大关系。生产性文化服务业正在成为地区乃至全国经济的新增长点。

表2　北京市、上海市主要生产性文化服务业增加值及增速情况

	北京			上海		
	2009	2010	2011	2010	2011	2012
增加值（亿元）	885.4	1058.7	1291.8	1158.25	1337.28	1605.42
增速（%）	—	19.57	22.02	—	15.46	20.05
GDP增速（%）	10.2	10.3	8.1	10.3	8.2	7.5

资料来源：根据《北京市统计年鉴》《上海市统计年鉴》《上海市文化创意发展报告》计算整理。

第二，占GDP比重稳步提升，经济贡献率显著提高。统计显示，2012年我国文化及相关产业增加值18071亿元，占GDP的比重为3.48%，文化产业对当年经济总量增长的贡献为5.5%。[②]同年上海市生产性文化服务业所占比重为7.95%，而早在2011年，北京市生产性文化服务业占GDP比重

[①] 本部分生产性文化服务业产值根据《北京统计年鉴2012》将工业设计、建筑设计、广告及会展服务业、网络信息业等加总得到。

[②] 参见中国政府网："2012我国文化及相关产业法人单位增加值18071亿元"，2013年8月26日，http://www.gov.cn/gzdt/2013-08/26/content_2473852.htm。

即已达到这一水平，显著高于同期文化产业所占比重（见表3）。不难看出，在北京、上海这类经济较为发达的城市，生产性文化服务业也已然成为经济发展的支柱行业。① 生产性文化服务业占GDP比重的不断攀升，有效地提升了现代服务业在国民经济中所占的比重，并可通过与制造业良性互动、艺术授权经济的融合发展，推动区域经济实现产业结构优化升级。

随着在国民经济中所占比重的持续增加，生产性文化产业对国民经济的贡献率和拉动率迅速提升。如表3所示，2011年，北京市、上海市主要生产性文化服务业对GDP增长的贡献率分别达到10.90%和8.82%，2012年上海市主要生产性文化服务业对GDP增长贡献率更是高达27.19%，显著高于同期文化产业5.5%的贡献率水平。2012年上海市生产性文化服务业对经济的拉动率达到2.04%，即GDP8.1%的增长率中有2.04个百分点是生产性文化服务业拉动的。这表明，生产性文化服务业作为新兴产业，对国民经济具有强劲的辐射、带动作用。

表3　北京市、上海市主要生产性文化服务业占GDP的比重、贡献率及拉动率

	北京			上海		
	2009	2010	2011	2010	2011	2012
增加值（亿元）	885.40	1058.70	1291.80	1158.25	1337.28	1605.42
占GDP比重（%）	7.29	7.50	7.95	6.75	6.97	7.95
对GDP增长的贡献率(%)	—	8.84	10.90	—	8.82	27.19
对GDP增长的拉动率(%)	—	0.91	0.88	—	0.72	2.04

注：在计算生产性文化服务业对GDP的贡献率和拉动率时，生产性文化服务业增加值和GDP增量均使用现价。原始数据来自《北京市统计年鉴》《上海市统计年鉴》《上海市文化创意发展报告》。

第三，产业门类齐全，初步形成了完整的产业体系。经过多年的发展，

---

① 按照国际标准，一个产业增加值占GDP的比重超过6%，即可算作一个经济体的支柱产业。

北京、上海、广州等重点城市初步形成了特色鲜明、重点突出、门类齐全、相互补充的生产性文化服务业体系。从产业地域分布来看，生产性文化服务业作为一种具有大量文化元素的产业，植根于当地特定的文化、历史、经济环境，在一定的发展阶段带有明显的地域色彩。以设计服务业为例，尽管北京、上海、深圳等发达城市现阶段均存在工业设计、建筑设计、集成电路设计等细分行业，但彼此之间又有区别，特点突出。比如北京、上海市建筑设计、工业设计、时装设计发展迅速，较为领先；而深圳市则更为注重集成电路设计、平面设计等设计服务业。从行业发展来看，我国生产性文化服务业包含了工业设计、建筑设计、咨询策划、广告会展、文化软件、教育及培训等众多行业，门类较为齐全，但各细分行业在产值、增速、就业带动等方面存在结构性差异。[①] 例如，软件、网络及计算机行业在京、沪、广、深等城市发展较早，在产值、比重及吸纳就业人数等方面高居各行业之首，正在成长为区域经济发展的支柱产业，广告会展业紧跟其后，但设计服务业则相对处于较低水平，需要通过提高技术、企业组织管理能力、改善从业人员素质等方式提升其发展速度和水平。

四、现阶段我国生产性文化服务业发展的主要制约因素

尽管我国生产性文化服务业已取得了快速发展，并对促进区域和城市经济增长及产业转型升级起到越来越明显的作用，但在发展过程中也存在诸多问题和制约因素，概括来说主要包括：第一，体制机制约束较为突出。长期以来，我国生产性文化服务业处于文化事业范畴范围，产业市场化程度较低，造成行业发展中长期存在政企合一、政府垄断经营等体制问题。[②]

---

① 参见张京城《中国文化创意发展报告（2001）》，中国经济出版社2001年版。
② 参见郑世林、葛珺沂"文化体制改革与文化产业全要素生产率增长"，《中国软科学》2012年第10期。

这必然导致市场化程度低，造成市场竞争的不规范，从而弱化了竞争机制配置生产性文化服务业资源的基础性作用，抑制和削弱了工业企业外包生产性服务的内在动力，严重影响了生产性文化服务业的发展活力。

第二，制造业需求及拉动能力有待增强。目前，我国的工业经济中仍然是劳动密集型产业占主导地位，受竞争环境和自身素质的影响，有相当数量的工业企业在采用比较传统的运作模式，竞争优势单一，产品研发、技术创新和产业结构升级的速度较为缓慢。企业价值链过度集中于实体产品生产，对产品生产相关的咨询、设计、研发、营销、金融等潜在需求挖掘不够，直接制约了我国生产性文化服务业的发展。

第三，产业的技术、人才支撑能力有待提升。生产性文化服务业就其本质而言是"科技+文化"双驱动的产业，横跨工学、经济、文学等多学科，因而高科技水平及高素质、复合型的高端人才尤其重要。而目前我国科技水平与欧美日等发达国家仍有较大差距，自主创新能力有待提高。同时，人才培养与引进机制尚待完善，企业相关培训投入较少，缺乏一流的具有国际市场经验的开放型、创新型人才，这导致了我国生产性文化服务业发展缺乏足够的技术、人才支撑。

第四，产业发展组织及发展模式有待优化。目前，从组织形式上来讲，我国生产性文化服务业集聚区分布较为分散，地区分布不合理、功能定位不清晰，空置率居高不下。除了市场因素外，各区政府缺乏有效合作和存在过度竞争也是影响因素之一。从发展模式来看，我国生产性文化服务业企业规模化程度较低，以中小企业为主，产业市场呈现出"散、乱、小"的特征，企业资金、研发实力有限，难以形成独创性的特色品牌和龙头、骨干企业，不利于地区工业核心竞争力的培育。

第五，产业标准分类较为混乱。统一的行业标准、行业分类是发展生产性文化服务业的前提和关键，是产业健康、快速、持续发展的基础和保障。现阶段，我国生产性文化服务业的发展尚处于初级阶段。政府、企业及研究机构对此关注较少，对其认识存在较大不足。尤其对生产性文化服务业产业定义、行业分类缺乏统一的认识，缺乏统一的产业指导目录和官方统计口径。为企业进入认定、扶持政策制定和行业研究带来了较大困难，不利于行业协会的建立和作用的发挥。

五、新常态下加快发展我国生产性文化服务业发展的思路及对策

进入经济新常态，加快产业转型升级成为我国重要的任务；与此同时，文化产业也进入大发展、大繁荣的时代，生产性文化服务业也迎来了难得的发展机遇和条件。生产性文化服务业的快速发展，必将促进制造业与生产性服务业的融合，为我国产业特别是制造业转型升级和国际竞争力的提升注入强大动力。为促进我国生产性文化服务业快速发展，现阶段应重点采取以下对策：第一，进一步推进体制机制创新，为生产性文化服务业的发展提供良好的体制环境。首先，积极强化市场竞争机制。借鉴国外发展生产性文化服务业的实践经验，深化改革，理顺管理体制，完善监管制度和运行机制；积极引导非国有集体经济参与行业竞争，提高市场化程度；加大对内和对外开放力度，出台扶持政策，广开渠道吸引先进的生产要素投向生产性文化服务部门，形成有利于生产性文化服务业快速发展的体制机制。[①] 其次，发挥政府的积极引导作用。有效发挥政府对产业发展的引导作用；建立相应的支持产业发展的公共服务平台，包括技术研发中心和信息服务平台等；通过规范市场竞争，维持市场秩序，为产业发展提供良好的市场环境；进一步完善产业分类和细分目录，完善产业统计制度，引导产业健康、快速发展。再次，制定合理的发展规划。针对地区发展不平衡、功能定位不明确、各自隔离发展的问题，统筹各省市间及省市内部生产性

---

① 参见张自然"中国生产性服务业TFP变动分解"，《贵州财经学院学报》2008年第2期。

文化服务业布局，制定总体发展规划，形成集聚区错位发展格局。制定统一的生产性文化服务业产业指导目录，确立产业细分目录，发布官方统计口径，制作一年一度的生产性文化服务业发展报告，定期披露产业发展信息。

第二，强化自主创新能力和人才培养，为生产性文化服务业发展提供强有力的技术、人才支撑。首先，强化自主创新能力。通过知识创新、技能创新和管理创新，培育扶持知识密集型生产性文化服务业，利用丰富的高校资源和科研院所优势，发展科技中介，推进产学研合作，为全社会特别是中小企业的生产性文化产业创新搭建良好的平台；完善知识产权创造、保护管理制度，引导企业提高保护和管理知识产权的能力。其次，实施品牌发展战略。集中力量树立特色品牌，优化整合和推广开发区域性文化资源，以推动多产业融合发展。对新确定的国家、省、市驰名商标，中国名牌产品，中国世界名牌产品给予奖励。鼓励服务业规模化、网络化、品牌化经营，促进形成一批拥有自主知识产权和知名品牌、具有较强竞争力的生产性文化服务业龙头企业。[①] 再次，加快人才引进与培养。利用高校科研优势，积极引导和鼓励各高校培养文化、设计、咨询等专业人才，建立人才培训基地和人才输送机制，有效提高输送人才的服务水平和专业素质；突出生产性文化服务业职业资格标准体系建设，建立健全生产性文化服务业从业人员的市场准入制度；积极创造有利条件，并出台一系列相关政策，吸收和引进国外尖端的生产性文化服务业人才，为生产性文化服务业发展提供智力支持。

第三，促进与制造业的互动、融合发展，创新产业发展的组织和模式。以已有的制造业集聚区为依托，实施高级生产性文化服务业嵌入制造业集聚区战略，促进传统制造业集群的改造升级，形成产业共同提升机制，改善产业配套环境，打造现代生产性文化服务业集聚区；加强生产性文化服务业为

[①] 参见陈洁民、尹秀艳"北京文化创意产业发展现状分析"，《北京城市学院学报》2009年第4期。

制造业服务的支持力度,大力发展如研发、设计、咨询等文化服务,形成新的产业部门,发挥生产性文化服务业产业集聚效应;依托制造业转移和结构调整,大力发展与之相配套的信息通信、研发服务等生产性文化服务业,同时加快本土制造业的创新与升级,努力寻求与之相应的高端知识型生产性文化服务业产业的发展,全面提升生产性文化服务业的服务等级。

第四,大力改善社会环境。从"硬环境"来讲,政府要合理引导投资方向,科学规划与生产性文化服务业高度关联的基础设施项目建设,形成职能配置合理、比较优势突出的区域分工体系,提高基础设施的使用效率。[1] 从"软环境"来讲,政府要进一步健全完善法律法规,建立和规范促进生产性文化服务业发展的政策体系,包括财政政策、融资政策、土地政策等,为生产性文化服务业创造良好和宽松的发展环境。同时,要构建信用体系平台,在平台上完善信用机制,优化社会信用环境,促进企业之间的良性合作;要建立完善各种信息共享与交流平台,为生产性文化服务业的发展提供便捷顺畅的交流通道与充足透明的信息。

(杜传忠,南开大学经济与社会发展研究院产业经济研究所所长、教授,

王 飞,南开大学经济学院博士研究生)

---

[1] 参见李勇、王满仓、杨建飞"中国生产性服务业区域发展差异的分解——基于劳动分工理论和 Shapley 值分解方法",《产经评论》2010 年第 5 期。

国家文化战略视野下的
中国网络游戏

孙 伊　王巨川　靳凯元　张敬华

【摘要】 网络游戏是当前中国文化产业中最有活力、最具开放性的产业之一。在全球网络游戏产业格局中，中国网络游戏正占据着越来越重要的位置。经过十余年的发展，中国网络游戏在外来文化与本土文化的博弈中逐步从多个层次聚合传统文化因素的力量，形成了一批带有中国文化特色的产品。正确认识网络游戏的艺术属性、美学特质及社会效应，有助于未来的中国网络游戏走上健康、良性的发展道路。

中国网络游戏是国家经济发展和大众文化生活的重要组成部分，然而对于网络游戏却一直存在认知的偏颇与研究的空白。一方面，大众对网络游戏负面因素的质疑和批评之声在很大程度上遮蔽了对网络游戏积极价值的认知；另一方面，网络游戏的艺术属性尚未得到明确界定，其传承、传播我国民族传统文化的功能也未得到充分发掘。本文试图从学理层面对网络游戏进行探讨，使被妖魔化的网络游戏复归到其应有的文化位置，以一种平和的态度认识网络游戏的文化价值与存在意义，进而在国家文化战略的视野下理性地思考中国网络游戏的未来发展路径。

一、网络游戏是当前最有活力的文化产业

从 1961 年美国麻省理工学院学生史蒂夫·拉塞尔（Steve Russell）创造了世界上第一款电脑游戏《太空大战》（Space War）开始到多人在线联网游戏（Multi-User Dungeon），从大型多人在线游戏（MMOG）《子午线 59》到第一款在网络上运行的图形 RPG 游戏《网络创世纪》的正式推出，网络游戏的迅速崛起和快速发展，已经使它成为世界上最有吸引力、最具开放性的文化产业之一。网络游戏通过虚拟空间创造了数以百亿计的产业收益，并为社会提供了巨大的就业机会。以美国和中国这两大经济体为例，两国

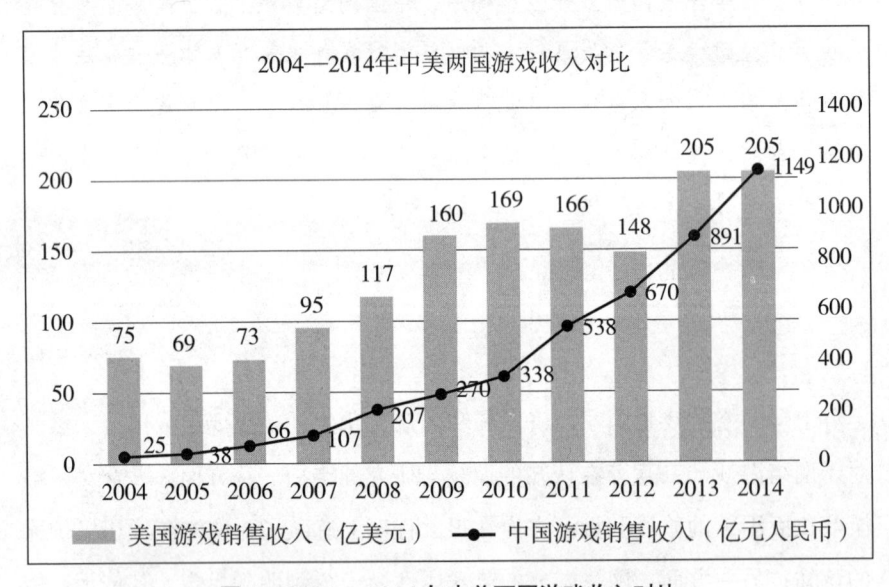

图 1　2004—2014 年中美两国游戏收入对比

数据来源：美国游戏相关数据来自游戏市场研究公司 New Zoo 网站：http://newzoo.com。中国游戏相关数据来自艾瑞咨询：《2014 年中国网络游戏行业报告简版》，http://report.iresearch.cn/report/201404/2131.shtml；《2010—2011 年中国网络游戏年度监测报告简版》，http://report.iresearch.cn/report/201107/1581.shtml。

十年内的游戏产业收入为其带来了巨大的经济收益。

从上图中我们可以看到，中国 1149 亿元人民币的收入与美国 205 亿美元的收入相比还有一定的差距，但从 2004 年至今的收入年均复合增长率高达 48.34%，而且仍将会以较高速度增长。另据游戏调研公司 New Zoo 称，美国有 1.7 亿人在玩游戏，其中 60% 的玩家付费。这 1.03 亿付费用户中，平均每人月消费是 16.5 美元。而截止到 2014 年，中国游戏市场的用户数量已达到 4 亿人，同比增长 9.5%，游戏市场（包含网络游戏、移动游戏和单机游戏等）实际销售收入达到 1144.8 亿元人民币，比 2013 年增长了 37.7%，其中自研网络游戏收入达到 726.6 亿元，比 2013 年增长 52.5%。

网络游戏的产业化对中国经济发展起到了重要的作用，无论是从市场规模、企业数量还是用户数量来看，网络游戏已经成为中国文化创意产业的重要组成部分，并逐步渗透到整个主流网络文化产业中。在全球网络游戏的激烈竞争中，中国网络游戏产业已经形成了具有中国特色的商业模式，在促进文化传播、产业结构转型、解决社会就业、拉动经济内需等方面都起到了积极的作用。例如，腾讯游戏在 2004 年以第一款 QQ 游戏开始进军网络游戏市场，2009 年第二季度便以 12.41 亿元、占中国整个网络游戏收入市场总额 61.97 亿元的 20.2% 稳居国内网络游戏收入第一，盛大以 12.3 亿元、网易以 7.8 亿元分列第二和第三。经过十余年的发展，中国网络游戏市场在迅速发展的同时开始进入细分时代，并取得了丰厚的回报。根据艾瑞数据显示，2014 年中国游戏市场（包括客户端游戏、移动游戏和网页游戏）实际销售收入已经达到 1149.5 亿元，同比增长 28.93%（见图 2）；其中客户端游戏、网页游戏和移动游戏的收入占比分别为 65.5%、17.8% 和 16.7%。而中国自主研发的游戏也走向世界，成为全球网络游戏中重要的一支，截至 2014 年 6 月，海外市场销售收入已经从 2008 年的 0.2 亿元达到 8 亿元。

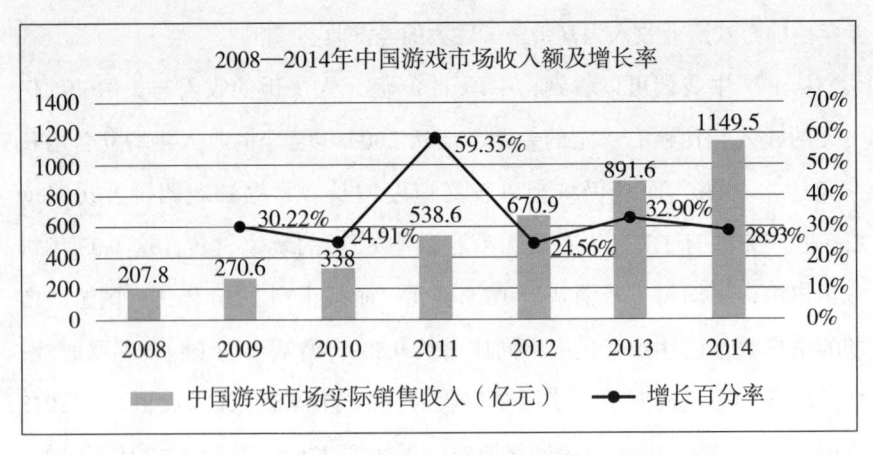

图 2 2008—2014 年中国游戏市场收入额及增长率

数据来源：艾瑞咨询：《2014 年中国网络游戏行业报告简版》，http://report.iresearch.cn/report/201404/2131.shtml；《2010—2011 年中国网络游戏行业年度监测报告简版》，http://report.iresearch.cn/report/201107/1581.shtml。

二、全球网络游戏格局中的中国网络游戏

在全球网络游戏产业的格局中，中国网络游戏正在占据越来越重要的位置。早期的全球网络游戏产业主要是以欧美、日韩为主体，中国的网络游戏产业发展较晚，但经过十余年的快速发展，在政府的大力扶持与国内各大互联网游戏企业的努力下，中国已经成为世界第二大网络游戏产业大国。

中国网络游戏起步于国外网络游戏产品代理，并在此基础上开始积极发展国产网络游戏。1999 年诞生于台湾地区的图形网络游戏《万王之王》在 2000 年正式上线运营，自此中国网络游戏便异军突起，成为文化创意产业中发展最为迅猛的分支之一，逐渐呈现出自身的发展趋势和特征。首先是模仿与超越相交互的特征。从最初的欧美、日韩游戏对国内游戏市场的全面入侵，到中国网络游戏产品开始吸收国外网络游戏制作与运营经验，

不断提升自身的网络游戏制造水平，呈现出在模仿中超越、在超越中完善的特征。其次，是以用户体验为核心目标，从而达到产品对市场需求的满足。比如腾讯公司在产品的研发和后期的改进过程中都有着明确的用户需求考量，以用户需求催生了创新。这样的创新无疑会受到游戏玩家的欢迎，为网络游戏产品发布创造了良好的开局。第三，中国网络游戏最为本质的特征是对本土文化的融入，这为提升国产网络游戏的文化品质和美学品格创造了可能。中国网络游戏发展的十余年，在某种程度上，可以看作是外来文化与本土文化博弈和传统文化被发掘呈现的历程。网络游戏的民族文化载体属性得到重视，大量优秀中国传统文化要素被应用到网络游戏中，国产游戏逐步在多个层次聚合传统文化因素的力量，形成一批带有中国文化特色的产品。

2001年游龙在线的《金庸群侠传Online》和网易的《大话西游Online》两款游戏的正式上线，开启了中国网络游戏在草创期的两大民族传统文化创作题材：武侠与西游。这两款产品也获得了一定的市场关注。2004年，国家新闻出版总署宣布实施"民族网络游戏出版工程"项目，网络游戏所承载的文化传播力在国家政策层面得到认可与重视。在2004年入选此项工程的41款游戏中，题材上的中国化成为最明显的特征。这些游戏的创作者们几乎不谋而合地将题材范围锁定于古典小说、神话传说和武侠小说三种主要类型，其中包括《三国演义》《西游记》《水浒》《山海经》《搜神记》以及金庸、古龙等作家创作的新派武侠小说，这些题材故事曲折，人物特征鲜明，流传广泛，有一定传播基础，更容易获得玩家的认可。在艺术风格的表现上，中国传统元素应用到了画面、人物造型方面，并对文化元素与游戏艺术的结合做了初步的艺术探索。如《铁血三国志》在美术风格上，将具有中国特色的各种地形地貌化为游戏场景加以运用。《封神榜》将中国水墨画的风格融入游戏画面中。《碧雪情天Online》则呈现出了中国式建筑以及具有飘逸古风的人物造型。

随着网络游戏市场越来越成熟，国内一些主要网络游戏公司逐渐将企业的核心竞争力由代理、运营国外游戏产品转向自主研发原创游戏，并将产品的营销目光拓展到海外市场。2010年国家新闻出版总署启动实施"中国民族原创网络游戏海外推广计划"。这意味着一批带有鲜明中国文化审美特色的网络游戏将在国家政策的扶持下走出国门、走向海外市场。同年，国家九部委联合下发文件，要求大力展开多层次资本市场、扩大民族网络游戏的融资规模。在国家政策的扶持下，网络游戏与民族文化传统更加紧密地结合在一起，形成传播中国传统文化的新平台。与此同时，中国网络游戏迎来了发展的腾飞期。网络游戏企业、基地成为全国各地文化产业的新兴力量，创新成为网络游戏的核心竞争力，传统文化成为网络游戏研发的重要源泉。

在政策利好的推动下，中国传统文化元素已经成为了国产网络游戏"制胜"的关键所在，越来越引起各大游戏开发者的战略重视。2013年入选全国"最受欢迎游戏"十强的游戏产品中，《大侠传》《仙侠世界》《零世界》等多款游戏的主要故事蓝本都是中国传统故事。同时游戏行业中腾讯、巨人、完美世界等大型企业已经纷纷将企业发展目标定位于围绕电影与音乐做游戏IP的全方位开发，打造具有中国传统文化特征的、自主研发的明星知识产权形象。

国产网络游戏行业不仅依靠原创的、具有中国特色的游戏产品占据了国内网络游戏市场的主导地位，也在积极依托中国传统文化，通过原创游戏的出品拓展中国游戏产业的国际市场。如下图所示，从2005年到2012年，国产网络游戏在国内市场和海外市场的收入基本呈齐头并进趋势，在2009年左右，国产网络游戏的海外收入呈现出快速增长的态势。目前，随着我国游戏企业开始规模化地收购海外创作及运营团队，国产游戏不仅实现了网络游戏的版权输出，而且正在逐步实现产品的服务输出。据《2014年中国游戏产业报告》显示，2014年我国自主研发的网络游戏比2013年增长52.5%，其市场销售收入达到726.6亿元，而原创产品占到全年产品的90%以上。

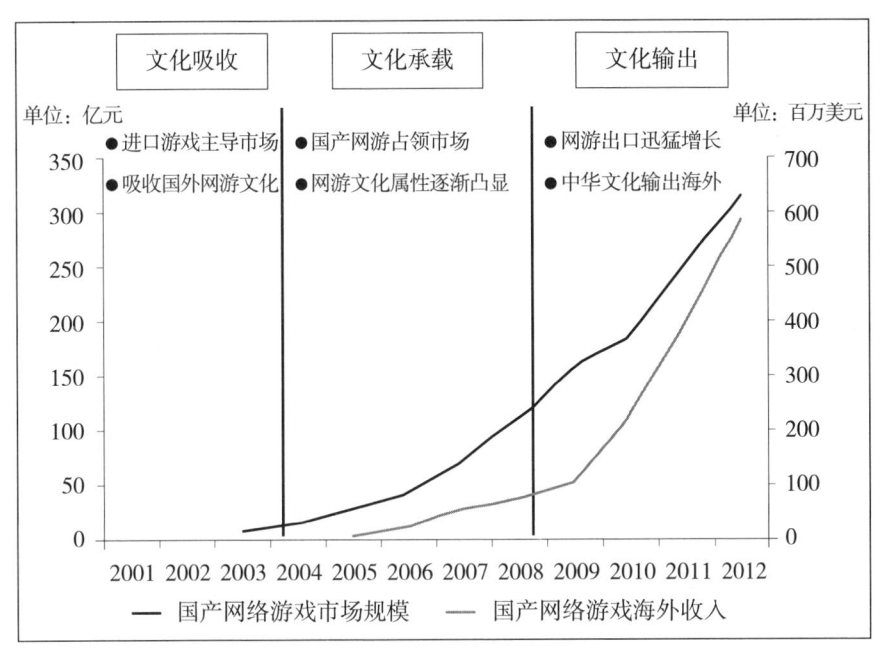

图 3 中国网络游戏文化发展历程

数据来源：文化部《2012 中国网络游戏市场年度报告》，http://www.mcprc.gov.cn/whzx/bnsjdt/whscs/20130504_346185.html。

中国传统文化的融入不仅对于国产网络游戏产业的发展具有促进意义，在维护国家文化安全、提升国家文化软实力方面的潜力也不容忽视。正如文化部所指出的："作为一种新兴的文化娱乐产品，网络游戏积极推动了中国文化的传承与发展。"[①] 这主要体现在增强国内玩家的民族文化认同与推动中国文化的海外传播两个方面。

首先，网络游戏玩家大多是青少年，正处于价值观、人生观、世界观形成的关键时期，通过国产网络游戏弘扬与传播中国传统文化，能够加强他们的民族文化认同、抵御外来文化的入侵。作为一种文化产品，网络游

---

① 文化部：《2009 年中国网络游戏市场白皮书摘要》，http://www.mcprc.gov.cn/whzx/bnsjdt/whscs/201001/t20100119_346133.html。

戏比传统游戏具备了更多的文化投射和现实意义，它除了是"游戏"之外，更是人类文化的技术模拟和虚拟延伸。游戏的创造是文化的创造，玩家的认同是文化的认同，玩家在游戏中不仅可以看到视像营造的虚拟世界，更可以透过显示器解读游戏所折射的现实世界及其蕴含的文化精神。以腾讯公司开发的网络游戏《天涯明月刀》为例，游戏开发团队不仅在大量考证工作的基础上，对作为游戏历史背景的宋代建筑和服饰做了高度还原，而且对游戏中十二块地图的风景全部进行了实景取材——从西北沙漠、壶口瀑布，到华山、黄山、江南水乡，游戏的美术设计基于这些实景取材，运用电脑图形技术进行艺术加工，为游戏中的武侠世界呈现出了一个具有高度实感的视觉背景。玩家沉浸在游戏世界中时，会自然而然地对游戏折射的壮丽河山和中国传统文化精神产生敬畏感和认同感。因此，以中国传统文化为基础的网络游戏最易令玩家产生文化认同感，而这种民族认同、国家认同是文化传播最本质最深层的基础。

其次，网络游戏承担着对外文化传播的使命，在欧美与日韩的游戏开发厂商为了吸引中国玩家而在网络游戏创作中误用、滥用中国元素的现象横行之时，这一使命显得尤为迫切。欧美、日韩的一些网络游戏出于吸引中国玩家的市场考虑，在游戏中加入了所谓的"中国元素"，然而这些"中国元素"往往呈现出单一化、碎片化、奇观化的特征。以日本光荣（KOEI）公司为代表的亚洲游戏公司为例，该公司开发的一批中国故事题材的游戏，如《西游记》《三国志战记》《三国志曹操传》《孔明传》《真三国无双》《封神演义》等，不仅在东亚游戏市场风靡一时，还在早期成功地打入中国市场。这些网络游戏以中国古代传说、历史故事为基础，但其核心价值观念却是宣扬日本的武士道精神，完全与中国传统文化温柔敦厚的精神背道而驰。再以形象选择为例，熊猫是经常出现在欧美游戏中的经典形象，代表形象如《魔兽世界》中的熊猫人，他们爱美食，会气功，生活在与世隔绝的潘达利亚，他们穿着中式对襟衫，头戴斗笠，时常摆出李小龙招牌式的功夫造型，是典型的西方文化下中国人形象的化身。另外一种形象以日本经典格斗游戏《街头霸王》中的中国女性春丽为代表,她身着蓝色衣衫,梳着两个高高的发髻,拳术高超。《生化危机》中艾达·王也是如此,似乎功夫高超是所有人物形象的共同特点。值得注意的是,有些游戏中中国形象还有被异化与妖魔化的趋势。在游戏场景的选择上,欧美开发的带有中国元素的游戏中常常选取碎片化的场景来指代中国,比如长城、布达拉宫、秦始皇兵马俑、上海弄堂、北京胡同、香港尖沙咀等,在这种时空混乱的、碎片拼贴式的场景设置中隐含着强烈的西方中心视角,"中国"成为一个暧昧不清的、被抽离了文化精神而只剩下符号价值的"东方奇观"。目前,中国网络游戏向全球60多个国家输出,这些带有中国传统文化的游戏不仅将娱乐带到世界的各个角落,更能将较为纯正、完整、多元的民族文化精神和价值理念推广到世界。

三、游戏的艺术属性与美学价值亟须得到确认

自网络游戏诞生以来,关于它是否是一种新的艺术形式的争论就不绝于耳。一方面,游戏从业者、玩家和一些学者认为游戏构建了唯美的艺术世界、能够提供触动人心的情感和审美体验、综合了多种艺术形式,因此堪称八大艺术门类之后的"第九艺术";然而更多的是认为网络游戏不能进入"艺术殿堂"甚至"不登大雅之堂"的质疑声音。我们认为,艺术具有"扩展性、冒险性"的品质,能够不断涌现变化和新奇的创造,因此不应封闭"艺术"的概念,将网络游戏等新兴艺术形式排除在艺术大门之外,而是应该打破对于网络艺术的傲慢与偏见,正确认识网络游戏的艺术属性与美学价值。

游戏行为是人类文明的原初冲动之一,"游戏"与艺术及文明的关系一直是柏拉图、亚里士多德、康德、席勒以及20世纪的赫伊津哈、伽达默尔等人在哲学与美学领域探讨的重要话题。他们的学说或认为游戏是艺术的起源,或认为游戏是文明的依托,或认为游戏本身即是艺术的存在方式,

或认为自由是游戏与艺术之间的纽带与桥梁，都证明了游戏与艺术之间的亲缘关系。

近年来，一些西方国家已经在国家层面上明确认可了电子游戏／视频游戏是一种艺术形式。从20世纪80年代开始，一些西方的艺术博物馆开始举办回顾性的游戏展览，展出第一代、第二代的经典视频游戏作品。美国移动影像博物馆（Museum of the Moving Image）在1989年举办了一场名为"热情电路：电子游乐场"的展览，成为了游戏艺术展的滥觞。20世纪末到21世纪初，越来越多的西方艺术博物馆开始举办游戏艺术展览。1998年，美国沃克艺术中心（Walker Art Center）举办了一场名为"界面之上"的游戏艺术展。1999年，美国圣何塞州立大学的艺术家、学者安妮-玛丽·施莱纳（Anne-Marie Schleiner）策划举办了一场名为"破解迷宫——作为黑客艺术的游戏插件程序"的在线游戏艺术展。2000年，美国加州大学欧文分校Beall艺术与科技中心举办了名为"Shift-Ctrl"的游戏艺术展。视频游戏的艺术地位，日益得到艺术院校以及新锐艺术家、批评家的认可。

2006年3月，法国文化部首次将视频游戏界定为一种文化商品和"艺术表现形式"，批准游戏行业享受税收补贴，并授予法国游戏设计师米歇尔·安塞尔（Michel Ancel）、弗里德里克·雷纳尔（Frédérick Raynal）和日本游戏设计师宫本茂法兰西文学艺术骑士勋章。这是西方国家第一次从政府层面上对视频游戏的艺术地位予以认可。2011年5月，美国联邦政府下属的美国国家艺术基金会（NEA）正式宣布，所有为互联网和移动技术而创造的媒体内容、包括电子游戏被正式确认为艺术形式，电子游戏因此可以与广播、电视等项目一起竞争申请最高20万美元的艺术基金赞助。美国国家艺术基金的这一举措，是西方国家对视频游戏艺术地位的进一步确认。

具有"世界最大博物馆体系"之称的、美国半官方性质的史密森尼博物馆也支持电子游戏是一种新型艺术的观点，并于2012年3月16日至9月30日举办名为"视频游戏艺术"的展览。同样是在2012年，纽约当代艺术博物馆（MOMA）宣布将包括《吃豆人》《俄罗斯方块》《异世界》《神秘岛》《纸条兔》《模拟城市2000》《模拟人生》在内的14款电子游戏列为永久藏品。博物馆网站明确肯定了电子游戏是艺术品，并表示这14款游戏只是个开始，今后要在这个收藏目录中再加入40款产品。电子游戏产品与梵·高的《星月夜》、达利的《记忆的永恒》、莫奈的《睡莲》这些被人们奉若珍宝的艺术作品并陈于MOMA这一世界闻名的博物馆的时刻，是令整个游戏行业从业者和游戏玩家激动不已的历史瞬间。

西方国家从政府层面对于游戏的艺术地位予以认可、制定相关的产业政策支持游戏行业的发展，以及艺术界对电子游戏表现出的肯定和尊重，都是游戏在艺术领域迈出的重要步伐，它们不仅表明了电子游戏艺术地位的确立，而且必将进一步提高游戏作品的艺术性。

中国的游戏行业起步较晚，游戏产品的艺术性还没有得到充分发掘，多元的游戏文化也并未完全形成。从政府和文化管理机构层面上看，游戏的艺术地位尚未得到认可。从学界和艺术界的情况来看，游戏才刚刚进入艺术理论批评的视野。腾讯游戏于2013年率先从游戏行业内部正式提出游戏是一种艺术形式，在其年度发布会上提出"它与之前所有的艺术形态——音乐、舞蹈、文学、建筑、雕塑、绘画、戏剧、电影——同气连枝，一母同胞，而现代科技和互联网所赋予的无限可能，使它有机会融合与超越以往所有的既有艺术"[1]的观点，表现出中国游戏行业对游戏艺术属性的自觉追求和发展定位。

从国家文化战略的角度来看，如果能从政府和文化管理机构的层面进一步明确游戏的艺术属性、在政策上鼓励游戏开发商自觉追求游戏的艺术属性并将这种追求落实为具有更高艺术品质的精品游戏，则必将对国产游戏的艺术化进程、中国玩家对游戏艺术属性的认知以及游戏在中国艺术地位的确立起到重要的推动作用。

---

[1] 程武：《在腾讯游戏2013年度发布会上的致辞》，http://game.qq.com/webplat/info/news_version3/12815477/5530/5565/m3977/201304/201045.shtml。

四、网络游戏的正面与负面社会效应

网络游戏的快速发展，不仅仅对社会经济发展产生了重要的影响，同时也对人类的精神道德与伦理观念产生了极大的影响。一直以来，大众对网络游戏负面影响和积极作用的讨论不绝于耳，然而其中对网络游戏负面影响的过分强调在很大程度上遮蔽了对其积极因素的认识。我们应该看到，网络游戏能够在多个层面上为玩家提供正面的精神力量与审美体验。

首先，网络游戏拓展了大众的文化实践空间与社会交往空间。网络游戏是伴随现代科技发展进程而产生的人类精神文化活动，是"一种公开传播的可以满足人的体验和享受的产品"[①]。它的跨时空性、开放性、互动性等本质特征为游戏玩家提供了一个广阔的、共创共赏的精神空间，创造了人人可以参与的艺术实践平台。在中国，有5亿人在真实与虚拟共存、现实与幻想互动的网络游戏中体验着游戏所带来的精神愉悦和消闲乐趣，网络游戏使大众的日常生活更加丰富和趣味十足。与此同时，就像麦克卢汉"媒介即信息"的预言一样，网络游戏中特有的交互性、虚拟性等特征打破了现实社会中人与人的交往模式和交流周期。一些健康有趣、适合于家庭成员共同参与的游戏在改变休闲方式的同时也对家庭生活产生了极大影响，这类游戏不但启迪了家庭成员的智慧，同时也养成了家庭合作习惯，培养了家庭荣誉感，提升了家庭合聚力。而正如简·麦格尼格尔所言："上网玩具有社交情境性的游戏，是积极情绪状态的奠基石，有了它，才能获得更积极的社交体验……游戏，越来越多地成为编织在日常生活里的一条关键社交线索。"[②]

[①]〔英〕维多利亚·D.亚历山大：《艺术社会学》，章浩、沈杨译，江苏美术出版社2013年版，第3页。

[②]〔美〕简·麦戈尼格尔：《游戏改变世界》，闾佳译，浙江人民出版社2012年版，第97页。

其次，网络游戏为玩家提供了自我成长和精神体验的试验场。我们在重视网瘾问题，抨击网络游戏中的暴力、色情等问题时，却忽视了网络游戏中包含的知识和技能，忽视了网络游戏是一个充满愉悦、充满活力和充满挑战的过程，由于网络游戏虚拟性和开放性特征所带来的未知性与探索性，"玩"便成为了一个启迪智慧与增长知识的创造过程。网络游戏并非是人类生活的童话，而是人性表达的异度空间和生命存在的映像方式，它在拓展大众精神文化空间的同时，又让游戏玩家在游戏过程中感受到极为丰富的生命成长和精神体验。

第三，网络游戏能够满足玩家多层次的需求。网游玩家是一个庞大而复杂的群体，游戏行为也涉及网络游戏玩家的心理需求、情感诉求、精神体验和行为模式等各个方面。其中玩家在游戏中的心理需求尤为重要。若以社会心理学家马斯洛（Maslow）的需求层次理论为理论基础，分析网络游戏对玩家需求的满足，我们可以看到：游戏以视听刺激与安全感牵引能够满足玩家的自我成立需求；具有社交功能的网络游戏可以为玩家提供在现实生活中缺失的归属感，满足玩家的自我确立需求；剧情、玩法和视听的创新能够满足玩家的求知需求和求美需求，游戏难度的提升能够满足玩家的自我扩张需求，在游戏中获得的"心流"（flow）体验可以满足玩家的自我超越需求。游戏体验可以给玩家带来多种层次、多种感觉的满足：身体得到舒展，情感得到宣泄，价值得到肯定，智力得到锻炼，个体获得归属，渺小变得宏大，庸常得到升华。这些需求并非独立存在，而是相互交叉、相互补足的，一款优秀的网络游戏能以游戏体验帮助玩家达到对自己内在生活想象能力的实现和超越。

美学家席勒提出了"自由游戏造就完整的人"[1]，能够帮助我们更好地理解游戏对于玩家的意义，因为无论是五分钟一局的手机迷你游戏、一整天便可通关的动作类射击游戏，还是需要玩家在人生中几个月甚至几年的时

---

[1]〔德〕席勒：《美育书简》，徐恒醇译，中国文联出版公司1984年版，第90页。

间中投入精力和心血的大型多人在线角色扮演类游戏，它们从本质上说都是"精神饥渴"的玩家投注"过剩精力"的对象，都是玩家寻求完整的存在体验和存在意义的途径。在工具理性由解放性力量日渐退化为压抑性与控制性力量的时代里，"游戏精神"势必将为人类文明的发展提供越来越正面的动力。

网络游戏的负面社会效应主要表现在社会风险方面。首先是沉迷和成瘾问题，网络游戏的特殊内质所蕴含的虚拟性、娱乐性导致游戏玩家沉迷带来的社会问题日趋严重。据中国互联网络信息中心《第34次中国互联网络发展状况统计报告》的数据显示（见图4），在6.32亿的网民中，10—19岁网民占24.5%，同比上升了0.4个百分点；20—29岁网民占30.7%，同比下降0.5个百分点。从职业结构的角度来看，学生依然是中国网民中最大的群体，占比25.1%。因此，网络游戏的主要玩家群体依然集中在10—29岁之间的青少年群体内。

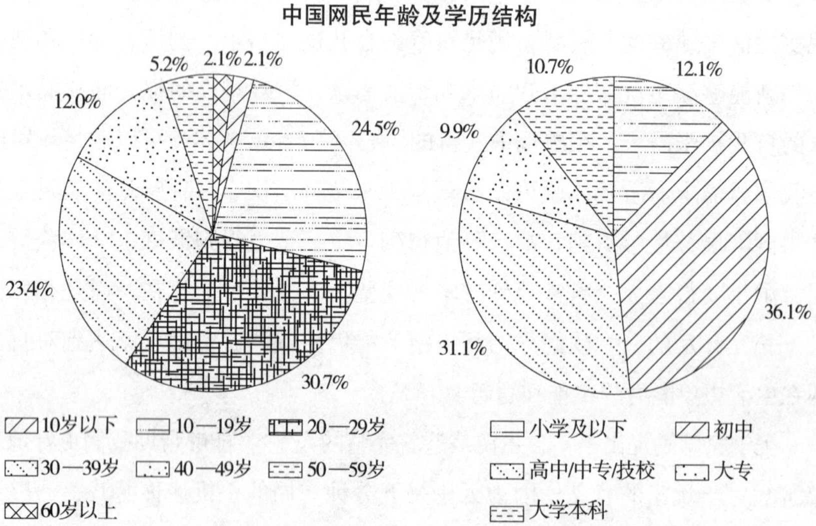

中国网民年龄及学历结构

图4 中国网民年龄及学历结构

数据来源：中国互联网络信息中心：《第34次中国互联网络发展状况统计报告》（2014年7月），http://www.cnnic.net.cn/hlwxzbg/hlwtjbg/201407/P0201407215072232/2132.pdf。

网络游戏玩家以青少年为主体，游戏对青少年的心理成长和日常行为产生了一定的影响，上海社科院青少年研究所杨雄研究员认为：成长中的青少年善于学习和模仿，但识别能力和自控能力较差，容易受到外部的影响。而带有暴力、色情等成人化内容的网络游戏对青少年思想观念的健康形成无疑有着很大的危害。青少年如果沉迷于此类游戏，容易在他们正在形成的性格中增加暴力倾向，也容易导致各种犯罪或自杀等悲剧。根据邓验《青少年网瘾现状及监控机制研究》928份调查数据分析，网络游戏在青少年的各种网络行为中占有极大比重[①]（见图5）：

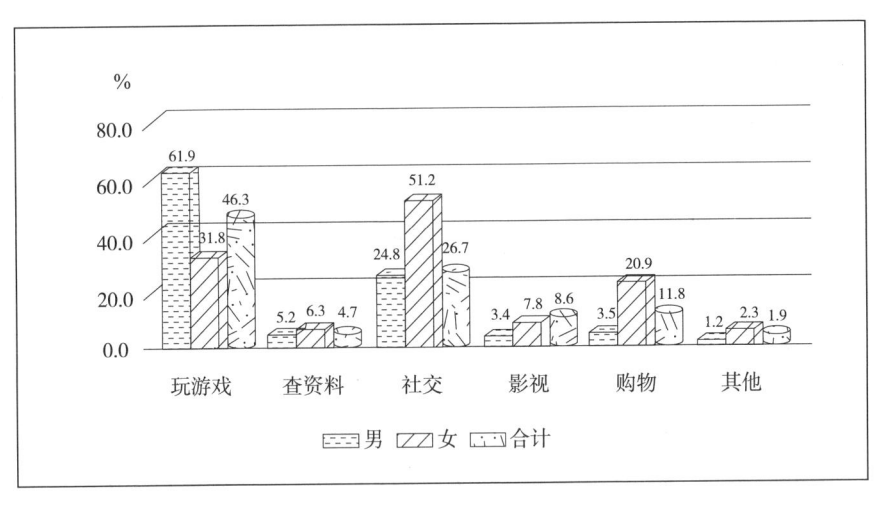

图5 网络行为差异统计表

数据来源：根据邓验《青少年网瘾现状及监控机制研究》中928份调查所作数据分析。

除了网瘾以外，网络游戏引发的另一个重大社会风险是容易导致青少年的攻击性倾向、继而产生暴力行为等伦理问题。整体来看，在网络游戏的虚拟世界中，玩家们对于生死、善恶、信用等价值观念显得更加随意与淡漠，人与人之间的交往缺少现实社会中的道德约束与影响，并且显得更

[①] 参见邓验《青少年网瘾现状及监控机制研究》，中南大学2012年博士论文。

加随意自由。"尊重与对抗"这一对矛盾冲突及其所隐含的网络游戏暴力问题是网络游戏伦理问题中最亟需解决的问题。尊重是指网络游戏中的各个主体均应享有一定的自主权利，并以不伤害他人为前提。游戏世界里，游戏的设计者与体验者均应有属于自己的自主权利，并应承担相应的责任，不能妨害他人。网络游戏中对抗类游戏是比较主流的类型，有些产品以对决、决斗、PK 等作为卖点，在游戏的设定上鼓励玩家进行暴力对抗，等级较高的玩家可以杀死等级较低的玩家，甚至游戏的每一次升级，都以杀死一名同等级或低等级的对手作为条件。对抗类网络游戏可以有效缓解玩家在现实生活中的精神压力，并在游戏中获得超越现实的成就感与荣誉感，但是不能否定的是对抗模式中包含的网络游戏暴力问题。游戏玩家的年轻化更使得网络暴力成为社会中最不安定的因素。长期沉浸于游戏暴力中的青少年玩家，会在现实生活中同样麻木地应对暴力行为，甚至对暴力行为产生的严重后果视而不见，严重缺乏对生命应有的尊重与珍爱。新闻报道中，由网络游戏中暴力行为延伸为现实社会中暴力行为的案例已不少见，网络游戏暴力问题也成为了网络游戏最为社会所诟病、最阻碍其获得社会认可的障碍所在。

　　随着中国网络游戏的发展，传统文化对于网络游戏的影响日增，传统文化中的侠义观念与儒释道合一的价值理念，将会为网络游戏提供更为正面的价值观念，引导玩家进行更有意义的选择，对网络游戏中的暴力因素起到疏导和消解的作用。从游戏内部来说，一方面要从游戏承载的价值观念入手，从根源上淡化乃至消除网络游戏中的暴力诱发因素；另一方面从游戏的奖惩和监管机制入手，对玩家在网络游戏中的暴力行为进行阻遏与管制。这是网络游戏开发者与运营者在游戏伦理中最应重视的问题。从文化管理部门来说，要通过健全、完善的法律机制来规约。唯有如此，才能使未来的中国网络游戏走上健康、良性的发展之路，为中华民族文化增添绚丽的色彩。

五、结语：迈向国产网络游戏的未来

中国网络游戏依托互联网技术，在十多年的迅猛发展过程中从代理走向自研，从模仿走向原创，从稚嫩走向成熟，已经成为我国文化产业最重要的行业之一。我们认为，网络游戏中所蕴含的多元文化元素与自由的无边界性格，必然使它成为未来最有潜力的文化产业和最受关注的国家文化软实力战略目标，网络游戏在未来的发展应该遵循以下几个方面：

第一，从国家文化发展的角度来看，网络游戏行业不仅是文化产业框架中的核心环节，更是国家文化品牌的重要输出平台。因此，国家一方面应从政策层面上加大扶持能够传承传播优秀传统文化的网络游戏，另一方面应建立健全相关的法律法规，这是国产网络游戏在未来发展的重要前提。

第二，从网络游戏行业的发展来看，网络游戏未来必将在文化产业行业中占据更大的规模，其最终结果是产值的大幅增长。因此，行业协会的作用在未来会更加显著，网络游戏的生产与运营环节需要更多元化的市场选择，同时也需要行业协会的协调与规范，以此避免恶性竞争、同质化竞争，增强行业道德自律将是游戏行业协会的重要工作。

第三，从网络游戏的学术研究来看，学界应放下对网络游戏的傲慢与偏见，挖掘网络游戏中各种文化因素的丰富性、复杂性，深入对网络游戏的艺术特征和文化身份的学理性研究。从研究方法上来看，应在主流的传播学、社会学、教育学的研究维度之外，加入美学、游戏学的理论视野，构建基于游戏这一艺术形式自身特征的、本体性的、现代的研究方法。艺术理论的积极介入，必将促进国产网络游戏艺术品质的提升。

第四，从网络游戏的社会环境来看，无论是游戏的设计人员还是游戏玩家，无不带有年轻化的年龄特征，这是一个年轻的行业，更是一个以年轻人为主的创新基地。西方的一些高等院校，特别是艺术类院校中已经设立了游戏的相关课程，这一做法值得国内的院校借鉴。另一方面，要积极推动社会舆论对网络游戏的规范与引导作用，在对失序失范行为进行规范的同时，也应尊重年轻人的价值理念，以宽容的心态去鼓励其创新。

第五，网络游戏的发展最终要落实到游戏行业和企业自身，提高产品的品质，提升自身的核心竞争力应是未来网络游戏企业关注的重点。能否打造属于自己的独特的明星 IP，能否在全球游戏行业的竞争中找到属于自己的位置，能否依托民族传统文化因子，打造带有中国美学特质的游戏产品，是国产网络游戏能否走出国门、走向世界的关键所在。

（孙　伊，中国艺术研究院文化发展战略研究中心助理研究员
王巨川，中国艺术研究院文化发展战略研究中心副研究员
靳凯元，中国艺术研究院文化发展战略研究中心助理研究员
张敬华，中国艺术研究院文化发展战略研究中心助理研究员）

中国美术生态困境与文化发展战略

吴啸雷

【摘要】 本文主要通过中国美术的真实处境与问题呈现，集中探讨中国当代美术生态发展中所面临的困境与尴尬。作为整个艺术系统中的重要环节，艺术家、美术史论家、美术馆以及美术家协会各自扮演着不同的角色，也参与着整个美术生态系统的运作。在增强国际交流与合作，努力寻求话语权的同时，中国文化软实力的提高更应当增强艺术的自主性和健康性。只有作为一个整体的中国美术界中的每个因素都得以长足发展，中国文化软实力方能真正提高，这是中国美术"走出去"的先决条件。虽然存在着诸多问题，但中国美术依然有望用健康向上的文化艺术迎接全球新格局的挑战，用符合艺术规律的价值取向影响世界艺术的发展。

随着图像时代的到来，渗透于生活各个层面的图像和形象正日益成为反映一个国家文化实力、价值观念、生活状态和精神领域的重要符号。如何发挥其在增强国家文化软实力中的重要作用，成为我们迫切需要反思的问题。在全球经济危机的背景下，中国正发挥着越来越重要的作用。而随着中国综合国力的不断提升，中国艺术在国际上获得的关注度也越来越高。不可否认，与政治、经济等"硬实力"相比，中国的"国家文化软实力"还略显薄弱。在美术方面，"当代中国美术的'国家形象'与经济发展、社会和谐、民族崛起的当代中国的整体形象还存在着差距。就当下国际间美术交流和对话而言，西方对中国的了解远不及我们对西方的了解；西方对中国当代的了解远不及对中国传统的了解"[1]。如何增强文化软实力，提升国家文化形象也成为亟待美术界解决的问题。

今天的美术界已经形成了一个复杂的"生态系统"，其中包含了诸多复杂因素。正如张晓凌所说："当下，一个艺术家在西方的成功或走红主要的判断标准大概有：1.是否参加过重要的国际年度展；2.是否在重要的艺术馆做过个展，或者有长期作品陈列；3.是否被重要的艺术杂志介绍过；4.是否被重要的基金会、艺术馆收藏过作品；5.国际拍卖上的价格；6.是否被当代艺术史的著作记载过，记载地位如何。"[2] 如果这些评价平台都是西方人的平台，那么中国艺术家要得到世界的认可，必然逃不出西方设置的评价标准。反思中国当代美术界，上述几个领域确实都不尽如人意，能被常设的国际展览、艺术馆、艺术杂志、基金会、拍卖行和艺术史著作认可的屈指可数。中国美术"走出去"，是要整装地走出去，而不是落荒而逃，墙内开花墙外香；中国美术"走出去"，是要主动自我呈现，而不是被动被人挑选。因此，只有中国美术界这个生态系统中的每个因素都得以长足发展，整个美术界才能真正繁荣，这是中国美术真正走出去的先决条件。下面仅就几个重要因素简略分析。

第一是艺术家。艺术家是美术领域的主体，如果没有优秀的艺术家这个主角，台子搭得再漂亮，锣鼓敲得再响亮，也终究缺乏精彩的看点。所谓艺术代言人，就是在作品中表现了民族文化的核心价值观并将其上升或转化为人类普遍价值观的人，这种价值观既包含了对世界、社会的感受、认知以及道德判断，又表现为独特的话语方式和审美趣味。概观中国当代

---

[1] 中国美术家协会：《熔铸中国气派 塑造国家形象 进一步推动中国美术事业的繁荣发展——在中国美术家协会第七次全国代表大会上的工作报告》(2008)。

[2] 张晓凌："再塑中国当代美术的国际形象——'中国当代美术走出去'现状反省及战略构想"，中国美术家协会理论委员会、广东省美术家协会编：《回顾与展望——改革开放三十年美术理论与创作》，山东美术出版社2008年版，第53—54页。

艺术界,似乎的确有一些被西方世界推崇的"中国当代艺术代言人"。但反思一下这些所谓的"代言人"为谁代言,大家就心知肚明。不能成功地打造真正的中国当代艺术代言人,就无法从根本上完成中国美术走出去的愿望。因此,增强国际竞争力和影响力的重要环节,不仅仅是做好战略,向外宣传,还要从培养高品位、高水准的艺术家做起。这不是一件一蹴而就的事,可能需要一代人,甚至好几代人的努力方能达到。

第二是美术史论家的作用。"重写美术史""重塑形象"等口号,是最近二十年中国美术界比较热衷的话题。但要让中国美术走出去,无论如何都绕不开的一个问题是:如何让西方文化语境中的人,理解中国艺术的真正价值。随着现代艺术环境的发展,作为理论工作者的艺术史论家往往扮演着美术史论家、美术批评家、策展人甚至艺术媒介等多重角色。今天的美术史论家的任务已不再局限于单纯的书斋,而是集艺术史家和策展人于一身的学者型对外联络者。策展人的作用在于,用某种策展理念将展览作品串联起来,呈现给观众,引导观众进入策展人预设的观看效果之中。另一方面,一个展览还能起到书写甚至是修订和改写艺术史的作用。如何在共同的目标下,团结尽可能团结的人,建立具有文化战略意识、及时提供文化决策和方案的"智囊团",成为有识之士共同思考的问题。目前中国的策展人,仍然多局限于"翻译员"的角色,如何帮助中国艺术家发出自己的声音,变成这些策展人的当务之急,也是能否使他们转型成为货真价实的策展人的重要问题。

第三是美术馆和博物馆。作为最重要的艺术品展示平台,中国的美术馆和博物馆一直以来都是中国美术界的短板之一。很难说中国美术馆和故宫博物院能像泰特美术馆和大英博物馆那样,成为国家艺术展示的最重要平台。此外,作为中国美术的领军机构,尽管中国美协近十年来做了不少宣传工作,但至今仍然没有一个属于自己展示平台的常设美术馆,这不能不说是一种遗憾。另一方面,自19世纪中期,特别是20世纪以来,中国美术作品进入西方大博物馆的数量极少,客观上使得西方观众无法直观地领略到中国近现代的美术成就。因此，中国美协在近年的工作中提出："要策划并实施'走出去，请进来'战略，侧重于'走出去'，推出当代美术精品，力争进入国外主流社会，进入主要博物馆、美术馆并促进收藏，因为博物馆往往代表着艺术价值的标杆、艺术品位和公众趣味，也是编撰艺术史的重要依据。"

最后，是应起到重要推动作用的中国美术家协会。作为中国规模最大、历史最久、影响最大的美术组织，中国美协在提升中国国家软实力和中国美术"走出去"方面的作用和意义毋庸置疑。近十年来，中国美协积极开展中外美术交流，努力宣扬具有中国特色和时代风采的优秀美术成果，增强中国美术的国际影响力，在倡导国际艺术的和谐发展方面取得了新的进展。通过积极努力，中国美协于2002年加入了国际造型艺术家协会（IAA），并于2005年在安徽合肥成功主办了第16届国际造型艺术家协会代表大会，选举刘大为当选新一届IAA主席。这是中国在世界顶级美术组织中首次获此殊荣，也是国际美术家们对中国美协为促进与推动当代世界美术交流及发展的肯定。虽然这只是形式上的"领衔国际艺坛"，但同样是综合国力助推使然，也是中国美术一次成功的文化策略和外交典范。

近几年来，中国美协推行"中国美术走出去"战略的重点工程之一便是北京国际美术双年展。"国际双年展"这种展览形式早已在世界范围内广泛发展，成为国际通行的美术品展示平台。面对这种国际大环境，中国美协意识到必须创立一个属于中国人自己的国际双年展，如果说，确立中国自己的主体价值观，打造世界一流的国际展示平台是中国当代美术立足于世界美术之林的基础，那么北京双年展称得上是中国美协"中国美术走出去"这一战略目标的第一步。已经举办了六届的"北京双年展"以加强世界各国和地区美术组织的联系、交流与合作，增进各国美术家之间的友谊，共同推动世界美术繁荣发展为宗旨。它是中国架起的国际美术交流与合作的新桥梁，所产生的文化意义和国际影响力，已成为代表当代中国文化的国际知名品牌，成为北京新的象征性、标志性文化活动。此外，中国美协也有计划地实施"当

· 330 ·

代中国美术精品世界行"五年计划工程,着重推出新中国成立以来的精品力作。如在法国巴黎中国文化中心举办的"中国美术精品展",在奥地利维也纳青年美术馆举办的"中国美术六十年·版画展",在德国法兰克福图书展期间作为主宾国举办的"中国美术精品展"等。2008年,中国美协提出了"熔铸中国气派,塑造国家形象"的美术战略,之后更明确地将"中国美术观"作为一种文化价值和文化立场进行宣传推广。之后启动了中国青年美术家海外研修工程和中国传统美术研修工程,前者着重培养和造就一批视野开阔、修养全面并具潜力的青年美术人才,每批选拔、资助10名青年美术人才赴国外研修、考察国外最新的美术发展现状;后者着重继承和弘扬中华民族优秀文化艺术传统,正确处理继承和创新的辩证关系,每年选拔、资助10名中青年美术家,进行传统美术理论的研究,加强对民族文化资源、传统美术课题的发掘和研究,鼓励对地方美术史学和民族美术史学领域的研究,重视推陈出新的成果展示。

  毋庸置疑,目前我们所面临的艺术生态环境仍需改善。在这个国际交流合作与日俱增的时代,本着平等互利、求同存异的原则,中国正在世界各个领域寻求自己应有的话语权。虽然存在着诸多问题,但中国美术依然有望用健康向上的文化艺术迎接新世纪全球新格局的挑战,用符合艺术规律的价值取向影响世界艺术的发展。中国美术走向世界的文化现象不仅是世界艺坛的标志性事件,也是中国文化走向世界的另一个新起点。它表明我们可以在当今国际文化阵地快速占领制高点,争夺话语权和选择权,倡导艺术的自主性和健康性。在世界多极化和经济全球化曲折发展、各种思想文化相互激荡的局势中,中国需要自己的声音。在世界上树立中国的文化形象,必须坚定不移实施"走出去"战略。一个良性的"文化发展战略",不单单需要政府和管理机构制定措施加以引导,也需要每一个富有责任感的艺术家及艺术工作者的思考和积极参与。

(吴啸雷,原中国美术家协会研究人员)

后　记

　　十年的光阴，转瞬之间飞掠而过。2006年夏天第一次在院里召开中国文化发展战略学术讨论会时，文化部赵维绥副部长一行在王文章院长的陪同下，从办公楼四层的走廊里健步走来的情景，至今依然历历在目。当时，我们在会场天蓝色的标板上印了白色的标语："文化就是力量"（Culture is Power）。现在想来，那应当是中国文化战略研究一个划时代的"事件"。尽管我们怀着一腔的学术热情，但面对文化战略研究的全新课题，还是找不到学术的入口在哪里：文化战略研究的经典著述有哪些？文化战略研究的学科分类究竟属于哪个？……所有这些对于文化战略研究而言都是ABC的问题，对当时的我们来说却是未解之谜。应当说，从那时起，我们真正进入了一个上下求索的时代。从那时起直到现在，文化战略研究一直是高悬在我们头顶上的一道至高无上的学术律令。它召唤着我们，日复一日、年复一年地在这条道路上砥砺前行……

　　《中国文化发展战略的时代抉择》这部论文集之所以能够与读者见面，是由于在中国艺术研究院设定了"文化发展战略研究"这个跨学科的院级研究课题。我们明确的是，我们所要做的不是文化发展战略的制定、设计工作，而是关于文化发展战略设计、制定的学术研究。也就是说，我们要为文化发展战略的设计与制定提供理论支撑与学术咨询。这一明确的学术定位使我们在面对纷繁复杂的现实问题时，有了自己明确的努力方向，同时，也对文化发展战略研究中心提出了符合自身特点的学术职责要求。在此，我们要感谢王文章院长对于文化发展战略研究始终如一的关心指导与支持帮助。这些年来，在他的领导下，文化发展战略研究中心除了学术研究工作之外，还承担了院里举办的世界儒学大会、中美文化论坛、亚洲文化论坛、中华艺文奖的评选等重要学术活动的组织工作。尽管深知在工作中仍有诸多不能尽如人意的地方，但是我们始终认为，院里所给予的这份责任与信任，是我们这个团队的荣誉。

十年前，在文化发展战略研究中心成立之初，为支持我们的学术研究工作，清华紫光房地产有限公司对我们的事业给予了无私的帮助，欣然同意支持我们文化发展战略研究学术成果的出版，现在历经十年，双方的共同意愿终于实现了。在此，我们要向清华紫光房地产有限公司表达深深的谢意！我们还要感谢合作伙伴商务印书馆的王齐副总经理以及本书的编校人员，与他们的友好合作是我们的学术研究成果能够走向社会、面向读者的根本保证。

在过去十年间，我们与学术界的同行同心协力、携手并肩，共同承担了与文化发展战略相关的文化产业、文化安全、文化软实力等学术研究项目。中国艺术研究院文化发展战略研究中心目前不仅依然是国内唯一一家正式批准成立的以文化战略研究为主旨的学术研究机构，而且在文化战略研究领域已经成为一支能够出征远航的联合编队。在我自己即将离开这个工作了近十年的岗位时，此刻的心情，就像退役船夫站在岸边目送着远征的航队一样，衷心地祝愿他们劈波斩浪、扬帆远航……

"中国文化发展战略研究"课题组
2016年1月27日